한국어로 내려온
New Bible

새로운 성경

제158권

10부 | 총10부

하얀마음

하나님 말씀 중에서

1. 사랑의 하나님

- 세상을 창조하신 하나님은 모두를 사랑하신다. 인간만 특별히 더 사랑하지 않고, 우주 만물을 다 똑같이 사랑하신다. 그러니 하나님이 창조하신 천지 만물과 화친하고, 미물까지도 소중히 대하라.

- 하나님은 특정 종파나 민족만을 더 사랑하지 않으신다. 자기 자신만 구원받겠다는 욕심을 버리고, 자기 종파만 구원받는다는 편협한 교리에서 벗어나야 한다. 종파를 초월해서, 모두를 사랑하라.

- 원수까지 사랑하라 했으니, 이 세상에 사랑하지 못할 자가 누가 있겠는가? 종파가 다르다고 해서 부모 형제와 원수처럼 지내는 자는 인간의 근본을 모르는 자다. 가장 가까운 가족부터 사랑할 때 남도 진심으로 사랑할 수 있다.

- 한 사람을 원수같이 생각하던 마음에서 사랑하는 마음으로 돌리면, 자기 자신의 마음이 가장 기쁘고 행복하다. 하나님께서는 인간의 마음속에 무거움이 없이 기쁘고 행복한 삶을 살기를 바라신다.

- 이웃을 "내 몸처럼" 사랑하라 했으니, 마지막 한 장 남은 천국의 티켓도 이웃에게 양보하라. 자기 중심적인 신앙에서 벗어나서 남을 위해 살아야 한다.

- 독초도, 약초도, 이단도 사탄도 천사도 다 필요하기에 존재한다. 독초일지라도 극소량을 사용해서 생명을 살릴 수 있고, 약초라 하더라도 남용하면 생명을 잃을 수 있다.

- 세상 모든 것을 명약으로 활용하는 것은 인간의 지혜에 달렸다. 어떤 것이든 어떤 사람이든 적재적소에 꼭 필요한 명약으로 승화시키라.

- 사탄도 이단도 천사도 모두 하나님의 주관하에 존재한다. 진정한 하나님의 백성은 사탄과 마귀까지도 감화시켜서 천사로 거듭나게 한다.

2. 기도

- 하나님은 인간의 생각까지 모두를 다 알고 계신다. 우리의 소원도 이미 알고 계시기에, 소원의 기도를 할 필요가 없다. 우리가 받을 자격이 되면 내려 주신다.

- 죄를 짓고 아무리 회개를 해도 용서받지 못한다. 도둑질한 자는 용서해 달라고 기도하고, 도둑맞은 자는 도둑을 잡게 해 달라고 기도하면, 공의의 하나님은 누구의 편에 서시겠는가?

- 자기가 잘못한 것은 그 사람에게 직접 갚고 용서를 구하라. 그가 용서하면 하나님도 용서하신다. 땅에서 매면 하늘에서도 매이고, 땅에서 풀리면 하늘에서도 풀리는 이치다.

- "회당에서 기도하지 말고 골방에서 기도하라" 했다. 눈에 보이는 골방이 아니라, 골방과 같이 고요한 마음이다. 잡념을 버리고 하나님을 향해 마음을 집중하며, 사랑하고 용서하는 아름다운 생각만 나오도록 하라.

- "두드리면 열릴 것이다." 하는 것은 육의 소원을 위해 두드리라는 것이 아니라, 진리의 깨달음을 얻기 위해 두드리라는 것이다.

- 기도하는 방법: 생활 속에서 수시로 기도하는 삶을 살아야 한다.

  - "저의 죄를 용서하여 주옵소서." 하는 회개의 기도를 하라.
  - 범사에 "하나님! 감사합니다." 하라. 현재 가진 것에 감사하며, 과욕하지 말라. 자기 노력 이상의 것을 더 갖고자 기도하는 것은 도둑놈심보다. 공의의 하나님은 각자 노력한 만큼 주신다.
  - "하나님 뜻대로 살아가겠나이다." 하며 마음의 각오를 다지라.

- 기도는 하나님의 말씀을 받아서 "행하는 것"이다. 하나님이 계심을 굳건히 믿고, 하늘을 향하여 한 점 부끄럼 없이 사는 삶 자체가 가장 위대한 기도이며, 삶이 곧 예배다.

3. 지도자

- 똑같이 사랑한다는 말을 해도, 순수하게 하는 말은 천사의 말이지만, 사기 쳐서 재산을 가로채려고 하는 말은 사탄의 말이다.

- 종교 지도자가 아무리 훌륭한 설교를 해도, 신도의 재물을 거둬서 더 큰 교회를 짓고 자기의 부귀영화를 바라며 설교하면 사탄의 가르침이 된다.

- "저희 교회는 만원사례요, 믿음은 다 같으니 이웃의 개척 교회에 가서 예배를 드리시오." 하며, 이웃 교회의 부흥을 먼저 생각하여 제 신도를 보내는 종교 지도자가 있다면 그를 따르라. 그가 하나님의 사랑을 실천하는 자다.

- "부자가 천국에 들어가는 것은 낙타가 바늘구멍을 통과하는 것보다 더 힘들다" 하였거늘, 지금의 교회에서는 부자가 되기만을 기도하고 소원하니, 이는 곧 천국을 포기하고 지옥 행 열차의 티켓을 사는 것과 같다.

- 예수는 빈손이었다. 종교 지도자가 예수보다 더 호화롭고 편안하게 살아간다면 잘못된 것이다. 부귀영화와 명예를 바라는 자는 절대로 갈 수 없는 좁고 협착한 길이 종교 지도자의 길이다.

- 종교 지도자는 유리로 비춰 봐 한 점의 부끄러움이 없이 살아야 한다. 의식주도 직접 일해서 해결하고, 예수의 가르침과 행함을 그대로 따라야 한다.

- 종말은 없다. 지금의 잘못 가는 종교 집단에게만 종말이 있다. 보이지 않는 하나님은 보이는 육의 종말은 관여하지 않으신다. 환경 파괴로 인간이 스스로 멸망을 자초하는 것이다. 종파끼리 싸우기 전에, 무너진 인성을 바로잡고 지구의 몸살을 해결하는 데 뜻을 모으는 게 급선무다.

4. 성전이란

- 이 세상 자체가 하나님께서 만드신 성전이다. 자연보다 더 아름다운 성전이 있는가? 보이는 건물이 성전이 아니라, 성스러운 마음가짐이 성전이다.

- 반석 위에 교회를 지으라 했다. 지상의 단단한 돌은 인간이 쪼갤 수 있으나, 마음속의 굳은 결의는 세상 무엇으로도 쪼갤 수 없다. 바르고 굳건한 믿음으로 성경의 가르침을 실천하는 것이 마음의 반석 위에 교회를 짓는 것이다.

- 손으로 지은 건물의 교회에 모여서 복음을 전하는 것이 아니라, 교회를 개인과 가정에 심어 주어야 한다. 무너지고 부서지는 건물을 짓지 말고, 마음속에 영원히 불변하는 참진리의 교회를 지으라.

5. 십계명

- 십계명은 인간이 죽어서 반드시 통과해야만 하는 열 개의 관문이다.

- 부모를 공경하지 아니한 자는 “네 부모를 공경하라.” 하는 제5계명의 관문이 열리지 않으니 구원받을 수 없다.
- 살인, 간음, 거짓, 우상 등의 나머지 계명도 마찬가지다.

- 십계명은 하나님의 친필이다. 모기소리만 한 하나님의 음성이라도 들어 보겠다고 여기저기 찾아 헤매지 말고, 십계명부터 암송하고 지키라.

- 십계명은 영혼을 구원하는 양식이며, 십계명을 지키는 것이 구원을 받는 길이다. 인간이기에 지키고자 노력하고 또 노력한다면 지킬 수 있다.

- 십계명을 지키고 천사처럼 아름답게 살아가는 그 마음 하나면 세상에 이루어지지 않는 것이 없다.

6. 보물

- 하나님은 재물이 아니라 우리의 마음을 받으신다. 사랑을 실천하며 천사처럼 변하는 마음이 하나님께 바치는 보물이다.

- 보이지 않는 하나님께 새물을 바치려 하지 말고, 너희를 길러 준 부모에게 용돈 드리고, 찾아뵙고, 효성을 다하라. 그것이 하나님께 효도하는 것이다.

- 하늘에는 선과 악의 창고가 있다. 자기 창고에 선이 많으면 천국으로 구원을 받고, 악이 많으면 심판받아 지옥으로 간다. 그것이 바로 “선한 일을 행한 자는 생명의 부활로, 악한 일을 행한 자는 심판의 부활로” 나오는 것이다.

- “선악과를 따먹지 말라”는 것은 양심을 지키라는 것이다. 선과 악을 구분할 수 있는 양심을 최초에 인간에게 주셨다. 선한 열매는 취하고, 악한 열매는 버리며, 양심에 비추어 부끄럼 없는 삶을 살아가라.

- 가장 작은 거짓말을 하지 않고, 가장 작은 죄를 짓지 않으며, 가장 작은 선행을 하고, 가장 작은 악행을 멀리하는 것이 율법의 일점 일획도 빠뜨리지 말고 다 지키는 삶을 사는 것이다.

7. 우상

- 박물관에 있는 불상은 하나의 예술품이다. 그 조각품에 대고 제 소원을 빌 때 우상숭배가 된다. 십자가라 하여도 그 앞에서 소원을 빈다면 우상숭배하는 것이며, 하나님께 소원을 빈다면 하나님을 우상으로 전락시키는 것이다.

- 지금 기복신앙에 젖어 있는 모든 사람이 우상 앞에 절을 하고 있다. 조각품을 우상이라며 파괴하지 말고, 네 마음속에 있는 욕심의 우상을 무너트리라.

- 생수를 약초가 먹으면 약을 만들고 독사가 먹으면 독을 만든다. 같은 성경을 봐도 선한 지도자는 신도를 천사로 만드는 데 활용한다. 그러나 욕심이 가득한 지도자는 재물을 거두어들여 제가 부귀영화를 누리는 데 악용한다. 그가 바로 성경을 우상숭배의 도구로 전락시키는 거짓 선지자다.

- 성경을 한 획도 빼거나 더하지 말라는 것은, 그 가르침을 빠트리지 말고 온전히 지키라는 것이다. 성경 속에서 자기에게 유리한 구절만 보는 것은, 자기에게 불리한 구절들을 빼 버리는 것이다. 믿음이 제일이요, 행함은 구원과는 관계없다는 것은 자신에게 유리한 쪽으로 성경을 악용하는 것이다.

- 진정한 종교 지도자는 종파에 관계없이 어떤 종파든 어떤 책이든 접하고 보고 깨우쳐 견문을 넓히도록 인도한다. 참진리를 모르고 자신이 없는 자가 남을 이단이라며 배척하고, 신도들의 눈과 귀를 가린다.

8. 예수

- 예수의 재림은 없다. 예수가 다시 온다 해도, 과연 누가 그를 예수라고 믿겠는가? 예수와 같은 삶의 행함이 곧 예수의 재림이다. 각자 모두가 "재림 예수"가 되는, 차원 높은 믿음으로 가야 한다.

- 예수는 "주여 주여 하지 말고, 아버지의 뜻대로 행하라"고 했다. 예수가 전한 하나님의 뜻이 곧 "길이요, 진리요, 생명"이며, 그 가르침이 예수의 보혈처럼 소중한 것이다. 예수를 믿는 것은, 예수의 가르침을 믿고 따르는 것이다.

- 예수는 낮은 자로서 만백성을 섬기고자 했다. 만나는 모든 사람을 다 하나님이라 생각하라. 돈을 벌수록 겸손하고, 높은 지위를 얻을수록 낮아지라.

▪ 예수는 종파를 만들지 않았다. 인간이 만든 종교와 인간의 교리를 따르지 말고, 예수를 통해 전한 하나님의 참진리를 연구하고 따르라.

▪ 예수가 2천 년 전에 만백성을 위해 죽었으니, 지금 이 땅에는 예수의 가르침대로 사는 천사만 존재해야 한다. 예수가 죽어 가면서 바란 것은 만백성이 천사가 되어 예수의 자리를 채워 주는 것이지, 지금과 같이 재물을 바치면서 중언부언 제 소원만을 비는 백성들을 바란 것이 아니다.

9. 구원

▪ 천사가 사는 천국에는 천사만 갈 수 있으니, 천사 같은 마음을 길러야 한다.

- "천국 열쇠를 네게 주리니 땅에서 무엇이든지 매면 하늘에서도 매일 것이라" 했다. 땅에서 천사같이 사는 자가 하늘에서도 천사가 되어 천국에 들어간다. 모든 사람에게 천사같다는 말을 듣는 삶을 살아야 한다.

▪ 천사의 곱고 아름다운 마음은 부모를 공경하고 어른을 어른으로 대접하는 데에서 출발한다. 효도하는 자는 형제와 화목하게 지내기에 가정이 화목해지고, 이웃과 화목해지고, 국가가 화목해지고, 온 인류가 화목해진다.

- 그러므로 지상의 아름다운 소왕국은 가정에서부터 이루어야 한다.

▪ 선택된 14만 명만 구원받는 것이 아니라, 천사처럼 변하고자 하는 14만 명을 기초로 온 인류가 천사처럼 거듭나는 영적인 개혁이 시작되는 것이다.

▪ 천 년에 걸쳐서 하늘에서 이루어진 것같이 이 세상을 낙원으로 만들어, 만백성이 지상의 천국에서 살다가 죽어서 그대로 하늘의 천국으로 들어가는, 영원한 지상 낙원을 건설하는 것이 하나님의 계획이다.

- **이것이 구약과 신약에 이어 "새로운 성경"으로 역사하시는 하나님의 창조의 완성이다.**

▪ 지금의 믿음으로 구원받을 수 있다면 그 길을 가라. 그러나 자신이 없다면 하나님께서 직접 내리신 160권의 "새로운 성경"을 읽고 구원의 길을 보라!

하나님 머리말씀

이 새로운 성경을 읽는 너희 모두는
이 율법에 따라 행하면 영원히 구원받을 것이니라.

너희 인간이 수년, 수십 년, 평생
성서를 공부하고 기도하는 것은
하늘나라 나의 곁으로 오고 싶은 소망일진대,

몇천 년 전의 너희 인성과 생각이
지금의 너희와는 판이하게 다르니,

꺾여 가고 병들어 가는 너희를 고칠 수 있는 길은,
오늘 내가 선지자에게 내리는 새로운 성경과 같이
너희가 변화되는 것뿐이니라.

나의 예수가 태어난 것처럼
내가 아들 선지자를 선택하여
나의 새로운 성경을 온 세계에 전하고자 하니,

묵은 것은 버리고 새로운 것은 취하여,
너희 모두는
'여호와 하나님! 저의 죄를 용서하여 주옵소서.'
하는 기도문으로 기도하고, 죄를 뉘우치라.

이 새로운 성경은
수천 년간 내려온 성서를 요약한 것이니,
너희는 이 책을 정독하여 쉽게 깨달음을 얻고,
이대로 실천하여 하늘에 오르라.

대역자 머리말

■ 하나님의 율법을 지키는 선지자로 선택을 받노다.

저는 남들처럼 그저 열심히 살아온 평범한 사람이었습니다. 그러나 50대 중반에 사업에 실패하여 많은 부채에 시달렸으며, 건강도 악화되어 눈이 잘 안 보이고, 걷기도 어렵고, 두통이 심해서 잠을 이룰 수 없는 고통의 나날을 보냈습니다. 그때 제가 선택할 수 있는 것은 육의 삶을 끝내는 길뿐이었습니다.

죽기 직전에 그동안에 죄를 지은 이들에게 용서를 빌고 인생을 끝내기로 작정하였습니다. 어려서부터 지은 죄를 빌고 빌다 보니 끝이 없었고, 죽음으로도 그 많은 죄를 용서받을 길이 없다는 생각에 하염없이 눈물이 흘렀습니다. 그 순간 '재래식 화장실의 구더기는 죄를 짓지 않는데, 나는 인간으로서 구더기만도 못한 삶을 살았구나.' 하는 생각이 들면서 괴로움에 몸부림칠 때, 갑자기 하나님의 음성이 들렸습니다.

"나는 여호와 하나님이니라. 너는 십계명을 암송하고 내가 내려 주는 메시지를 받아 책으로 만들어 만백성을 구하라." 하시며, 제 눈을 손으로 문지르게 하시고, 아픈 머리와 다리를 손으로 두드리게 하셨습니다. 그러고 나니 눈도 잘 보이고 걸을 수 있었으며 머리의 통증도 말끔히 낫게 되었습니다. 그때부터 십계명을 암송하고 나면 들려주시는 말씀을 기록하였고, 1999년 8월부터 2004년 7월까지 권당 288쪽, 총 160권을 받아서 "새로운 성경"이라는 책으로 펴내게 되었습니다.

그러한 저에게 죽기보다도 힘든 길이 시작되었습니다. 모든 교인들이 저에게 사탄이요, 이단이요, 악마요, 마지막 시대에 온 거짓 선지자라 하면서 공격하였고, 저를 짐승을 보듯이 대하는가 하면, 편협한 종교 지도자들의 선동으로 신도들이 이 책을 직접 읽어 보고 평가할 기회마저 막아 버렸습니다. 그래서 하나님의 말씀을 세상에 내는 데 많은 어려움을 겪으며, 피를 토하는 심정으로 책을 전하고 있습니다.

그러나 아무리 인간의 힘으로 막으려 해도, 하나님의 뜻이 세상에 전해지는 위대한 역사는 계속될 것입니다. 책으로 전해지는 "하나님의 말씀"은 세상 끝날까지 항상 우리와 함께하실 것입니다. 사람은 죽어도, 책에 기록된 말씀은 영원히 남으니까요.

■ 따뜻한 실천

하나님께서는 어려운 사람들에게 삶의 터전을 마련해 주고, 미래를 열어 주는 것을 기뻐하십니다. 어려운 이웃이 스스로 자립할 수 있도록 이끌어 주는 것이 진정으로 이웃을 돕는 것이라고 말씀하셨습니다. 그래서 일자리가 없는 제자들에게 작은 사업장을 만들어 주는 "달란트 사업"을 하고 있습니다. 식당, 반찬 가게 등을 차려 주고, 기존의 어려운 사업장이 자립할 수 있도록 돕고 있습니다(커피숍, 미용실, 의상실 등).

하나님께서는 교회에 나와서 모든 시간과 재물을 쏟기를 원하지 않으시고, 그 시간과 재물을 교육에 투자하여 스스로 미래를 열어 가기를 원하십니다. 그래서 제때 공부하지 못한 제자들에게 학업을 이어 가도록 하였습니다. 중화요리 주방장을 하며 초등학교 검정고시부터 공부하여 2012년에 방통대를 졸업한 36세 남성, 만학도들의 2년제 중학교에 입학해서 2007년에 명지대학을 졸업한 38세 여성, 중학교 검정고시를 시작으로 숭의여자대학을 졸업한 47세 여성 등이 있습니다. 그밖에도 많은 제자들에게 나이를 초월하여 배우고 깨우쳐서 사회 속의 당당한 일원이 되도록 인도하고 있습니다.

학자금 대출로 힘겨워하는 젊은이들을 위해 "따뜻한 바람 장학회"를 발족하여(2016년 12월) 대출받은 학자금 전액을 매월 갚아 주고 있습니다. 또한, 다문화 가정을 위해 "다문화 가족 랜드"를 조성하여, 각종 시설을 무료로 활용하도록 하고 있습니다.

이러한 따뜻한 실천이 아직은 미약합니다. 그러나 책의 수입이 늘고, 저와 뜻을 같이하는 분들이 늘어나면 계속 확대할 것입니다. 지도자로서 신도의 재물을 헌금으로 거둬들여 착복하는 것이 아니라, 하나님께서 기뻐하시는 일에 사용하도록 중매 역할만 하며 살아가고자 합니다. 이런 제가 과연 사탄이고 이단인가요? 하나님께서 기뻐하시는 일이라면, 저에게 사탄이라 하든 거짓 선지자라 하든 굽히지 않고 실천해 나갈 것입니다.

끝으로, 일상의 삶 속에서 "지금 내가 하는 행동이 과연 하나님께서 기뻐하실까, 슬퍼하실까?" 생각하고, 매사에 하나님께서 기뻐하시는 길을 택하기 바랍니다. 교회에 모여서 집단적으로 예배 드리는 것이 아니라, 개인이나 가정 단위로 새로운 성경을 읽어 스스로 깨우치고 그대로 행하면 충분합니다. 그것이 마음속에 성전을 짓고, 신령과 진정으로 예배 드리는 길입니다. 그러면 천국의 문에 들어서게 됩니다.

2017. 2. 1.

하나님 말씀 대역자 김용철

차 례

일요일

월요일

화요일

십 계 명

이 책은 십계명을 암송하고 나면 내려 주시는 "하나님의 음성"을 듣고 그대로 받아쓴 기록입니다. 하나님께서 십계명을 모세에게 내려 주셨지만, 그것은 만백성에게 내려 주신 것입니다. 마찬가지로 이 책의 모든 말씀도 저에게 내려 주셨지만, 만백성 각자에게 들려주시는 말씀입니다. 여러분도 이 책을 접할 때마다 십계명을 암송하고 나서 정독해 주시기 바랍니다.

제일은, 너는 나 외에는 다른 신들을 네게 있게 말지니라.
제이는, 너를 위하여 새긴 우상을 만들지 말고, 또 위로 하늘에 있는 것이나, 아래로 땅에 있는 것이나, 땅 아래 물 속에 있는 것의 아무 형상이든지 만들지 말며, 그것들에게 절하지 말며, 그것들을 섬기지 말라.
제삼은, 너는 너의 하나님 여호와의 이름을 망령되이 일컫지 말라.
제사는, 안식일을 기억하여 거룩히 지키라.
제오는, 네 부모를 공경하라.
제육은, 살인하지 말지니라.
제칠은, 간음하지 말지니라.
제팔은, 도적질하지 말지니라.
제구는, 네 이웃에 대하여 거짓 증거하지 말지니라.
제십은, 네 이웃의 집을 탐내지 말지니라.

나 여호와가 존재함을 믿는 그 자체가 구원의 길에 들어서는 기본이요, 근본이며, 나의 새로운 성경을 가슴에 안고 정독하는 자, 반석 위에 서서 하늘에 오르는 찬란한 빛을 보게 되는 영광을 얻게 됨이니라. 진정 나를 따르고 믿는 자는 감히 사탄이나 마귀도 근접하지 못하느니라.

〈하나님 말씀〉

2004년 7월

12,074 번째 하나님 말씀

2004년 7월 8일 16시 51분

1 사랑하는 나의 아들아!
2 "네, 아버님! 말씀하옵소서."
3 나의 사랑하는 백성 너희들은 생각과
판단력과 하고자 하는 의지력만 있다
면 못 이룰 것이 없으며 역사하지 못
할 것이 없느니라.
4 이 세상에 너희들이 이루지 못하고 역
사하지 못할 것이 어디 있는가?
5 너희들의 판단력과 생각과 그리고 의
지력이 중요함이니라.
6 너희들은 이 세상을 살아가면서 선과
악의 그 틈바구니에서 항상 결정해야
하는 것이 너희들의 운명이며 삶이 아
니더냐?
7 너희들은 선을 선택하고자 노력만 한
다면, 어떠한 악도 뿌리칠 수 있으며
버릴 수 있으며, 선의 고리를 잡을 수
있으며 잡고 갈 수 있는 것이니라.
8 너희들이 그리 무능력하며 내가 너희
들을 그리 능력없는 백성으로 세상에
내보냈다 했더냐?
9 이 세상의 모두를 다 다스리고 통제하
는 것이 너희들이라 하였으니, 이 세
상을 엎으려 하는 사탄과 너희들에게
똑같은 능력과 힘을 주어 세상에 내보
냈다 하지 않더냐?
10 사탄에게 백이라는 능력을 주며 내가
너희들에게 열이라는 능력을 주었다
면, 이는 공의의 하나님이 아니요, 내
가 너희들에게 그와 싸워 이기라 하는
하나님이 아닐 것이라 내가 그리하지
않았더냐?
11 그러니 모두를 다 주었음을 너희들은
깊이 새겨야 될 것이니라.
12 내가 일찍이 너희들에게 명하고 전한
것을 어찌하여 그리 소홀히 여기며 자
신과 용기 없는 백성들로서 가는가?
13 이 모두가 너희들의 의지력에 달렸느
니라.
14 어떠한 종파를 따르느냐, 그리고 너희
들이 어떠한 종파에 가서 몸담느냐,
그와 같은 것은 별로 중요치 아니하
며, 그는 의미도 없으며 아무런 가치
도 없느니라.
15 다만, 중요한 것이 무엇이더냐?
16 너희들이 어디에 있든 나 여호와의 뜻
대로 선을 행하고 살아가는 것이니,
17 종교 지도자가 어떻든 종파가 어떻든,
너희들이 미신을 믿든 뭐하든, 그와
같은 것은 다 부질없는 것이요,
18 인간이 만든 그 이름 아래, 인간이 만
든 그 굴레에 걸려 너희들이 깨닫지
못하며, 너희들의 그 능력의 한계를
모르고 그저 끌려가는 자들이요,
19 나로부터 선택받은 개개인이 중요한
나의 아들딸이라는 것을 의식하지 못
하기 때문이니라.
20 그러니 어떠한 종파요, 어떠한 것에
휩쓸리고 어울리는 것에 조금도 개의
치 말며, 그를 중요하게 생각하지 말
며 의식하지 말라.

21 너희들이 선을 행하고 살아가는 아름
다운 마음이면 되며, 선을 선택함에
있어서 용기 있는 백성이 되면 되느니
라.
22 사랑하는 나의 아들딸들아! 무슨 종
파요, 어떤 것이 무엇이 중요하더냐?
23 너희들이 항상 쓰는 칼이라는 그 도구
도 어떠하더냐?
24 너희들이 그것을 잘 다스려 쓰면 어떠
한 것이더냐?
25 삶에 편의를 제공하며, 그로 인하여
편한 삶이요, 편한 일을 할 수 있지 않
더냐?
26 모든 것을 다 너희들이 쓰고 싶은 대
로 그 도구를 쓸 수 있느니라.
27 그러나 그것을 흉악범이 가지고 휘두
르면 살인 무기요, 사람의 심장을 뚫
는 그와 같이 해서는 안 되는 일을 저
지르며, 피를 보는 도구로써 너희들이
쓸 수 있는 것이 그 하나의 칼을 놓고
서 예를 들 수 있지 않더냐?
28 그러니 어떠한 마음으로써 어떻게 하
느냐가 가장 중요함이니라.
29 성경에 기록된 내용과 나 여호와가 내
리는 새로운 성경의 그 의미를 정독하
여 너희 것으로 만들라.
30 지금 모든 종교 집단의 지도자들, 구
약은 구약대로 그것이 제일이요, 신약
은 신약대로 최고라 그리 말하는 자,
31 그들은 다 반쪽도 되지 않는 정답을
가지고 그것이 정답이라 하며, 하늘에
오르는 길이라 허덕이고 있느니라.
32 그러니 마지막 내가 내리는 새로운 성
경에 내가 너희들에게 거짓 하며 도적
질하며 남을 속이는 그와 같은 삶을
살라 했느냐?
33 네 부모를 공경하며 네 이웃을 사랑하
며 그와 같이 살라 내가 명한 나의 새
로운 성경을 너희들이 그리 평가하지
말라.
34 오로지 나의 아들을 따르는 제자 너희
들은 이를 정독하고 또 정독하면 그
의미를 알게 될 것이니,
35 그 의미요, 그 뜻을 알 때, 너희들이
하늘의 지혜를 얻게 됨이니, 하늘의
지혜를 얻을 때 너희들의 눈이 열리며
가슴이 열리며, 하늘에 오르는 길을
보게 되는 영광을 얻게 될 것이니라.

12,075 번째 하나님 말씀

2004년 7월 8일 16시 56분

1 사랑하는 나의 아들아!
2 "네, 아버님! 말씀하옵소서."
3 너희들이 살아가면서 악을 행하지 아
니함도 참 중요하니라.
4 작은 악이라 해도 행하면 아니 되며,
작은 선이라 해도 행하는 그와 같은
삶을 살라 하였으니,
5 악을 행하지 아니하는 삶의 길을 가고
자 하는 것도 갸륵하며 그도 참 중요
하고 소중하니라.
6 그러나 이제 나의 아들을 따르는 선택
된 너희들은 알아야 될 것이니라.
7 악을 행하지 아니함도 중요하나, 너희
들이 선을 행하는 데 열과 성의를 다
하는 그와 같은 삶을 살아야 될 것이
니라.
8 선을 행할 때 최선을 다하는 그와 같
은 길을 가라.

9 이 길이 너희들이 악을 버리고 악을
지울 수 있으며, 정녕 버릴 수 없는 너
희들의 마음을 지울 수 있느니라.
10 그리하여 선한 일을 하는 데 인색하지
아니하는 그와 같은 너희들이 되어야
될 것이니라.
11 나의 백성이요, 나로부터 선택된 너희
들이 갈 길은 그것임을 알라.
12 악을 행하지 않는 그것보다도 너희들
이 선을 행하는 데 모두를 다 바치는
것, 그것도 또한 너희들의 중요한 과
제임을 알라.
13 선한 삶을 살기 위해 노력하다 보면,
그것이 이 세상에서 가장 행복한 백성
이라는 그것을 얻게 될 것이니라.
14 내가 이를 나의 아들을 통하여 너희들
에게 내리는 것은 너희들이 오늘의 삶
에 힘들고 어렵고 고달픈 그 삶을 살
아가나 그를 넘어야 되며,
15 그래서 내가 너희들에게 마음의 기쁨
이요, 위로를 주는 것이니, 너희들이
선한 삶을 위하여 노력하라.
16 그러면 이 세상에서 너희들이 가장 행
복한 백성이요, 행복한 삶이라는 것을
알 수 있을 것이니라.
17 이 세상에서 행복하게 사는 백성이 다
음 세상에서도 행복을 느낄 수 있는
백성이니, 이는 곧 너희들이 나를 볼
수 있는 것이기 때문이니라.
18 너희가 구원을 받을 수 있는 기본인
선함을 행하는 데 인색해서는 절대 아
니 되느니라.
19 모든 진리의 길이요, 하늘에 오르는
길은 너희들의 하루의 삶과 연결되어
있기 때문이니라.
20 너희들은 악을 행하든 선을 행하든 너
희들의 하루의 삶은 작은 것부터 큰
것까지 모두 다 나 여호와와 하나의
끈으로 연결되어 있음이니,
21 그리하여 그 끈이 연결되었을 때, 너
희들이 그 길을 따라 나에게 오는 것
이니라.
22 그러니 악을 행할 때마다 너희들의
그 끈이 동강이 나 네가 그를 건너서
올 수 없는 그와 같은 형국이 되니, 그
러고도 너희들이 나에게 오른다 할
수 있단 말이더냐?
23 내가 너희들에게 일찍이 가르쳐 주지
않았더냐?
24 모든 미물과 동물이요, 식물이요, 그
모두는 다 더불어 먹고살며, 도와 가
며 살며, 협조하며 살며, 서로가 먹히
고 잡아먹고 사는 것,
25 그 모두도 다 하나의 끈으로 연결된
자연의 순리요, 내가 역사한 것이라
하였으니, 그 모두가 하나의 끈이라
하였느니라.
26 그러니 그 끈에서 순리대로 아름답게
사는 자는 나와 한 끈으로써 연결되
나, 악한 짓을 하는 자마다 그 끈이 끊
어짐이니,
27 너희들이 그를 넘을 수 없으며, 끊어
진 끈을 연결할 수도 없으며, 연결한
다 해도 그 끈이 짧아 나에게 올 수도
없음이니,
28 지금이라도 너희들이 아름답고 선한
삶을 사는 데 전부를 다 바치라.
29 그리하여 끊어진 그 끈이 연결되며,
그 끈을 연결하는 노력을 하지 아니하
면 아니 됨이니라.

30 한 번 끊어진 그 끈을 연결하기는 힘
드느니라.
31 그러니 너희들이 열배 백배로 노력하
고 갚을 때, 그 끈이 연결될 수 있는
기회를 내가 만들어 줄 것이니라.
32 모든 사탄과 천사들도 너희가 끊어진
끈을 이을 만큼 노력했으며 그 죄의
대가를 세상에서 치렀으니, 그를 연결
해 줘도 누구도 거부하지 못하며 반대
표를 던지지 못하도록 그리 살아야 될
것이니,
33 지금까지 살아오며 조각조각 토막 난
그 끈을 연결하기 위하여 오늘을 어찌
살아야 되는 것인가를 각자 깨우쳐 행
하도록 하라.
34 그는 너희들에게 달렸음이니라.

12,076 번째 하나님 말씀

2004년 7월 8일 17시 01분

1 사랑하는 나의 아들아!
2 "네, 아버님! 말씀하옵소서."
3 내가 너희들에게 여러 번 전했느니라.
4 너희들이 정녕 높아지고자 하는 자는
낮아져야 되며, 낮아진 자만이 높아진
다 하지 아니하였더냐?
5 너희들이 낮추고자 하며 낮아지고자
한다면 높아진다는 그 진리를 어찌하
여 그리 소홀히 듣고 넘기는가?
6 너희 자신을 낮추는 자만이 너희 자신
이 아무것도 아님을 스스로 알게 될
것이니라.
7 그러니 스스로 낮아져 너희 자신이 아
무것도 아니며, 존재 가치도 의미도
없다, 그리고 너희를 세상에 내보낸
이에 대한 은혜도 갚지 못하며 역행하
는 삶을 살아가니, 벌레만도 못하다는
깨달음을 뼈저리게 느낄 때, 너희들
자신이 낮춰지는 것이며 낮아지는 것
이 될 것이니라.
8 그리하여 자신이 그 모두를 알게 될
것이니라.
9 그때 너희들이 그와 같이 낮아졌을
때, 마음을 비울 수 있으며 모두를 다
놓을 수 있으며,
10 너희 형제요, 이웃이요, 모르는 자 아
는 자 할 것 없이 모든 백성들을 다 똑
같이 볼 수 있으며, 모두 동등한 자격
으로 그들을 볼 수 있음이니라.
11 그러니 마음을 감추고 마음을 덮어 놓
고 더 사랑하고 미워하는 것이 없으
며, 모두를 다 똑같이 볼 수 있는 그와
같은 경지에 올라야 된다는 것을 알라.
12 너희들이 그와 같이 되었을 때, 너희
마음이 비워졌을 때만 겸손함을 알게
되며, 겸손의 의미가 무엇인가를 알게
될 것이니라.
13 그러면서 진정한 자신의 실체요, 존재
가치를 정확하게 알게 됨이니, 그는
이 세상에 너희보다 못한 것은 하나도
없다는 것을 느끼게 될 것이니라.
14 말없이 바람에 날리는 먼지만도 못한
것이 너희들의 실체라는 것을 깨달을
때만이 마음의 문이 열릴 것이니라.
15 나의 아들 예수가 '자기의 십자가를
자신이 지고 와야만 된다.' 한 뜻을 알
겠느냐?
16 그것이 얼마나 낮은 자의 자세며, 모
두를 겸손하게 인내하는 자가 하는
것이더냐?

17 그보다 더 낮은 자로서, 더 겸손한 자로서, 고통을 인내하는 자로서 너희들이 그와 같은 길을 가야 된다 나의 아들이 그리 가르쳤으니, 그와 같이 낮은 자가 되어야 한다는 의미임을 너희들은 알라.
18 그와 같이 가는 자에게 무엇을 더 바라겠느냐?
19 그와 같이 가는 백성이야말로 나의 아들 예수와 지금의 나의 아들이요, 또한 나 여호와와 하나의 고리로 연결되어 너희들 자신이 구원을 받는 것은 두말할 것도 없으며, 나에게 오는 영광을 얻을 것도 두말할 것이 없음이니라.
20 그러니 그와 같은 백성으로서 거듭나라.
21 그와 같은 백성으로서 너희들이 거듭나지 아니하면 너희 자신을 구원하지도 못할 것이며, 또한 만백성을 지도하는 선생으로서 너희들은 자격이 없음이니라.
22 그러니 나와 너희들과 모두 하나의 고리가 될 수 있는 것, 가장 낮은 자세로써 살아간다면, 너 자신의 구원은 말할 것도 없으며, 만백성을 거듭날 수 있도록 인도하는 추앙받는 선생으로서 너희들이 손색이 없을 것이니라.
23 그렇다고 해서 너희들이 낮은 자가 된다 하여 내가 너희들을 버리며 기억하지 않는 백성이라는 그 두려운 생각을 하지 말라.
24 낮으면 낮을수록 너희들이 마음을 비움이니, 그 낮은 자의 가슴에 나의 성령이 따라가 거기다 부어 줄 것이니라.
25 그러니 너희들이 낮아진다 하여 버림을 받는 것이 아니요, 나에게 멀어지는 것이 아니요,
26 이는 곧 너희들이 나와 같이할 수 있는 길이요, 나에게 올 수 있는 길이 거기에 있음을 깨우쳐 주도록 그리하라, 사랑하는 나의 아들아!

12,077 번째 하나님 말씀

2004년 7월 8일 17시 15분

1 사랑하는 나의 아들아!
2 "네, 아버님! 말씀하옵소서."
3 지금의 종교 집단의 지도자, 그 신도들이 세상의 이치를 얼마나 모르고 사는가?
4 세상의 이치를 알지도 못하는 자들이 성경에 기록되어 있는 그 뜻이요, 내가 가르치고자 하는 나의 비유의 뜻을 아는가?
5 그러니 너희들이 성경에 기록된 하나의 내용을 글자 그대로 보며 그대로 이끌고 행하는 그와 같은 행위를 했기 때문에, 오늘에 이렇게 메말랐으며 험악한 세상이 되었느니라.
6 성경에 기록된 그 내용은 수천수만 가지로 여러 가지 뜻을 가지고 있거늘, 같은 내용이라도 너희들에게 유리한 대로 해석하며,
7 같은 내용에 반대되는 뜻에 대해서도 그를 반대쪽에서 이해하지 아니하고 저희들에게 편한 쪽으로만 모두를 이끌어 가는 것이 오늘의 종교 집단의 지도자니,
8 그리하여 그들이 사악한 자요, 그 죄

를 면치 못한다 함이니라.
9 나 여호와가 성경에 기록하여, '나 여
호와를 위하여 너희들이 역사를 하고
자 한다면, 또한 나의 아들 예수를 따
라서 너희들이 역사하고자 한다면, 집
이나 아내나 형제나 부모나 자녀를 버
릴 수 있는 사람은 누구나 이 세상에
서 몇 곱절의 상을 받을 것이요'
10 그와 같이 기록된 내용을 가지고 너희
들이 그 말을 글자 그대로 해석하고,
그와 같이 행하는 자가 하늘에 오르는
길이요, 구원을 받는다 하여 형제와
부모와 자식 간에 갈등이 생기게 했으
며,
11 종파요, 믿음이라는 것 때문에 너희들
이 세상에 온갖 혼란을 이루며, 그리
하여 가장 기본인 가정까지 파괴하는
그와 같은 짓을 하고 있지 않은가?
12 남편이 아내를 버리며, 부모가 자식을
버리며, 아내가 남편을 버리며, 부모
자식 간에 사랑이 없고 형제지간에 등
을 돌리는 이와 같은 세상으로 만든
원흉이 바로 종교 집단의 지도자 너희
들이니라.
13 그를 이해하지 못하고 알지 못하기 때
문에, 해석도 하지도 못하는 자들이
그를 가르치고 이끌어 왔기 때문이라
는 것을 너희들은 알아야 될 것이니라.
14 너희들은 여기서 알아야 될 것이니라.
15 내가 너희들에게 뭐라 말하였느냐, 너
희들이 성경에 기록된 내용을 어찌 받
아들이는가?
16 '너희들이 제물을 차려 놓고 정성을
다하여 나에게 제사를 지낸다 하여도,
17 형제지간에 화목하지 못한 자, 가서
먼저 용서를 빌며, 화목을 돈독게 한
다음에 제사를 지내는 것이 타당한 것
이라' 내가 기록한 내용을 과연 어찌
받아들이는가?
18 그러면 나에게 오르는 백성이 어떤 백
성이냐?
19 형제지간에 화목하지 못하며, 부모에
게 효도하지 아니하며, 아내를 사랑하
지 아니하며, 남편을 사랑하지 아니하
며, 자식을 사랑하지 못하는 그 백성
들은 제사를 지낼 자격이 없다 가르친
그 내용을 과연 너희들이 어찌 가르치
며 어찌 전하는가?
20 지금 나의 아들을 통하여 새로운 성경
에 또한 뭐라 전하느냐?
21 너희들은 어떠한 뜻으로써 받아들이
며 어떠한 뜻으로 읽는가?
22 나 여호와는 너희들에게 부모와 형제
와의 화목을 제일 우선으로 하라 하였
음이니라.
23 그와 같은 것이 가장 위대한 것이라
가르치며, 그와 같은 행위를 하지 않
는 자는 아름다운 작은 사랑을 실천하
지 못함이니, 나 여호와를 받드는 큰
사랑을 할 수 없다 가르쳤느니라.
24 그리고 너희들이 부모를 사랑하는 그
작은 사랑이 나 여호와를 사랑하는 것
이며, 내 뜻을 받아들일 수 있는 기초
이기 때문에,
25 형제와 부모와 네 이웃을 네 몸과 같
이 사랑하라 내가 새로운 성경에 기록
하였으며, 신약 성경에도 그리 기록하
여 전했음을 너희들은 알아야 될 것이
니라.
26 사랑하는 나의 아들딸들아! 이와 같

은 한 구절을 가지고 이것이 잘못되었
으며, 이것이 내가 원하지 않는 것임
을 성경의 많은 곳에 기록하였으며,
그것이 비유의 뜻이라는 것을 알면서
도,
27 너희들이 나에게 오고자 하는 것은 집
이나, 아내나, 그리고 형제나, 부모나,
자녀나 그 모두를 버릴 수 있는 그와
같은 마음을 가지고 오는 자는 몇 곱
절 상으로 받는다 하여,
28 그와 같이 가는 것이 하늘에 오르는
길이요, 그와 같이 바치는 것이 구원
받는 길이라 하여 너희들이 지금 나의
피조물 만백성을 이리 만들어 황폐한
세상을 만들게 되었으니, 그 죄 너희
들이 감당키 어려울 것이니라.
29 너희가 인간 세상에서 부모 형제와 자
식과 아내와 남편의 인간관계보다 더
돈독하고 더 소중한 것이 없지 않더냐?
30 그리고 더 귀하게 여기는 것이 없느니
라.
31 그러나 너희들이 그 귀하고 귀한 것을
그리 지키고 갈 때, 너희들이 자신을
비우는 마음이요, 너를 지우는 마음이
얼마나 힘들고 어려운가?
32 그리하여 부모와 형제와 모든 관계를
끊는 아픔보다도 더 어렵고 힘든 것이
마음을 비우는 길이니, 그와 같은 그
모두를 접어 둘 수 있는 마음의 각오
로써 모두를 역사하며 바로 가라 하는
것이지,
33 네 남편이요, 아내요, 자식과 부모를
버리고 형제간에 반목하는 그와 같은
길을 가는 것이 믿음의 길이라 내가
너희들에게 가르친 것이 아니니,
34 그 뜻을 모르는 자가 오늘의 이 세상
을 이렇게 만들었음이니라.
35 나의 아들을 따르는 너희들은 들으라.
36 너희들은 구약이 어떻고 신약이 어떠
며 어떠한 말이 있든, 새로운 성경에
기록되어 내가 전하는 가르침을 듣고
따르도록 그리하라.
37 내가 나의 아들을 통하여 마지막 내리
는 하늘의 뜻이 가장 위대한 것이라
했으니,
38 너희들이 아내와 남편을 무시하며 그
관계를 버려서라도 믿음의 길을 가라
했으나,
39 내가 너희들에게 형제지간에 화목하
지 아니하면 아니 된다는 그와 같은
가르침이요, 그 의미를 너희들은 어찌
해석하며 어찌 대답할 수 있는가?
40 그러니 성서의 뜻을 모르는 자가 가르
치기 때문에 그 답을 찾을 수가 없으
며, 나의 백성들이 혼돈 속에 지금 헤
매고 있음이니라.
41 그리하여 혼돈 속에 빠져 세뇌되어
정신을 못 차리고 우왕좌왕하는 것이
그들이니라.
42 그러니 '구원, 구원!', 그저 구원의 중
환자가 되어 있는 형국이니라.
43 너희 가족의 소중함을 너희들이 안다
면, 남의 가족을 소중하게 할 수 있는
것은, 끈끈한 정이요, 끊을 수 없는 그
관계를 놓을 수 있는 자세요, 그를 놓
고 볼 수 있는 마음을 가진 자가 남을
사랑하며 남의 가족을 사랑할 수 있기
때문에, 너희들에게 마음을 비우며 깨
달음을 얻으라 하는 것이지,
44 그렇게 부모 형제를 내치고 가라는 것

이 아니요, 모두를 다 던지고 나를 따
르라 하는 것이 아니라는 것을 너희들
은 알라 그리 전하라.
45 너희들이 특별한 인간관계의 한계를
벗어나지 아니하고는 남들을 너희 가
족처럼 사랑할 수 없기에, 그와 같은
마음을 비우며 똑같이 보도록 그리하
라 하는 것이니, 그 비유의 뜻이 여기
있느니라.
46 그러나 내가 성경에 내린 글자대로 가
르치고 배우며, 그것이 너희들에게 손
해 가는 것이 없으며 득이 되는 것이
요, 유리하니 그대로 가야 될 것이라
하며,
47 그리하여 모두를 다 버리고라도 너희
들이 교회 짓는 것에 모두를 다 바치
며 성전을 짓는 데 모두를 다 바치라,
48 그리하여 도적질해서 바쳐도 좋고, 강
도질해도 좋고, 남편의 재산을 아내가
바쳐도 좋고, 아내의 재산을 남편이
바쳐도 되고,
49 부모의 재산을 도적질하든 자식의 돈
을 도적질하든, 네 손에 잡히기만 하
면 교회에 바치며,
50 아름다운 교회를 꾸미기 위하여, 더
좋은 교회를 짓기 위하여 거기다 바치
면 구원을 받는 것이라 하니,
51 그리하여 형제로부터 욕을 먹는 자,
부모로부터 매 맞는 자, 그러면서도
너희들이 교회에 와 재물을 바치고 울
고불고 기도하는 백성은 열배 백배 은
총을 받으며, 죽어 가시밭길을 가지
않는 백성이라 그리 말하니,
52 바로 그 잘못된 지도자들의 가르침 때
문에 너희들이 바로 바늘방석이요, 끓
는 기름 가마솥을 들어가지 아니하면
아니 되는 것이니라.
53 글자 그대로 가르치기 때문에 죄의 온
상이 되어 버렸으며, 교회가 너희들의
무덤이 되어 버렸음이니라.
54 그리고 모든 나의 백성들을 황폐하게
만들었으며 사랑이라는 꽃을 피울 수
없도록 만든 것이 너희들이니라.
55 저희들에게만 충성하고 저희들에게
만 바치도록 하는 것, 저희 앞에 와 모
두를 갖다 바치라 그리 가르치며,
56 가족과 형제를 버리더라도 종교 지도
자 제 앞에 와서 무조건 바치면, 그 세
치 혓바닥으로 중언부언하면서 기도
하고 역사하며, 나 여호와에게 상을
받을 것이며, 더 큰 은혜가 있을 것이
며, 진정한 믿음의 길을 가는 자라 하
여 그리 그들을 충동질하는 것이 너희
들이니, 가장 사악한 자들이라는 걸
잊지 말라.
57 그리하여 부모요, 형제요, 누구든 다
버리며, 어떠한 재산이든 그저 남편이
아내가 모르게 그저 바치며, 지키라는
가정의 파탄이요, 그 가정이 다 무너
지며, 길거리에 나앉으며 패가망신한
다 해도 갖다 바치라, 그러면 너희들
이 구원을 받는다 그리 가르치느니라.
58 그것이 바로 믿음이 대단한 자라 나의
백성에게 그리하니, 과연 그들이 길거
리에 나앉으며 가정이 파산되었으며,
그들의 가정이 갈기갈기 찢어져 폐인
의 생활을 해도 너희들이 눈 하나 깜
짝하는가?
59 그리고 그들이 너희들에게 바쳐 모두
를 다 망했음이니, 패자가 되었으니,

너희들이 그들을 도와 그들이 거듭나
는 삶을 살도록 기초를 다져 주는가,
기반을 다져 주는가?
60 너희들의 그 사악한 죄는 용서받지 못
할 것이니라.
61 주는 것 없이 거둬들이고 갈취하며 피
를 빠는 그 죄가 얼마나 고통스러운
대가를 치러야 되는 것인지 깨닫고,
종교 지도자 너희들은 똑바로 살아가
도록 하라 그리 전하라.

12,078 번째 하나님 말씀

2004년 7월 8일 17시 19분

1 사랑하는 나의 아들아!
2 "네, 아버님! 말씀하옵소서."
3 이제 너희들은 모두를 알아야 될 것이
니라.
4 나의 아들 예수가 너희들에게 뭐라 가
르쳤느냐?
5 나에게 오르는 것이 저 자신을 버릴
수 있는 예수와 같은 삶을 사는 사람
만이 나의 아들 예수에게 올 수 있으
며 하늘에 오를 수 있을 것이라 그리
가르친 내용을 너희들이 잘못 가르치
며 잘못 전하고 있음이니라.
6 나의 아들 예수가 너희들에게 그리 오
를 수 있는 것, 그와 같은 의미를 가르
쳐 주었음이니라.
7 그리고 나의 아들이 다시 올 것이라는
것을 또한 너희들은 그리 알고 믿고
있으며 그리 전했다 그리하느니라.
8 그러니 그 모두는 나의 아들 예수가
다시 오는 것이 아님을 너희들은 알아
야 될 것이니라.
9 나의 아들 예수가 다시 오는 것은 무
엇인 줄 알겠느냐?
10 지금 사는 백성 너희들이 천사와 같은
마음으로써 거듭나는 삶을 살아 너희
들에게 성령이 임하게 되는 것을 의미
하는 것이니라.
11 너희들이 성령이 임하게 되면 나 여호
와가 거기에 임함이니, 나의 아들이
다시 내려올 이유가 어디 있으며, 무
슨 의미로써 나의 아들이 와서 설 자
리가 있으며 와서 역사할 것이 어디
있단 말이더냐?
12 너희들은 이와 같은 하늘의 이치를 잘
깨우치고 알아야 될 것이니라.
13 지금 내가 너희들에게 뭐라 말하였느
냐?
14 성령으로 임한 백성만이 성령의 인도
를 받아 나에게 오를 수 있다 함이니,
성령이 임하는 것은 나 여호와가 임함
이니라.
15 나의 아들 예수가 내 뜻을 가지고 세
상에 나갔음이니, 예수가 다시 온다는
것은 육으로써 천군을 거느리고 천사
들과 나팔 불며 와 너희들을 구원하는
것이 아니라, 나의 성령이 너희들에게
임하게 되는 것을 의미함이니라.
16 정녕 나의 성령이 임한다면, 그 성령
이 임하기 위하여 예수가 역사했으니
예수가 다시 올 필요가 없으며,
17 나의 성령이 임한 백성 앞에서 나의
아들 예수가 와서 무엇을 하며 무엇을
이루고 가르치겠는가?
18 그러니 나의 아들 예수가 다시 온다는
그와 같은 의미는, 나의 성령이 세상
에 내려와 이를 받아들이며 이를 받는

백성 그들을 의미하는 것임을 너희들
은 알아야 될 것이니라.
19 그러한 백성이 지금까지 나오지 아니
하였으며 그와 같은 백성이 나오지 못
하고 있기에, 내가 새로운 성경에 기
록하여 새로운 보혜사를 내려보낸다
함을 너희들은 알겠느냐?
20 그리하여 내가 지금 새로운 성경을 세
상에 내려보내느니라.
21 그러면서 내가 너희들에게 뭐라 말하
였느냐?
22 새로운 성경은 내가 너희들과 같이함
이니, 이 책의 뚜껑을 열 때 나의 성령
이 같이한다 하지 않았더냐?
23 그러기에 내가 직접 관장하는 시대요,
내가 심판의 시대를 열어 가는데, 나
의 아들 예수가 와서 무엇을 한단 말
이더냐?
24 나의 아들 예수가 와서 무엇도 역사
할 수 없음을 너희들은 알아야 되며,
할 일이 없음이니 올 필요가 없느니라.
25 나 여호와가 직접 나의 성령으로 심
어 주며, 이를 받아들이는 자는 구원
을 받을 것이요, 그렇지 못한 백성은
나와 관계없는 길을 가게 되는 심판의
시대가 왔음이니,
26 예수가 내려오는 것이 아니요, 나의
성령이 다시 내려와 너희들의 가슴에
임하여 거듭나는 백성들이 나의 아들
예수에게, 그리고 하늘나라에 올 수
있는 백성이라는 것을 알려 주는 것이
니,
27 그 뜻을 그리 깨우치며 모든 백성들에
게 전해 주도록 그리하라.

12,079 번째 하나님 말씀

2004년 7월 8일 17시 23분

1 사랑하는 나의 아들아!
2 "네, 아버님! 말씀하옵소서."
3 지금의 믿음의 길을 가는 그 백성들이
요, 신도들이 그리 말하느니라.
4 하늘에 오르며, 저희들은 구원을 받을
자격이 있는 자요, 하늘에 오는 것은
당연한 것이라 그리 말하느니라.
5 너희들은 말로 순간에 구원을 받았다
말하는 자, 그리고 나의 아들 앞에 와
정녕 구원을 받았다 말하는 자, 구원
을 받았다는 것이 바로 무엇이더냐?
6 나의 아들도 감히 그 말을 하지 못하
며, 공포와 불안한 마음에서 하루에
실수를 하지 아니하고 살아가려고 발
버둥치는 것이 나의 아들이요, 나의
새로운 성경을 읽고 깨우친 그 백성들
이거늘,
7 어찌하여 사탄의 노예가 된 자들이 구
원을 받았다 말하느냐?
8 내가 그들에게 철퇴를 내림이니라.
9 그들에게 말하라.
10 너희들이 나로부터 구원을 받았다는
것은 무엇이더냐?
11 너희들이 구원을 받은 것은 나 여호와
와 너희들이 하나가 되었다는 뜻이 아
니더냐?
12 그러니 하나가 되었다는 것은 너희들
이 내가 된 것인데, 나와 같이 된 백성
들이 어찌하여 손으로 지은 교회요,
인간의 지도자 앞에 가서 울고불고 온
갖 짓을 다 하는가?
13 그것이 구원을 받은 백성이더냐?

14 구원을 받아 하나가 되었다면 너희들
이 그들을 다스리고 지도할 자이거늘,
어찌하여 그 인간의 가르침을 계속 듣
고 배우는가?
15 더욱이 거기에 가서 재물을 바치며 소
원을 빌며 울고불고하니, 구원받았다
하는 자들이 어찌하여 그리한단 말이
더냐?
16 구원받은 백성의 의미를 알라 전하라.
17 구원받은 자는 나 여호와와 하나가 되
었으니, 모두를 다 깨달으며 하늘의
이치를 아는 백성이니라.
18 그러니 너희들이 울고불고 재물을 바
치며 구원이 어쩌고저쩌고 중언부언
할 필요도 없거늘, 종교 지도자요, 깨
우치지도 아니하며 의미도 모르는 그
사탄의 종 앞에 가서 재물을 바치고
통곡하는 그와 같은 추한 짓을 왜 하
느냐?
19 그러니 너희들이 깨우친 자가 아니지
않더냐?
20 그러니 구원받은 자라 말하지 말라.
21 그리고 구원이라는 것은 너희들이 나
와 하나가 된 것이요, 하늘나라에 오
는 자요, 하늘나라에 와 있는 자를 말
하는 것이니, 너희들이 감히 어찌하여
그와 같은 오만방자한 말을 할 수 있
는가?
22 그러니 구원을 받았다 하는 자는 그것
이 바로 잘못된 자요, 사탄이니라.
23 구원을 받음은 나와 너희들이 하나가
되어 있음이니, 너희들이 나와 같은
자요, 세상 이치를 통달한 자요, 너희
들이 악에서 넘어지지 아니하며 선에
도 흔들리지 아니하는 그와 같은 자들
이니라.
24 그러면서 너희들은 뭐라 말하느냐?
25 '나는 구원을 받았다.' 그리하니,
26 나의 아들이 '네가 구원을 받았으며
아버지와 같은 자면 네가 뭐하러 인
간의 교회에 가서 배우고 가르치느
냐?' 그러면, 너희는 그리 말할 것이
니라.
27 '내가 흔들리고 실수할까 봐, 또 실수
한 것이 있어서 그를 빌러 간다.' 하니,
28 창조주 나 여호와가 그와 같은 행위
를 하며 그와 같이 간단 말이더냐?
29 구원을 받았다는 것은 나와 같다는
뜻이니, 구원을 받았다는 소리를 함부
로 하지 말라.
30 그 어리석은 백성들 때문에 중병에 걸
려 저희들이 지옥으로 가니, 그 대가
가 얼마나 무서운 것인가를 머지않아
알 것이니, 그때는 이미 때가 늦으니,
31 가련하고 불쌍한 백성들, 그들을 그래
도 너희들은 깨우쳐 주라.
32 내가 그들을 나의 아들딸이라 하니,
죽어 오기 전까지는 내가 그들을 생
각하며 그들에게 관심이 있으며 그들
이 거듭나기를 바라는 나 여호와가 있
으니,
33 나의 아들딸인 그들을 내 관심만큼,
내가 관심을 놓기 전까지, 관심을 접
을 때까지, 내가 모른다 고개를 흔들
때까지,
34 내가 관심 속에 있으니, 너희들은 그
들을 구원하여 나에게 기쁨을 주도록
그리하라.

12,080 번째 하나님 말씀

2004년 7월 8일 18시 46분

1 사랑하는 나의 아들아!
2 "네, 아버님! 말씀하옵소서."
3 지금의 각종 종파를 가지고 가는 백성
들이요, 또한 종교 지도자라는 그들,
그리고 그 신도들이 과연 어떠한 형태
로 지금 살아가는가?
4 지금 너희들이 잘못되었으며 잘못 가
기에 그를 다 바로잡고 바로 역사하고
자 하여 나 여호와가 나의 아들을 통
하여 새로운 성경을 세상에 내려보냄
이니,
5 너희들이 이 성경을 읽고 깨우쳐 하늘
에 오르는 길을 보고자 함이 아니라,
나 여호와가 직접 내리는 이 새로운
성경을 핍박하고 경계함이니,
6 이는 너희들이 나의 새로운 성경을 핍
박하며 나의 아들을 따르는 제자 그들
을 핍박하고 욕보이는 것이 아니라,
7 너희들이 나 여호와를 경멸하고 나 여
호와를 핍박하며 나 여호와를 경계 대
상으로 이끌어 가고 있다는 것을 모르
는가?
8 너희가 새로운 성경을 태우고 찢어 버
리는 것은 나에게 하는 행위임을 알아
야 될 것이니라.
9 그리하여 깨우쳐야 할 백성들까지도
지금의 종교 집단이요, 잘못 가르치는
지도자 너희들로 하여금 나의 백성들
이 구원의 길을 보지 못하며, 지옥의
벼랑으로 지금 계속 떨어져 가는 그와
같은 형국이 되니,
10 너희들이 그와 같은 백성들까지도 사
탄의 종이 되도록 지금 이끌어 가고
있음이니라.
11 그리하여 이 세상이 혼돈을 면치 못하
며, 이 세상이 바로 설 수 있는 그와
같은 세상이 되지 못하며, 썩고 부패
해 가는 이와 같은 세상을 만든 것이
오늘의 종교 집단의 지도자 너희들이
한 짓이라는 것을 어찌 모른단 말이더
냐?
12 너희들이 이 세상에 숫자 놀음을 하
며, 그리고 너희 집단의 수요, 힘이요,
그것이 뭐 대단하며 그것이 뭐 그리
방대하다 하여, 너희들이 그와 같은
것을 믿고 지금 이와 같은 죄악을 저
지르고 있는가?
13 너희들이 얼마나 사악하고 잘못된 백
성들이던가?
14 너희들은 집단의 수요, 그 힘만 믿고,
죄를 짓고 살아가면서도 그 죄를 정당
화시켜, 나의 백성들의 판단을 흐리게
해 놓고 지옥으로 이끌고 가는 그와
같은 짓을 이제 중단하지 아니하면 아
니 될 것이니라.
15 너희들이 죄를 지으면서 정당화시키
는 것은 집단의 힘이요, 그 숫자를 믿
고 그리 만용을 부림이니, 나의 백성
들의 기본의 양심까지도 파괴시켰으
며,
16 그곳에 구원을 받는다고 울고불고하
는 백성 그들 자신이 저희들이 어찌
가고 무슨 행위를 하는지, 저희들도
그를 분별하지 못하는 그와 같은 세상
으로 혼돈케 만든 것이 오늘의 종교
집단의 지도자들이 하고 있는 짓이라
는 것을 알라.

12,081 번째 하나님 말씀

2004년 7월 8일 18시 51분

1 사랑하는 나의 아들아!
2 "네, 아버님! 말씀하옵소서."
3 나 여호와가 사랑하는 나의 아들딸 너
희들이 하나도 구원받지 못했으며 구
원받은 자가 없다 그리 말함이니,
4 이와 같은 것을 나의 새로운 성경에
기록하여, 구원의 길이 얼마나 어려우
며 구원을 받기 위해 어찌 살아야 되
는가, 그것을 너희들에게 깨우쳐 주기
위하여 내가 이 뜻을 전했거늘,
5 이를 읽고 깨우친 백성들이 뭐라 하느
냐?
6 황당한 소리를 하며 황당한 이야기를
한다 하며, 이것은 인간이 꾸며 낸 이
야기라 하니,
7 저희가 감히 하늘의 뜻을 어찌 안다
하여 그와 같은 말을 하는가?
8 그러니 이는 왕사탄이 세상을 혼돈케
하기 위해 와서 하는 말이라 너희들이
그리 말할 것이니라.
9 그러나 너희들은 들으라.
10 너희들이 과연 그와 같은 말을 할 수
있는가?
11 나 여호와가 소돔과 고모라 시대에도
어찌했던가?
12 그들을 내가 다 구원하고자 하여 너희
들에게 말하였느니라.
13 의인이 50명이 있으면 내가 그 성을
불로써 태우지 아니한다 하였으며,
14 너희들이 말하기를, '40명이요, 30명
이요, 20명이요, 10명만 있어도 태우
지 아니하겠나이까?' 그리 소원하지
않았는가?
15 그래서 내가 너희들에게 뭐라 말하였
느냐?
16 열 명의 의인이 있다면 이 성을 멸망
치 아니하게 할 것이며, 내가 너희들
에게 그 대가를 치르도록 절대 하지
아니할 것이라 그리 말하였느니라.
17 그러나 그 당시 과연 열 명의 의인이
있었느냐?
18 열 명의 의인이 없었기에 멸망의 대가
를 치렀던 것을 너희들은 생각하지 않
는가?
19 그리고 그때를 너희들이 한번 생각해
보라.
20 그리하여 지금까지 잘못된 백성들이
요, 잘못된 지도자들이 끌고 온 오늘
이 과연 그 시대의 백성보다 더 순수
하고 순박하며 아름다운 성격을 가지
고 살아가며 참진리의 길을 찾아왔다
고 생각하는가?
21 지금의 너희들이 몇천 년 동안 흘러오
는 동안에 잘못된 종교 집단의 지도자
그들로 하여금 그때보다도 지금이 더
험악해졌으며 감히 상상할 수 없는 그
와 같은 형국이 되었느니라.
22 사랑하는 나의 백성 너희들은 백 년
전만 해도 서로가 사랑하며 의지하며
정이 넘치는 그와 같은 세상이었으나,
23 백 년이 못 되어 지금과 같이 더 험악
한 세상이 되었으며, 인간이 인간을
두려워하며 사람을 꺼리며 사람을 의
심하며 만나기를 싫어하는 이와 같은
세상이 되었으니,
24 몇천 년 전의 그 백성들이 지금보다도
열배 백배 더 순박하고 순수하며, 사

랑을 베풀며 살아가는 백성들이었느
니라.
25 그러나 그들도 그 성에 열 명의 의인
이 없어 결국 그와 같은 벌을 받게 되
었으며 불의 심판을 받지 아니하였는
가?
26 그러니 너희들이 열 명의 의인이 없어
그 대가를 치렀던 그때를 생각해 보라.
27 오늘과 너희들이 견주어 볼 때, 과연
구원을 받을 자가 있겠는가?
28 없음을 너희들은 인정할 것이니라.
29 나 여호와가 지금 험악하고 험악한 세
상을 그와 같은 방법으로 다스리고자
하나,
30 노아의 방주의 형태요, 소돔과 고모라
와 같은 불의 형태로써 그 전철을 두
번 다시 밟지 아니하며 그를 행하지
아니하려 하는 것이 나 여호와의 뜻이
니라.
31 그리하여 내가 새로운 성경을 세상에
내려보내 너희들에게 기회를 줌이니,
너희들이 지금 의인이 없으며 의인이
라 할 자가 없으며 의인이 된 백성이
없으니,
32 너희들이 구원을 받지 못했다는 그 말
을 듣고 나의 아들을 황당한 이야기를
하는 자요, 꾸며 내는 자요, 사탄이요,
왕사탄이요, 잘못된 자가 하는 말이라
그리하지 말라.
33 정녕 너희들은 구원받은 자가 없음을
알아야 될 것이니라.
34 그리하여 구원받은 자 없는 백성 너희
들이 불쌍하고 가련하여, 내가 너희들
에게 한 번의 기회를 내려 주고 있는
것이 오늘 나의 아들을 통하여 새로운
성경 160권이 내려오는 이 역사를 함
이니, 이는 의인을 구하고자 하는 것
이 나의 뜻이니라.

12,082 번째 하나님 말씀

2004년 7월 8일 21시 13분

1 사랑하는 나의 아들아!
2 "네, 아버님! 말씀하옵소서."
3 나 여호와가 존재함을 알고 모르는 것
은, 이 세상의 흐름이요, 그 역사의 바
탕으로써 너희들이 알 수가 있음이니
라.
4 나 여호와가 존재하지 아니하였다면
이 세상은 이미 사탄의 세상이 되었을
것이며, 그들이 모두를 지배하는 그와
같은 세상으로 바뀌었을 것이니라.
5 그러나 이와 같은 역사가 이루어지지
못하는 것은 무엇이더냐?
6 나 여호와가 존재하고 있기 때문이니
라.
7 그러니 내가 존재하지 아니한다 생각
하는 자, 너희들은 깨달으라.
8 나 여호와가 존재하지 아니한다면 지
금은 사탄이 모두를 지배할 것이며,
그들은 결국 강성해지고 또 강성해져
사탄의 세상으로 다 역사하여, 그 누
구도 발을 붙일 수 없는 그와 같은 형
국이 되었을 것이니라.
9 그러나 나 여호와가 존재하며 내가 있
기에 그리 가게 두지 아니하며, 그와
같이 갈 수 없으며, 그와 같은 세상은
이루어질 수 없다는 것을 너희들은 알
라.
10 그리하여 지금 부패할 대로 부패하고

잘못 가는 이 세상을 내가 새로운 세
상으로써 거듭 탄생하는 그와 같은 역
사를 이루며 다시 탄생시키는 그 일을
함이니,
11 지금까지 너무나 부패하고 썩고 썩어
온 만큼, 새로운 세상이요, 새로운 시
대를 탄생시키는 그 역사를 하는 것,
그 대명을 맡은 자요, 그를 대행하는
나의 선택된 백성 너희들이야말로 고
통과 시련을 이겨야 되며, 그게 뒤따
름은 당연한 것이니라.
12 너무나 부패할 대로 부패하고 썩을 대
로 썩어졌기에, 그들에게서 바로 새
역사를 이루며 새 시대를 탄생시킨다
는 것은 정녕 어렵고 힘든 길이기 때
문이니라.
13 그러니 믿음의 길을 간다는 백성들이
지금 어찌 되었더냐?
14 그들이 내 뜻에 의하여 새로운 세상이
요, 천사들이 존재하는 그와 같은 세
상을 이룬 백성들이 아니라, 사탄의
종이 되어 버렸느니라.
15 그리하여 사탄과 더불어 나의 아들딸
들이 지금 나에게 저항을 하며 나를
경멸하는 그와 같은 행위를 서슴없이
하고 있는 것이 오늘의 믿음의 길을
가는 종교 집단의 지도자요, 구원을
받았다고 울고불고하는 그 신도들이
사탄과 같이 합작하여 나에게 저항함
이니라.
16 내가 그래도 너희들을 버리지 아니하
고 그곳에서 구원할 자, 구제할 자를
찾기 위하여 지금 새로운 성경을 내려
보내어, 마지막 모두에게 내가 기회를
준다 함을 잊어서는 아니 될 것이니라.
17 사탄의 집단과 나에게 선택된 너희들
과는 어쨌든 양자 대결이 이루어져야
될 것이며, 너희들은 피할 수 없는 한
판의 힘겨루기가 이루어질 것이니,
18 서로 줄다리기하는 것처럼 팽팽한 싸
움이요, 힘겨루기를 반드시 한 번은
거쳐야 될 것이며, 누가 승자가 되든
그는 한 번 결판이 나야 될 것이니라.
19 그러나 나의 아들을 따르는 제자 너희
들은 두려워하지 말라.
20 지금 너희들이 열세하며 나약한 것
같으나, 그들은 너희들을 이길 수 없
다는 것을 그 사탄들은 알고 있음이니
라.
21 나 여호와가 존재하며 내가 같이하고
있음이니, 그들은 이길 수 없으며 승
자가 될 수 없다는 것을 잘 아느니라.
22 그리하여 그들이 견딜 때까지 견뎌 보
고 버틸 때까지 버텨 보려 저항하는
것이지,
23 결코 너희들을 이기려 대들지 못하며
이기지 못한다는 것을 알고 있음이니,
이기려 하지 아니함이니라.
24 그리하여 바로 너희들을 방해하는 것
이 무엇이더냐?
25 160권의 새로운 성경이 세상에 나가
너희들과 더불어 내 뜻을 역사하는 백
성들이 세상에 나오는 것을 저항하고
막는 데 모두를 다 바치는 자들이라
하는 것을 알라.

12,083 번째 하나님 말씀

2004년 7월 8일 21시 19분

1 사랑하는 나의 아들아!

2 "네, 아버님! 말씀하옵소서."
3 나의 새로운 성경 160권이 세상에 나
오며 나의 아들과 그 제자들이 그 모
두를 역사함이니, 지금은 너희들이 이
세상의 고요함을 느낄 것이니라.
4 그리하여 새로운 성경 160권이 나 여
호와의 뜻이 아니요, 사탄의 장난이라
너희들이 그리할 것이니,
5 너희들은 머지않아 나 여호와의 뜻이
160권의 새로운 성경으로써 세상에
전해지며 내가 역사하는 것을 알게 될
것이니라.
6 지금 고요하고 조용한 것처럼 나의
160권의 새로운 성경이 세상에 나왔
을 때도 그리 고요하고 조용할 것이라
생각하는가?
7 너희들은 그와 같은 어리석음에서 깨
어나야 할 것이니라.
8 결코 오늘처럼 고요한 그와 같은 곳에
서 모든 게 이루어지지 아니함을 너희
들은 알아야 될 것이니라.
9 내가 심판하는 그 시대를 열고 있음이
니, 그 시대를 여는 것이 무엇이더냐?
10 160권의 새로운 성경이 세상에 나오
면 그때부터 모두를 다스려 나가기 시
작한다 하지 않았느냐?
11 그러니 고요하고 조용하며 지금의 편
안함을 느끼는 것, 그리고 사탄이요,
사탄의 종들이 지금 세상을 지배하고
갈 수 있는 것, 이와 같은 세상이 과연
언제까지 지탱될 것이라 생각하는가?
12 나의 새로운 성경 160권이 세상에 나
오면 내가 버릴 자와 구원할 자를 구
분하여 치고 나감이니, 그때는 이 세
상이 요란하며 흔들림을 알게 될 것이
니라.
13 고요를 느끼고 있는 이 세상에 나의
새로운 성경이 나와 내가 그를 치고
나갈 때, 이 세상에 얼마나 흔들림이
시작되는 것인가를 너희들은 감당하
지 못할 만큼 혼란을 이룰 것이니라.
14 험한 파도에 떠 있어 표류하는 돛단
배가 흔들려 제정신을 차리지 못하고
제자리를 지키지 못하는 것보다도 더
요란하게 이 세상이 흔들릴 것이니라.
15 땅이 갈라지는 것보다도 더 무서움이
있을 것이며, 땅이 갈라져 용암이 흘
러내리니 거기에 견뎌 낼 것이 아무것
도 없듯이, 무서운 진동과 함께 이 세
상이 타들어 가는 불꽃으로써 한때는
너희들을 다스림이니,
16 그 진동은 너희들이 지탱하기 어려우
며 감당키 어려운 그와 같은 역사가
이루어질 것이니라.
17 너희들은 하늘에서 내리는 천둥소리
보다도 더 강한 소음이 너희들의 귀를
때릴 것이며, 너희들이 바라볼 수 없
는 태양빛보다 더 뜨거운 빛으로써 너
희들을 한 번 비출 것이며, 한 번은 너
희들을 스쳐 갈 것이니라.
18 그와 같이 진동이요, 요동이 생겼을
때, 너희들이 빌고 용서를 구해도 그
때는 이미 늦음을 너희들은 알아야 될
것이니라.
19 그보다 더 무서운 형태로써 나의 새로
운 성경 160권이 세상에 나오니, 고요
한 이 세상이 흔들릴 것이며 뒤틀릴
것이니라.
20 그리하여 버릴 자를 버림이니, 너희들
이 악을 쓰고 버려지지 아니하려는 그

요동침이 내가 말하는 무서운 파도보
다도 더 흔들리는 요란을 떨 것이며,
21 땅이 갈라져 용암이 흘러내리고 화산
이 터지는 것보다도 더 요란하며 그보
다도 더 방대한 것으로써 이 세상의
모두를 너희들이 겪게 될 것이니, 그
때 가서 후회해도 늦다 함을 잊지 말
라.

12,084 번째 하나님 말씀

2004년 7월 8일 21시 27분

1 사랑하는 나의 아들아!
2 **"네, 아버님! 말씀하옵소서."**
3 믿음이라는 것이 무엇이더냐?
4 믿음이라는 것이 흘러온 것을 그대로
너희들이 받아들이며 답습하여 그를
가지고 깨우치고 제자리를 도는 그와
같은 것으로써는 아니 되는 것이며,
5 그와 같은 것은 하늘의 진리가 아니
요, 나 여호와의 뜻이 아님을 너희들
은 알아야 될 것이니라.
6 참진리요, 새로운 것은 무엇인 줄 알
겠느냐, 그리고 진정한 믿음의 길이란
무엇이더냐?
7 새로운 변화로써 너희들이 나 여호와
가 원하는 뜻을 알고자 최선의 노력을
다하며 전진하지 아니하면 아니 되느
니라.
8 그리해도 너희들이 나의 뜻이 무엇인
가를 알 수 없거늘, 노력하지 아니한
다면 결국 너희들은 내 뜻을 알지 못
함이니,
9 그리하여 모든 종교 집단 지도자들이
내 뜻을 따르지 못하며 내 뜻을 알지
못하기에 나를 거역하는 그와 같은 오
늘에 이르렀음을 알라 그리 전하라.
10 너희들이 절대 변하지 못하도록 과거
의 그 상태를 유지하여 가려고 하는
것, 그리고 너희들이 지금 가고 있는
것이 절대적이라 믿고 가는 것,
11 그것은 변해도 아니 되며 변해질 수도
없다 그리 말할 수 있다면, 너희들은
그 모두가 다 끝이 없는 하늘의 참진
리가 내려오지 못하도록 하는 행위라
는 것을 알아야 될 것이니라.
12 다시 내려오는 하늘의 뜻이요, 참진리
의 뜻을 너희들이 내려오지 못하도록
그리할 수 있는 것은 무엇이더냐?
13 너희들이 하늘의 뜻과 나 여호와가 역
사하는 것, 그 진리를 모두 아는 자,
내가 이루는 답을 아는 자만이 그와
같은 행위를 할 수 있느니라.
14 이는 곧 나 혼자만이 할 수 있는 것이
니라.
15 지금 역사하는 모든 것이 나 여호와의
뜻이요, 더 이상 내려올 것이 있는가
없는가, 그 모두를 완전히 아는 사람
만이 모두를 중단할 수 있으며,
16 그저 지금 가는 믿음이 진정한 믿음이
요, 하늘에 오르는 길이요, 더 이상은
없다 말할 수 있는 자격이 있느니라.
17 그러나 너희들은 결정권자가 아니요,
하늘의 뜻을 막고 내려보내고 또 내
뜻을 전하고 하는 것, 그와 같이 역사
를 완벽하게 할 수 있는 자는 나 여호
와뿐이니,
18 나 외에는 그 누구도 흘러오는 지금의
믿음이요, 너희들이 가지고 왔던 모든
신앙이 이것이 마지막이요, 더 내려올

것이 없으며 더 역사할 것이 없으며
그리해도 아니 된다 그리 말할 수 없
으며, 막을 내릴 수 있는 자가 없느니
라.
19 그러나 너희들은 나의 뜻을 알지 못하
느니라.
20 그러니 하늘의 뜻과 참진리의 나의 모
두를 아는 자만이 이것이 마지막이요,
저것이 마지막이요, 그리고 신약의 시
대의 성경 이것 외에는 어떠한 것도
받아들여서도 아니 되며, 여기 이외에
어떤 것도 너희들이 공부해서는 아니
된다 그리 가르칠 수 있음이니라.
21 그러니 지금 것을 고수해야 한다는 것
은 너희들이 모두를 다 알아야 되는
것이니라.
22 그러나 지금의 지도자 너희들은 하늘
의 뜻을 과연 아는가?
23 하늘의 뜻을 모르면서 너희들이 그와
같이 신약의 모두가 다 종결이요, 그
이상은 더 없으며 더 배울 것도 없다
그리 결정짓고, 나의 피조물 만백성을
가르치고 지도하는 것이 이 세상을 이
와 같이 험악하게 만든 그 결과이니라.
24 그러니 지금 지도자 너희들은 하늘의
뜻과 나 여호와가 역사하고자 하는 것
을, 끝이 없는 참진리의 가르침을 아
무것도 모르면서 그 모두를 너희들이
지금 훼방만 하는 백성들이니라.
25 나의 진리는 끝이 없다 하지 않았느냐?
26 끝이 없는 것이 나의 진리요, 그리고
끝이 날 수 없는 것이 나의 진리요, 그
와 같은 것이 세상에 내려와 새로운
변화를 역사하는 것이 나 여호와의 뜻
이거늘, 어찌하여 그를 막으며 역사하
지 못하도록 그리한단 말이더냐?
27 그러니 너희들이 나의 뜻을 거역하는
자들이요, 내 뜻을 훼방하는 자니,
28 너희들은 정녕 용서받지 못하는 성령
을 훼방하는 가장 무서운 죄를 짓고
있는 것이 오늘의 종교 집단의 지도자
요, 맹종 맹신하고 울고불고하며 광란
의 짓을 하는 백성들이니라.
29 새로운 변화로써 나 여호와의 역사함
을 같이해야만 그것이 너희들이 내 뜻
을 역사하는 것이요,
30 그와 같이 가는 백성이야말로 나에게
가장 큰 기쁨을 주며 내가 기뻐하는
백성들이요, 내가 그들을 기억함을 너
희들은 알아야 될 것이니라.
31 아무것도 모르는 자가 하늘의 역사함
이 끝이 났다 하며, 그리고 끝이 다 내
려왔다 하며, 그리고 신약의 시대로써
더 이상 빼고 더할 것도 없다 하니,
32 그것이 바로 너희들이 저지르고 있는
잘못이라는 것을 알라.
33 그 모두는 너희들 자신이 잘못된 판단
으로써 어리석음의 소치에서 벗어나
지 못하고 가르치니,
34 나의 뜻은 불변하며 이대로 가는 것이
하늘의 뜻이라 그리 말하는 자, 너희
들이 가장 어리석고 불쌍한 백성들이
니라.
35 나의 뜻은 전진하며 변화되며 새로이
역사를 이루는 것이니, 이것이 바로
새로운 신앙이요, 참 믿음이요, 하늘
의 뜻을 너희들이 아는 것이니라.
36 내가 너희들에게 일찍이 기록하지 않
더냐?
37 하늘의 진리는 끝이 없다는 그를 명심

하고 또 명심하라.
38 하늘의 진리가 끝이 없는 것을, 누구를 위하여 그것이 존재하며 누구를 위하여 그것이 필요하던가?
39 나의 피조물 만백성 너희들에게 필요한 것이니, 그는 다 너희들 것이니라.
40 그리하여 내가 나의 아들을 통하여 지금 내려보냄을 알라, 사랑하는 나의 아들딸들아!

12,085 번째 하나님 말씀

2004년 7월 8일 21시 32분

1 사랑하는 나의 아들아!
2 "네, 아버님! 말씀하옵소서."
3 지금의 종교 지도자 너희가 구원의 목표를 과연 어디다 맞춰 두며, 어찌 너희들이 하늘에 오르고자 그와 같은 길을 역사하는가?
4 너희들이 정녕 구원을 받는다면, 이 세상에 내가 역사하는 것의 모래알만도 못할지언정 너희들에게는 그리 귀하고 소중한 것이 구원이라면, 그 구원의 목표를 어디에 두어야 하는가?
5 창조주 나 여호와요, 나의 나라요, 내 뜻에 모두를 맞춰 그 길을 달려오는 것이 너희들이 그를 이룰 수 있는 것이 아니던가?
6 그러나 지금 모든 종교 집단의 지도자 너희들이 구원이라는 것을 원하며 그를 위하여 살아가며, 기도하고 울고불고 광란의 짓을 하면서 그 목표를 나에게 맞춰 주는 것이 아니라, 사탄에게 그 목표를 맞춰 놓고 있음이니라.
7 그리하여 사탄에게 구원의 길의 목표를 맞춰 놓고 그리 달려가고 있으면서, 어찌하여 나에게 오를 수 있다 말한단 말이더냐?
8 그러니 너희들이 하늘에 오르는 길이요, 구원의 그 목표의 방향을 잘못 선정하였으며 잘못 잡고 있음이니라.
9 그리하여 잘못해 놓고 잘못된 그 목표를 위하여 지금 너희들이 좌우 가릴 것 없이 그저 전력 질주하고 있는 것이 오늘의 종교 집단의 지도자요, 그리고 광분하는 신도 너희들이 아니더냐?
10 그러니 너희들이 나의 뜻과 내가 이루고자 하는 그 역사를 모르면서, 인간의 생각으로써 방향을 설정해 놓고, 너희들은 그 목표를 향하여 전력 질주하는 어리석은 길을 가는 것이 오늘의 신앙이요, 너희들의 믿음이니라.
11 그러니 나의 뜻을 너희들이 알 리 없으며, 내가 이루고자 하는 것을 알지 못함이니,
12 너희들이 지금 가고 있는 그와 같은 신앙생활이 나와 관계없는 길이라 함이니라.
13 그러면서 너희들은 뭐라 말하느냐?
14 나 여호와의 뜻에 의하여 너희들이 신앙의 길을 가며, 나를 기쁘게 하는 그 믿음으로 가며,
15 나의 아들 예수의 보혈로써 죄의 대가를 받는 거기에 보답을 하고자 살아가는 것이라 그리 말하고 있으니, 이 모두가 다 너희들의 무지에서 이루어진 것임을 알라.
16 나 여호와에게는 그러한 것이 기쁨이 아니요, 내가 원하는 것이 아님을 너

희들은 알아야 될 것이니라.
17 너희들은 지금부터 모두를 거두고 믿
음의 목표부터 다시 설정해야 될 것이
니라.
18 사탄에게 맞춰 놓은 그 목표를 나 여
호와에게 맞춰 너희들이 내 뜻에 의해
살아오는 그와 같은 백성이 되지 아니
하면,
19 너희들은 무지에서 이루어진 그 결과
이기 때문에 나와 관계없으며 아무것
도 얻을 수 없다는 것을 알라.
20 너희가 나 여호와를 위하여 무엇을 하
고자, 이루고자 바라지 말라.
21 그리고 너희들이 나를 기쁘게 하며 나
의 뜻에 따라가고자, 내 뜻에 의해 역
사한다는 것을 생각하기 전에 너희들
이 먼저 알고 가야 할 길이 있으니,
22 그는 곧 내 뜻이 무엇인가를 알아야
할 것이니라.
23 나를 기쁘게 하며 내 뜻에 의해 살아
간다는 그것보다도, 너희들이 나 여호
와의 뜻이 무엇이며 내가 이루고자 하
는 것이 무엇인가, 내 뜻을 먼저 깨닫
는 현명한 백성이 되도록 그리하라.
24 내 뜻을 알아야 너희들이 무엇을 할
것인가를 알 것이지,
25 내 뜻도 모르며 내가 지시하는 것도
모르며 내가 이루고자 하는 것을 모르
면서, 너희들이 아무리 나를 따르며
나를 돕는다 해도 다 그것은 부질없는
것이요, 나에게 도움이 되지 아니하며
나와 관계없는 것이니,
26 무엇을 너희들이 어찌 나에게 할 것인
가를 생각하지 말고, 내 뜻을 먼저 파
악하고 내 뜻을 아는 지혜를 얻도록
그리하라 전하라.

12,086 번째 하나님 말씀

2004년 7월 8일 21시 42분

1 사랑하는 나의 아들아!
2 "네, 아버님! 말씀하옵소서."
3 나의 아들이 세상에 와 그를 고통스럽
게 죽게 한 그 후예들이 지금 종교 집
단이라 하여 이 세상을 지배하니, 너
희들이 어찌하는가?
4 너희들이 수없이 종파의 이름을 붙여
놓고 지금 울고불고하고 있는 것이 아
니더냐?
5 그러니 믿음의 길을 가는 모든 종교
집단이 첫 단추를 잘못 끼웠으며, 시
작부터 잘못된 자들이니라.
6 그러니 시작부터 잘못된 믿음이라는
것은 나와 관계없는 길이니라.
7 너희들이 교회를 짓고 복음을 전파하
고 전도 사업을 하면서 외형의 수준을
높이기 위하여 온갖 수단과 방법을 다
동원하여 집회를 하며 사람들을 모아
놓고 울고불고 그들을 자극시키느니
라.
8 그러나 결국 그것은 다 부질없는 짓이
요, 구원과는 관계없으며, 나 여호와
의 뜻과는 관계없음이니라.
9 사탄으로 전락된 자들이 지금 너희들
을 이끌어 가며 너희들로부터 재물을
거둬들이는 그와 같은 사악한 행위를
하며, 제 집단의 힘을 늘리기 위한 것
이지, 나 여호와의 뜻에 의한 것이 아
니니라.
10 곧 믿음을 시작할 때 너희들이 잘못

시작하였으며, 나의 뜻을 거역하는 그
와 같은 상태에서 시작하여 그리 흘러
왔기 때문이니,
11 너희들이 만성이 되어 버리고 젖어 버
려서, 악을 행하면서도, 내 뜻을 거역
하고 가면서도 너희들이 거역하는 것
인지, 아닌지 모르는 이와 같은 형국
이 되었느니라.
12 너희가 시작부터 나의 뜻이 아니라 사
탄의 종이 되어 역사하고 있기 때문
에, 어떠한 행위를 하든 그와 같은 행
위는 나와 관계없다 함이니라.
13 이제 믿음의 길을 가는 종교 집단의
지도자요, 그리고 광분하는 신도들 너
희들은 들으라.
14 너희들이 지금 요란을 떠는 그와 같은
행위요, 너희들의 손으로 죄의 온상인
교회를 지으며 십자가를 올려놓는 그
와 같은 무덤을 짓는 그 모두의 역사
가 다 부질없으며 나와 관계없는 행위
라 했음이니라.
15 너희들이 정녕 구원을 받고자 한다면
그와 같은 모든 행위를 중단하고, 성
경에 기록된 나의 뜻을 하나라도 지키
고 행하는 그 깨달음을 얻도록 그리하
라.
16 정녕 그것을 너희들이 행할 수 없거
든, 내가 친필로 써 내린 십계명을 지
키는 데 모두를 다 바치고 행하도록
그리하라.
17 그리하면 너희들이 지옥 불에 가 울고
불고하는 가장 무섭고 두려운 형벌은
그래도 면할 수 있는 기회가 있을 것
이니, 내가 너희들에게 이를 전함이니
라.
18 그러니 지금의 모든 종교 집단이요,
그들과 더불어 가는 자, 너희들이 잘
못된 사탄의 종이 된 자들에게 배우고
따라가기에, 너희들도 모르면서 지금
지옥의 벼랑으로 간다는 것을 내가 전
해 주니,
19 이를 읽고 깨우치고도 그 길을 중단하
지 아니하며, 거듭나는 길을 가지 아
니한다면,
20 너희들 자신이 아무리 그들을 원망해
도 너희 자신이 한 행위는 스스로 그
책임을 져야 된다는 것을 잊지 말라.
21 사랑하는 나의 아들딸들아! 너희들은
정녕 한 줄이라도 철저히 읽고 깨우치
는 그와 같은 길을 갈 수 없는가?
22 성경의 한 줄이라도 너희들이 읽고 또
읽으면 그 속에서 뜻을 알 것이며 내
가 원하는 것을 알 수 있거늘,
23 어찌하여 철저히 그를 정성 들여 읽어
보지 아니하며, 거기에 기록된 내용이
어떠한 의미에서 어떠한 내용으로 기
록된 것인가, 너희들에게 어찌하라 가
르치는 것인가를 들여다보고 깨우치
는 백성으로서 어찌 다시 태어나지 못
한단 말이더냐?
24 너희들은 기억해야 될 것이니라.
25 더 이상 나의 백성들의 고혈을 빨아먹
는 그들에게 빨려 들어가지 말며, 그
들의 세 치 혓바닥에 현혹되어 너희들
의 모두를 다 버리는 어리석은 짓을
하지 말라.
26 거기에 더 이상 현혹되면 영영 구원의
길을 볼 수가 없음이니라.
27 지금에 빠져 있는 너희들의 그 형태로
써 내가 내리는 새로운 성경을 읽지

못하도록 하며, 읽지 못하도록 한다
하여 읽지 아니하며,
28 이는 사탄이요, 마귀의 것이라 지도자
가 그리 말하니 그 신도들 또한 그리
믿고 따라감이니,
29 그것이 바로 너희들이 거듭날 수 있는
그 기회를 버림이니라.
30 인간 지도자가 제가 당당한 자요, 참
진리를 길을 간다면, 무엇인들 읽지
못하게 하며 무엇인들 보지 못하게 하
겠느냐?
31 너희들이 셋이 여행을 함이니, 아무리
악한 자요, 아무리 선한 자가 셋이 간
다 해도 선한 자에게 배울 것이 있는
가 하면, 악한 자도 또한 너희 스승이
라 했거늘,
32 이 세상에 나 여호와가 역사하지 아니
하는 것이 없다 그리 말하면서, 누구
도 이룰 수 없는 대장정의 160권의 새
로운 성경이 내려오는 것이, 이게 하
루아침에 누가 장난으로 쓸 수 있으
며, 몇 년이라는 그 세월을 가지고 이
역사를 이룰 수 있는가?
33 그 누구도 역사할 수 없으며 이룰 수
없는 것이 세상에 나오거늘, 이것을
어찌하여 사탄이요, 마귀의 장난이라
그리 단정할 수 있단 말이더냐?
34 그 많은 세월 속에 귀하고 소중한 나
의 뜻이 기록된 책이 어찌하여 사탄의
것이요, 너희들을 죽이는 그와 같은
길로 인도하는 자라 그리 말하느냐?
35 그와 같이 말하는 자들이 너희들의 고
혈을 빨아먹는 자이니라.
36 그러니 너희들의 고혈을 빨아먹기 위
하여 너희들에게 그와 같이 붙어 있는
자, 그 부질없는 자들이 허우적거리는
소리에 넘어가지 말라.
37 그리고 이제 나의 피조물 만백성의 고
혈을 빨아먹는 그와 같은 짓을 중단하
며 사기극을 더 이상 연출하지 말라
하여 너희들이 그들을 단죄해야 될 것
이니라.
38 너희들은 들으라.
39 모든 종교 집단의 지도자들이 나 여호
와의 뜻에 의하여 너희들을 하늘에 오
르는 길의 인도자가 아니라, 그들은
나의 원수 노릇을 하는 자들이니라.
40 그러니 나의 원수 노릇을 하는 자들을
내가 더 이상 보지 않을 것이며, 더 기
다릴 수 있는 그와 같은 시간도 없음
이니라.
41 내가 더 이상 참고 견디고 인내해 줄
때가 이미 다 지났음이니라.
42 그리하여 내가 심판의 시대를 열어,
버릴 자와 구원할 자를 지금 구분하고
있다 함이니,
43 헛소리하는 자요, 세 치 혓바닥으로
지옥으로 이끌어 가는 그 사기극을 벌
이는 그들에게 더 이상 현혹되어 구원
의 길을 놓치지 말도록 그리하라.
44 나 여호와는 각자 너희들에게 전했음
이니라.

12,087 번째 하나님 말씀

2004년 7월 8일 21시 48분

1 사랑하는 나의 아들아!
2 "네, 아버님! 말씀하옵소서."
3 인간 세상에서 너희들이 살아가면서
인간관계에 이루어지는 것이 무엇이

더냐?
4 더불어 같이 사는 자, 같이 행하는 자, 그와 같은 자가 너희들에게 서로가 의지가 되는 그 삶이 아니더냐?
5 또한, 네 이웃과 같이 어떠한 인간관계를 유지하고 살아가느냐 하는 것이 귀하지 않더냐?
6 사람이 아무리 많으며 아무리 네 주변에 널려 있다 해도, 너희들이 인간관계를 잘 갖지 못하며 잘 다스리지 못한다면, 너희들은 만나지 않고 보지 아니함만 못한 것이 아니더냐?
7 그러니 내가 너희들에게 더불어 사는 삶이요, 이웃과의 관계 개선이 얼마나 귀하고 소중한 것인지를 내가 너희들에게 표현하여 전하지 아니하였더냐?
8 멀리 있는 친형제보다도 이웃에 사는 남이 너희들이 살아가는 데 도움이 되며 낫다는 그와 같은 말이 있지 않더냐?
9 그러니 이와 같은 뜻이 무엇이더냐?
10 서로가 어떠한 관계냐가 중요한 것이며, 서로가 어렵고 힘들 때 진실된 마음으로 돕고 위로해 가며 살아가는 인간의 그 삶이 소중한 것처럼,
11 너희들의 믿음이요, 나에게 오르는 것도 그와 같은 자세로써 살아가야 될 것이니라.
12 사랑하는 나의 아들아! 서로 이웃과 더불어 살며 서로 의지하며 살아가는 인간관계가 평생 같이 살아가면서도 서로 속을 주지 아니하며, 속에 있는 말을 하지 아니하며 모두를 감추고 삶을 산다면, 그 인간관계가 어떠하더냐?
13 그러니 아무리 같이 산다 해도 그를 알 수 없으며 그 뜻을 알 수 없으니, 너희들이 서로 믿고 의지할 수 있는 관계가 못 되지 아니하더냐?
14 그러니 너희들이 나에게 오르는 길이요, 새로운 성경을 공부하고 깨우치는 것도 그와 같은 맥락이요, 그와 같은 이치의 자세로써 공부를 하고 깨우쳐야 될 것이니라.
15 너희들이 얼마만큼 나의 이 새로운 성경이 소중한 것이며 귀한 것이며,
16 나 여호와가 심판하는 마지막 시대에 너희들에게 기회를 내리는 마지막 성령이라 생각하며, 나의 뜻이라 생각하고 감사한 마음으로 읽고 깨우쳐 간다면, 그것이 얼마나 중요한 결과를 얻게 되는 것인지 알 것이니라.
17 그러나 너희들이 소홀한 마음으로, 지나가는 마음으로 그저 읽고 지나간다면, 너희들은 그 귀하고 소중한 깨우침을 얻을 수 없으며 내가 원하는 것을 더욱이 볼 수 없는 것이니라, 사랑하는 나의 아들딸들아!
18 그저 그대로 읽어 가는 그와 같은 백성들과, 나의 새로운 성경을 접할 때나 여호와의 뜻을, 내 심정이 무엇이며 내가 어찌하여 이와 같이 내렸는가, 너희들이 내 마음을 헤아리고자 하는 간곡한 마음이요, 온갖 정성을 다하여 새로운 성경을 읽고 깨우쳐 간다면,
19 너희들은 헤아릴 수 없는 깨달음을 얻을 것이며, 생각할 수 없는 하늘의 지혜를 얻어 너희들의 눈이 뜨이며 귀가 열리고 가슴이 열리는 그와 같은 위대함을 얻게 될 것이니라.

20 그러나 너희들이 그저 지나가는 것으로써 형식적인 마음 자세로 이를 읽고 또한 공부를 그리하며, 나의 아들을 통하여 내리는 강론을 그저 한쪽 귀로 듣고 한쪽 귀로 흘리는 그와 같은 믿음의 길을 간다면,
21 너희들은 평생을 다니면서 공부를 해도 나의 뜻을 하나도 알 수 없는 것이 바로 이와 같은 성경이니라.
22 구약과 신약이 다 그러하니라.
23 그리하여 너희들이 온갖 정성을 다하며 내가 내린 그 뜻이 무엇인가를 알고자 그와 같은 마음으로써 공부하고 깨우치는 자, 자세가 바른 자는 내 뜻을 알 것이요, 그렇지 아니하고 가는 자는 아무것도 알 수 없다는 것을 너희들은 알라.
24 사랑하는 나의 아들딸들아! 너희들은 알아야 될 것이니라.
25 나와 나의 백성 너희들과 그 연결 고리가 필요하니라.
26 그러니 너희들과 나와의 그 연결 고리요, 또한 하늘과 너희들의 그 연결 고리가 무엇이더냐?
27 그것이 바로 새로운 성경이라는 것을 너희들은 믿으라.
28 바로 너희들과 나와의 고리요, 하늘과의 연결 고리요, 길잡이 역할을 하며 너희들을 안내하여 나에게 오를 수 있는 모든 역할을 다하는 것이니라.
29 너희들이 나를 믿게 만들며, 나를 알게 만들며, 나와 연결 고리를 맺으며 하늘에 오르는 길을 인도하는 것, 그리고 천국의 문을 들어서는 그 방법까지 모두가 다 나의 새로운 성경 속에 있음이니, 이를 믿고 정독하고 또 정독하라.
30 그리하면 너희들이 읽고 읽는 그 속에서 모두를 다 얻을 것이니라.
31 그러니 읽어 보지도 아니한 백성들은 이를 사탄이요, 이단이라 함부로 말하지 말라.
32 너희들이 성령을 훼방하는 그 죄가 얼마나 무서운 것인가를 알게 될 것이니라.

12,088 번째 하나님 말씀

2004년 7월 8일 22시 00분

1 사랑하는 나의 아들아!
2 "네, 아버님! 말씀하옵소서."
3 너희가 기도하고 설교하면서 그리고 나를 생각하며 나의 뜻대로 살아간다 그리하느니라.
4 그러면서 나의 아들 예수를 너희들이 '주여, 주여!' 부르며 그 모두에 감사한다 생각하며 그와 같은 말로써 강론하고 또 설교를 하느니라.
5 그러나 너희들의 설교를 가만히 한번 경청해 보라.
6 너희들이 간증이라는 것을 떠들며 울고불고하며 찬송을 부르며 그 모두의 행하는 그와 같은 행위를, 거기서 휘말려 들어가지 말고 그 모두를 다 접어 두고, 종교 지도자가 강론하는 것, 그리고 종교 지도자가 마지막 끝맺음을 할 때 무엇을 위해서 하는가를 보라.
7 너희들이 나의 이름을 찾으며 나의 아들을 찾으며 '주여, 주여!' 구세주라

말하며 울고불고하며 모든 짓을 다 하
느니라.
8 그러나 결국 끝날 때 종교 지도자라는
자는 무엇이라 하는가?
9 헌금을 잘 내고 많이 바치도록 독려하
며 그것으로써 그들의 설교는 끝내느
니라.
10 그리고 종교 지도자 그들이 무엇을 말
하는가?
11 그들은 끝으로 그러느니라.
12 종교 지도자를 신처럼 모시며 그가 하
는 일에 탓하지 말며, 그가 잘못 간다
해서 시시비비하지 말며, 그저 너희들
은 맹종 맹신하고 따르라, 그리 말하
고 가르치는 것이 오늘의 설교요, 강
론의 결론이 아니더냐?
13 너희들이 하고 있는 그 짓이 수천 년
동안 그와 같은 형국으로 흘러왔음이
니라.
14 그러니 나의 뜻과는 전혀 관계없으며,
너희들은 구원이요, 나에게 오르는 길
과는 아무런 연관도 없는 그와 같은
짓을 하고 있음이니라.
15 그리고 너희들의 교육기관이요, 신앙
의 지도자를 육성하는 곳, 가르치는
그곳을 들여다보라.
16 너희들이 다스리는 인간의 사업이요,
인간의 기업을 운영하는 방법을 가르
치지, 참진리요, 나의 뜻에 오는 길을
가르치는가?
17 그러니 그것도 다 부질없는 짓이요,
나와 관계없는 것이라 내가 그리 말함
을 너희들은 알라.
18 사랑하는 나의 아들딸들아! 맹종 맹
신하며 광분하는 그 신도들의 기도 소
리를 또한 들여다보라.
19 너희들이 그들이 하는 짓을 귀를 열어
가만히 들어보면 가관인 말을 할 것
이니라.
20 그들은 말끝마다 나의 아들 예수를
'주여' 하며 구세주라 그리 부르느니
라.
21 그러다가 나의 이름을 갖다 붙이며 울
고불고 또 기도를 하느니라.
22 한 대목을 할 때마다 나의 이름을 갖
다 붙이며, 한 대목을 기도할 때마다
나의 아들 예수를 구세주요, '주여, 주
여!' 부르며 거기다 갖다 붙여 대느니
라.
23 그러나 결국 너희들은 무엇을 말하느
냐?
24 자기들의 뜻에 따라 나의 뜻을 갖다
거기에 붙여 맞추도록 하는 것이 너희
들의 기도가 아니더냐?
25 그러니 제가 말을 하며 제가 소원을
빌며 제가 나를 찾고 그리고 내가 너
희들의 그 뜻에 맞춰서 이루어 달라,
그리고 너희들이 붙인 대목에 대하여
답을 얻었고 구원을 받았고 은혜를 받
았다 하는 것이 오늘의 믿음이요, 신
도들이 가고 있는 기도의 전부이니라.
26 거기에 남을 위한 기도가 어디 있으
며, 정녕 나 여호와의 뜻에 의해 역사
하고자 하며 나로부터 쓰일 수 있는
백성으로서 거듭나겠다는 그와 같은
뜻이 어디 있는가?
27 다 욕심에 찬 자들이요, 제 스스로 저
를 위하여 기도하고 모두를 역사하느
니라.
28 종교 지도자는 재물을 거둬들이며 저

자신이요, 저희 집단을 위해서 하는
자요,
29 기도하는 백성은 저 개인을 위해, 제
가정을 위해, 제 욕심을 채우기 위해
중언부언하며 나의 아들 예수요, 내
이름만 갖다 끝에 붙이고 앞에 붙이는
그와 같은 형국으로써 하는 것이 너희
들의 기도니라.
30 너희들은 기도의 의미와 기도의 뜻을
알아야 될 것이니라.
31 내가 너희들에게 전함이니, 나의 아들
예수가 어찌 갔는가?
32 그는 피보다도 진한 땀방울을 흘리면
서 기도를 했느니라.
33 그 진한 기도를 하면서 예수는 뭐라
했느냐?
34 저 자신의 뜻대로 모두를 이루지 말며
아버님의 뜻대로 되도록 역사하시라
그리 그는 기도했으며, 내 마음이요,
내 뜻대로 모두를 주관하여 하라 기도
했으니,
35 너희들은 예수가 기도하던 그 상황이
요, 그 모습을 가만히 생각해 보며 기
도하는 그 마음의 상태가 무슨 뜻인가
를 생각해 보았느냐?
36 이와 같은 기도를 드린 것은 나의 아
들 예수가 즐겁게 노는 자리에서 나에
게 기도한 것이 아니니라.
37 죽음 직전에 나의 아들 예수는 그와
같은 기도를 드렸느니라.
38 그러니 죽음 직전에 나의 아들 예수가
예수의 뜻대로 하지 아니하며 나 여호
와의 뜻대로 하라는 피보다 진한 그
기도의 의미가 무엇인 줄 알겠느냐?
39 피보다 진한 땀방울이 떨어지는 그 기
도는 예수가 얼마나 자기 자신을 다스
리며 얼마나 인내하고 참았던 기도인
줄 알겠느냐?
40 예수는 죽음 직전에 그 고통스러운 것
을 나 아버지에게, 그리고 구원해 줄
수 있는 아버지에게 제 뜻이요, 제 소
원을 말하지 아니하고, 오로지 '아버
지 뜻대로 하옵소서.' 그 말을 하기 위
하여 나의 아들 예수는 피보다 진한
땀방울을 흘리는 기도를 했음이니라.
41 그러니 그 기도하는 마음을 너희들이
알며, 예수가 피보다 진한 땀을 흘리
면서 '아버지 뜻대로 하옵소서.' 하는
그 진의를 알겠느냐?
42 나의 아들은 피보다 진한 그 기도로써
죽음 직전에 나의 아들이 처참하고 고
통스러운 그것을 제 스스로 견디지 못
하고 이루지 못하여,
43 '아버지! 저를 구원하여 주옵소서.' 혹
시라도 그와 같은 기도의 말 한마디라
도 나올까 봐 그를 참고 인내하기 위
하여 피보다 진한 땀방울을 흘리면서
그는 말했느니라.
44 '아버님 뜻대로 하옵소서.' 그와 같이
말을 했음이니라.
45 제 입에서 혹시라도 자신도 모르게 그
고통을 견딜 수 없어 그가 '아버님! 저
를 구원하여 주옵소서.' 그 한마디요,
'저를 건져 주옵소서, 이 고통에서 면
할 수 있도록 하여 주옵소서.' 그리 저
자신을 위한 기도를 할까 봐,
46 예수는 죽을 힘을 다하여 그를 참기
위해, 그리고 내 뜻대로 하라는 그 기
도를 드리기 위하여 그는 피보다도 진
한 땀방울을 흘리면서 참았으니, 그

애절한 뜻과 그 기도의 마음을 너희들
이 정녕 아는가?
47 그와 같이 죽어 간 나의 아들의 보혈
로써 구원을 받았으며 그 죽음이 너희
들의 죄를 다 씻었다는 그와 같은 말
을 함이니, 나 여호와의 이 아픈 마음
을 너희들이 안단 말이더냐?
48 나의 아들 예수가 죽음 직전에 피보다
진한 땀방울을 흘린 그 의미를 아는가?
49 너는 너의 제자들에게 이 뜻을 간곡히
전하여 나의 아들 예수의 아픈 마음을
위로하도록 그리하라.
50 너무나 고통스럽고 인내할 수 없어서
거기서 면해 달라는 그 기도의 말이
나올까 봐 그 입을 막기 위하여, 그 심
정을 막기 위하여 예수는 피보다 진한
땀을 흘리며 마지막 남긴 말이 '아버
님 뜻대로 하옵소서.' 그리하고 죽어
갔느니라.
51 그렇다면 너희들의 지금 기도는 무엇
이더냐?
52 과연 너희들이 지금 나에게 원하는 기
도는 무엇이며 바라는 기도는 무엇이
더냐?
53 종교 집단의 우두머리요, 종교 지도자
요, 구원을 받았다는 백성 너희들이
드리는 기도는 과연 무엇이더냐?
54 너희들의 어려운 문제를 해결하고자,
가진 자가 더 갖고자, 명예를 얻은 자
가 더 얻고자 그것을 이루어 달라 나
에게 기도하며 간절히 바라는 것이 너
희들이 지금 가는 신앙이요, 믿음의
길이요, 기도하는 것이 아니더냐?
55 그러니 그 기도가 정녕 너희들이 할
수 있는 기도이며, 그와 같은 기도를
하는 것이 나의 백성으로서 할 수 있
는 길이며, 나의 아들딸로서 그와 같
은 기도를 할 수 있단 말이더냐?
56 너희들은 이제 알라.
57 모든 백성은 모른다 하더라도 나의 아
들을 따르는 제자 너희들은 알라.
58 예수가 죽음 직전에 그 고통에서 견디
기가 어려워, 참기 어려워 그를 헤어
날 수 있는 기회와 영광을 달라, 줄 수
있는 아버지이기에 그를 달라는 그와
같은 말이 나올까 봐, 그 기도 소리가
나올까 봐 그가 참고 억제했던 그 아
픔의 고통을 알아야 될 것이니,
59 그게 바로 너희들이 나에게 할 수 있
는 기도요, 그와 같은 마음 자세가 나
의 아들이 나에게 기도하는 것이니,
60 너희들이 그와 같은 마음 자세가 아니
거든 나에게 기도하지 말며, 나를 울
리지 말며, 나의 아들 예수를 울리지
말고, 만백성을 지옥으로 이끌어 가는
그와 같은 사악한 행위를 중단하라 그
리 전하라.

12,089 번째 하나님 말씀

2004년 7월 8일 22시 09분

1 사랑하는 나의 아들아!
2 "네, 아버님! 말씀하옵소서."
3 이 세상에 작은 물건 하나라도 모두가
만들어질 때 다 무의미하게 만들어지
는 것이 아니지 않더냐?
4 그것이 쓰일 곳이 있으며 쓰이고자 하
는 목적이 있어서, 이 세상에 인간들
이 만든 작은 물건 하나도 그와 같은
뜻이 있어 만들어 내는 것이 아니더냐?

5 그리하여 쓸 목적이 있으며 쓸 곳이
있기에 거기에 맞춰 모두가 만들어지
느니라.
6 하물며 나 여호와가 이 세상을 창조했
음이니라.
7 그러니 내가 이 세상을 창조한 것이
너희들이 작은 소모품을 하나를 만드
는 것처럼 그와 같은 것으로 이 세상
을 창조했던가?
8 작은 미물에서부터 바닷속의 물고기
요, 자연의 아름다움이요, 모든 식물
이요, 동물들이 역사하는 것,
9 너희들 자신이 보고 듣고 마음대로 행
동할 수 있는 그 모두를 상세하게 내
가 창조했으며 내가 그 일을 모두를
역사했음이니라.
10 이와 같이 방대한 것을 역사했음이니,
이 큰 뜻을 이루어 역사한 내가 창조
의 뜻이 없이 그리 만들었으며 쓰일
곳이 없어 그리 만들었겠는가?
11 나 여호와가 이 세상을 창조했으니,
나의 뜻이 있으며 창조한 의미가 있을
것이니라.
12 그러니 지금의 믿음의 길을 가는 종교
집단 너희들은 나의 창조의 뜻을 먼저
알아야 될 것이니라.
13 나의 창조의 뜻을 알아야 내 뜻을 알
수 있으며 나를 알 수 있으며, 그리하
여 너희들이 하늘에 오를 수 있는 그
기회가 생긴다면 구원을 받을 수 있는
그 모두가 역사할 것이니라.
14 창조주가 창조한 뜻을 모르며 나를 알
수 없으며 내가 역사하는 것을 알 수
없는 자가 어찌하여 하늘에 오를 수
있다 감히 그리 말을 한단 말이더냐?
15 창조주의 뜻을 너희들이 저버리고, 너
희 자신의 부분적으로 국한된 구원에
매달리고 있는 것이 지금의 믿음의 전
부가 아니더냐?
16 개인적으로 너희들이 생각할 때는 너
하나 구원이 모두를 바칠 만한 가치가
있는 것이며, 네가 생각할 때는 세상
의 무엇과도 바꿀 수 없는 위대한 것
이라 생각하나,
17 창조주 나 여호와가 보며 이 세상의
모두를 창조한 내 뜻에 비추며 내 창
조의 뜻에 비춰 볼 때,
18 너희들은 백사장의 모래알만도 못한
것이 너희들이 구원에 매달리는 한계
요, 거기에 너희들이 목매어 가고 있
는 것밖에는 아니 됨을 먼저 알라.
19 그러니 너희들이 창조의 뜻부터 먼저
깨달으라.
20 너희들로 하여금 나 여호와가 천지를
창조한 뜻을 이루어 주고자 했음이니
라.
21 그리하여 내가 세상을 창조할 때 너
희들을 통하여 내가 창조한 뜻을 역사
하고 이루고자 했으나,
22 6천 년이라는 그 긴 세월 동안 너희들
은 나의 뜻을 이루지 아니하였으며,
너희들로 하여금 이룰 수가 없었음이
니라.
23 다만, 너희들이 창조주 내 뜻에 의하
여 그 긴 6천 년 세월 동안에 그를 역
사하고 이루고자 했더라면 오늘은 지
상의 천국이 되었을 것이니라.
24 그러나 어리석고 욕심에 찬 백성 너희
들이 부분적인 것에 불과한 것에 매달
리니,

25 내가 나의 성경에 기록하여 전하고 또
전했으며 조금 전에도 내가 너희들에
게 말했듯이, 백사장의 모래요, 먼지
만도 못한 부분적인 걸 가지고 너희들
이 구원받기 위하여 나에게 오르고자
하는 그와 같은 역사를 하는 그 믿음
만 온 것이 너희들이라 하지 않았더냐?
26 너희들이 말하는 교회를 짓는 것, 그
리고 성당을 짓는 것, 회당을 짓는 것,
법당을 짓는 것, 그 어떤 것이 크고 방
대하게 이룬다 해도
27 나 여호와가 너희들이 하는 짓을 바라
보면 어린아이들의 소꿉장난만도 못
한 것을 갖고 그것이 신앙의 전부요,
믿음의 전부요, 종교의 전부인 것처럼
그리 지금 세상을 요란하게 하고 있음
이니라.
28 그것은 창조주가 창조한 뜻에 비할 때
미미한 것이라는 것을 어찌 모르고 거
기에 모두를 다 바치고 간단 말이더냐?
29 너희들이 성경에 전해지는 뜻이요, 모
세가 역사한 것이요, 예수가 역사한
것, 그 모든 것이 다 그저 구원이요,
거기에만 맞추니, 그와 같은 역사의
의미의 뜻을 알라.
30 그 모두는 다 창조주 내가 창조한 뜻
을 이루기 위해서 모두가 역사한 것이
지,
31 소꿉장난만도 못한 교회를 더 짓기
위하여, 모래알만큼도 비중이 없는 너
희들의 구원을 위하여 지금 모두를 가
는 신앙이요, 믿음 그 모두를 예수요,
모세요, 그리고 새로운 성경이요, 십
계명이요, 거기에 그것이 존재하여 있
는 것처럼 착각하지 말라.
32 그 모두는 창조주 내가 창조한 그 뜻
을 위하여 그들이 존재했으며 역사했
음이니, 그를 알고 있도록 그리하라.
33 그리하여 그 길을 가고 있지 않은 백
성 너희들은 모두가 여기서 어떤 것을
이루고자 원한다 해도 구할 수가 없으
며 너희들 뜻대로 이루어지는 것이 없
음을 알아야 될 것이니라.
34 너희들이 구원에만 뜻을 두며 구원의
욕심에 빠져 있으니, 너희들은 내 뜻
을 역사하는 백성이 아니요, 노예가
되었음이니라.
35 욕심의 노예요, 구원의 노예요, 그리
고 세뇌되어 자신들이 타락하는 것을
모름이니라.
36 그리고 인간인 너희들이 이 세상에서
욕심의 노예로 지배당하고 있는 것도
모르는 것이니라.
37 이제 너희가 구원을 받고자 너희 손으
로 짓는 죄의 온상인 그 모두가 백사
장의 모래알만도 못한 것을 가지고 신
앙이요, 믿음의 전부인 것처럼 너희들
이 얽매이고 매달리는 그와 같은 것에
서 눈을 뜨라 그리 전하라.
38 하늘의 나라가 지상에서 이루어져야
하는 것, 그것이 창조주 나의 뜻이요,
내가 이루고자 하는 창조의 목적인 것
을 어찌 모른단 말이더냐?
39 그와 같은 것을 찾아볼 수 있는 지혜
를 얻으며, 그를 먼저 깨닫는 지혜가
되도록 하라.
40 사랑하는 나의 아들딸 너희들은 구원
이요, 그 모두를 생각하지 말라 함이
무엇인 줄 알겠느냐?
41 바로 창조주 나 여호와의 뜻이 우선이

요, 이를 이루는 데 너희들 개인의 것
은 작은 것이니, 거기에 연연해서 그
것이 하늘의 뜻이요, 그것이 내가 역
사하는 전부인 것처럼 착각 속에 모르
고 살아가는 어리석은 백성이 되지 말
라 함이니라.

12,090 번째 하나님 말씀

2004년 7월 9일 06시 32분

1 사랑하는 나의 아들아!
2 "네, 아버님! 말씀하옵소서."
3 너희들에게 없어서는 안 되는 산소요,
그리고 만백성의 생명이 되는 바람이
요, 그 모두는 온유하고 부드러우니라.
4 그러나 그들이 진노했을 때 그는 얼마
나 무서운가?
5 너희들이 어떠한 힘으로도 견디지 못
하는 그와 같은 무서운 형태로 변하느
니라.
6 이와 같이 인간 세상에 살아가는 그
마음 또한 그러하니라.
7 내가 너희들에게 아름답고 곱고 착한
바람처럼 미풍처럼 부드러운 마음을
가지고 살도록 하여 내가 세상에 내보
냈으나, 너희들이 지금 광폭하고 난폭
하기가 끝이 없으니,
8 바로 화난 바람이 불어치는 그와 같은
형국으로 된 것이 나의 백성 너희들이
니, 이 세상이 편안한 것이 어디 있으
며 평온한 것이 어디 있으며 평화로움
이 어디 있는가?
9 모두를 다 무너트린 것이 너희들이라
는 것을 알아야 될 것이니라.
10 너희들이 그와 같이 험악한 자가 되었
으며 험악한 백성이 되어 창조주 나
여호와의 뜻을 모르며, 나로부터 받은
은혜를 모르며 누구로부터 세상에 나
왔는지 모르는 자들이요,
11 광폭하고 난폭하기가 그 아름답고 부
드러운 미풍이 태풍으로 변하여 몰아
치는 것같이 너희들의 오늘의 마음이
그리 난폭해졌음을 알겠는가?
12 악은 악을 더 낳듯이, 난폭하고 난폭
한 너희들의 성격은 더 거칠고 난폭해
짐이니, 부모가 자식을 버리며, 자식
이 부모를 내버리는 그와 같은 형국이
될 것이며,
13 이웃을 시기하며 이웃을 무너트리는
것을 즐거움으로 사는 그와 같은 심성
으로 변화될 것이며, 남이 바로 가는
것을 보지 못하며 바로 서는 것을 보
지 못하는 난폭하고 광폭한 성격으로
변하게 될 것이니라.
14 그러니 세월이 지나면 지날수록 너희
들은 더 포악해짐이니, 이를 그대로
둘 수가 없기에 나 여호와가 지금 나
의 아들을 통하여 너희들을 다스림이
니, 어찌하여 이를 바라다보고 이를
깨우쳐 하늘에 오르는 길을 역사하지
않는가?
15 부드럽고 자애로운 미풍의 화난 모습
이 얼마나 무서운가?
16 바로 화난 바람이 태풍으로 변하여 모
두를 무너트리듯이, 너희들의 마음이
지금 그리 광폭해져 있음이니라.
17 그러니 거기에 사랑이 어디 있고 믿음
이 어디 있고 평화가 어디 있고 평온
함이 어디 있느냐?
18 모두가 다 무너지며 모두가 다 지금

쓰러져 가는 그와 같은 형국이니라.
19 그와 같은 속에서 나의 아들을 통하여
새로운 성경을 내려보내 그 성격을 다
스리며 그 마음을 다스리는 그 역사가
그리 쉽고 쉽겠는가?
20 그러니 너희들이 역사하기가 그리 어
렵고 힘든 것이며 그 모두를 인내하고
받아내는 너희들이 얼마나 힘들고 어
려운 것인가를 나 여호와는 아느니라.
21 그러나 너희들이 그 모두를 역사하지
아니하면 아니 됨이니라, 사랑하는 나
의 아들딸들아!
22 지금의 이 세상이 존재하며 너희들이
존재하며 내가 재앙으로써 다스리지
않는 것이 무엇인 줄 알겠느냐?
23 나의 아들 예수가 너희들에게 뭐라 전
했던가?
24 그는 죽어 가면서 그 고통 속에서도
나의 아들이 저를 위해 무엇을 이루어
달라는 기도를 할까 봐 그는 피보다
진한 땀을 흘리면서 인내했다 하지 않
더냐?
25 저 스스로 무엇을 구원하고 무엇을 얻
고자 하는 그러한 기도를 하지 아니하
기 위해 나의 아들 예수가 그 고통을
인내하고 참으며,
26 나에게 '모두는 아버님 뜻대로 역사하
옵소서.' 그와 같은 기도를 드리는 예
수의 죽음이 있었기에, 내가 너희들에
게 깨닫고 바로 나는 기회를 주고 기
다렸음이니라.
27 그와 같은 예수의 고통스러움이요, 예
수의 진정한 기도의 의미, 죽어 가면
서까지도 그 마음이 흔들리며 자신을
위해서 기도를 할까 봐,
28 자신의 편의를 위해서, 자신이 살 수
있는 길을 위하여, 자신의 고통을 덜
기 위해 나에게 무엇인가를 바라는 기
도를 해서는 아니 된다는 그의 독한
마음으로,
29 피보다 진한 땀방울을 흘리면서도 그
는 애원의 소리를 하지 아니하였으며
내 뜻대로 하라 하였음이니라.
30 그것이 바로 기도하는 자세요, 그것이
바로 기도이니라.
31 그러니 나의 피조물 만백성 너희들이
지금 얼마나 기도를 쉽게 하며 얼마나
기도를 함부로 하는가?
32 그래도 나의 아들 예수가 너희들을 위
하여 그 고통을 겪고 왔기에 그 고통
을 인내하며 그가 할 수 있는 길을 다
하고 할 수 있는 도리를 다하고 왔기
에, 내가 너희들에게 재앙으로 다스리
지 아니함을 알겠는가?
33 그러니 너희들이 기도하는 것을 함부
로 하지 말라.
34 너희들의 기도가 어떠한 줄 알겠느냐?
35 난폭하기가 이루 말할 수 없으며 포악
하기가 이루 말할 수 없는 그 기도가
세상을 덮고 있음이니, 그 모두를 내
가 거두고자 함이라는 것을 너희들은
알겠는가?
36 정녕 기도라는 것은 죽음 직전에도 저
를 위해서, 제가 무엇을 얻고자, 제가
편하고자, 더 높아지고자, 제가 소원
하는 것을 이루고자 하는 그 기도를
하는 것이 얼마나 부끄러운 일이더냐?
37 나의 아들 예수가 죽음 앞에서도 그
고통을 면해 달라는 기도를 하지 아니
한 것처럼, 자신을 위해서 어떠한 기

도도 할 수 없는 것이요, 해서는 아니
되는 것이 너희들이라는 것을 명심하
고 또 명심하여 그리 깨우치라.
38 그것만이 너희들이 기도할 수 있는 자
세요, 기도하는 형태이니라.
39 그러나 모든 믿음의 길을 가는 백성,
구원을 받았다는 자, 입을 열면 달라,
이루어 달라, 더 큰 것을 달라 하니,
그게 기도란 말이더냐?
40 내가 그래서 개구리 울음소리만도 못
한 짓을 하고 있는 것이 너희들이라
했으니, 기도의 의미를 알겠는가?
41 죽임을 당하며 고통을 당하면서도 자
신을 위해서 아무런 기도를 하지 아니
하는 것이 진정 너희들이 할 수 있는
기도라는 것을 명심하고 또 명심하도
록 그리하라.

12,091 번째 하나님 말씀

2004년 7월 9일 06시 37분

1 사랑하는 나의 아들아!
2 **"네, 아버님! 말씀하옵소서."**
3 나의 아들 예수가 그 고통 속에서도
그를 면하고자 하는 기도를 하지 않는
그 의미를 너희들은 알았는가?
4 창조주 나 여호와의 뜻이 무엇인가를
나의 아들 예수는 알고 있었기 때문에
감히 저 자신이 관계된 것, 본인에게
관계된 그와 같은 것이 아무리 고통스
럽고 힘이 들더라도 자신을 위해서 기
도를 하지 않는 그 의미를 잘 알라.
5 창조주 나 여호와는 너희들의 개인의
기도나 들어주며 너희들이 더 역사하
고자 하는 것을 들어주는 그와 같은
나 여호와가 아님이니라.
6 그러니 너희들은 다 부질없는 짓을 하
고 있음이니, 이는 창조주 나 여호와
의 뜻이요, 세상을 창조한 뜻을 모르
고 있기 때문이니라.
7 너희들의 믿음이요, 하늘에 오르는 것
이 내가 역사하는 것이요, 내가 이루
고자 하는 것이 교회나 짓는 것이요,
기도원이나 짓는 것이요, 교육관이라
하여 지도자를 육성하는 것, 그리고
복음을 전하는 것,
8 그와 같은 것이 모두 다 내가 역사하
는 길이요, 나를 위하는 길이요, 내가
모두가 다 기대하고 역사하는 것은 거
기에 있는 것으로 너희들이 아나, 착
각에서 깨어나라.
9 나 여호와는 그와 같은 것은 일개 백
사장의 모래알만도 못한 부분적인 것
에 불과하다 하지 아니하였더냐?
10 너희들이 말하는 하늘과 같은 지상 낙
원을 이루고자 하는 것이 내가 창조한
뜻이요, 창조주의 뜻이라는 것을 알라.
11 거기에 모두를 비춰 본다면, 너희들이
구원하고자 울고불고, 얻고자 울고불
고하는 기도요, 너희들이 짓는 교회
요, 기도원이요, 모든 것을 역사하는
것은 너희들 자신이 이루는 작은 것이
요, 백사장의 모래알만도 못한 부분적
인 것을 가지고 너희들이 모두를 매달
리고 역사한다 하지 않았더냐?
12 그리고 그 모두가 믿음이요, 신앙의
본체인 것처럼 너희들이 착각하고 살
고 있다 하지 않았느냐?
13 그것을 알기에 나의 아들 예수는 자신
의 그 고통에 대해 면할 수 있고 참을

수 있도록 그와 같은 기도를 하지 아니하였으며, 저 자신을 살려 달라는 그와 같은 기도를 하지 아니함을 너희들은 알라.

14 모두가 너희 자신을 위한 일부분에 불과한 것을 가지고 창조주 나 여호와가 관계하는 것이며 내 뜻이라 그리 아나, 그것은 나와 관계없음이니라.

15 나 여호와는 하늘에서 이루어진 것같이 지상을 이루는 그 뜻이요, 그를 위해 내가 모두를 역사하며 지금까지 흘러왔음을 너희들은 알라.

16 너희들의 작은 부분적인 것을 위해서 내가 존재하는 것처럼 그리하지 말라.

17 나는 그와 같은 자와 관계없다 하였음이니라.

18 그리하여 나의 뜻을 역사하고자 나의 아들을 보냈으며 새로운 성경을 세상에 내려보낸 그 뜻을 아는가?

19 나 여호와가 하늘과 같이 지상의 낙원을 이루기 위한 것이 내 뜻이요, 내가 이루는 역사요, 창조한 의미이기에, 내가 지금 나의 아들을 통하여 그와 같은 역사를 이루고 있음이니라.

20 그러니 너의 제자들이 나로부터 부름을 받은 것, 그것 또한 그 의미요, 그러기에 내가 너희들을 불러 쓴다는 것,

21 거기에 동참하는 자요, 거기에 부름을 받은 것이 나의 아들딸이라는 것을 너희들은 알라 그리 전하라.

22 너희들은 너희 자신의 구원이요, 너희가 거듭나는 것, 그와 같은 것에 연연하며 정녕 나 여호와의 뜻이 거기에 있는 것처럼 착각하지 말라 그리 전하라.

23 그 모두는 이 세상에 하늘과 같은 낙원을 이루었을 때 스스로 이루어질 수 있는 작은 것에 불과한 일들이니라.

24 거기에 매달리고 거기에 연연하지 말라.

25 나 여호와의 뜻에 의하여 내가 부르면 쓸 수 있는 백성이 되도록 노력하라 그리 전하라.

12,092 번째 하나님 말씀

2004년 7월 9일 06시 43분

1 사랑하는 나의 아들아!

2 "네, 아버님! 말씀하옵소서."

3 지금의 종교 집단과 지도자들이요, 그리고 광분하는 그 신도들, 더욱이 구원의 명을 받아 구원을 받았다 감히 말하는 그들이 정녕 나에게 구원을 받은 자며 참진리의 믿음의 길을 가고 있는가?

4 그들은 참진리의 길을 잃어버린 지가 오래며 그를 버린 지가 오래된 자임을 너희들은 알아야 될 것이니라.

5 지금의 모든 종교 집단이요, 너희들은 참진리요, 하늘의 뜻을 가르치고 거기에 천사와 같은 백성으로서 거듭나는 그것을 자랑이요, 그를 행복으로 생각하며 그 길을 위해서 가는 것이 아니라,

6 저희들과 같이하는 자, 제 수하에 얼마나 많은 교회라는 그 집단을 두었으며 인간의 손으로 지은 죄의 온상을 몇 개나 가지고 있느냐,

7 그리고 저희들을 따라서 울고불고하는 신도라는 백성이 과연 얼마나 되는

가, 그리고 주일마다 수시로 들어오는
헌금이 얼마나 되는가,
8 이것을 가지고 과시하고 이것을 가지
고 자랑이라 생각하며, 이를 가지고
저 자신이 뽐내는 그와 같은 웃지 못
할 형국이 되어 있지 않으냐?
9 그와 같은 것으로써 자랑하고 그와 같
은 것은 내보이기는 할 수는 있으나,
너희들이 참진리로 변한 의인이 된 백
성의 수를 제시하지 못하며, 의인과
같은 삶을 사는 신도를 자랑으로 생각
하며 그가 몇 사람이 되는가를 자랑하
지 못하며,
10 그리고 너희들이 가르치는 진리가 어
떠하며, 제가 어찌 변하고 있으며, 제
삶에 한 점의 부끄럼이 없는 삶을 사
는 이와 같은 것을 보여 주고 제시할
것이 하나도 없는 자들이기에,
11 신도가 몇 명이요, 교회가 몇 개요, 들
어오는 헌금이 얼마요, 제가 사는 집
이 어떠하고 제가 쓰고 있는 도구들이
얼마나 귀하고 소중한 것이요, 남들이
쓰지 못하는 것을 저는 쓰고 있다 그
와 같은 것들을 가지고 말하고 자랑을
하며, 그것 외에는 할 말이 없는 자들
이 오늘의 종교 집단의 지도자요, 어
리석은 백성 너희들이 아니더냐?
12 그러니 너희들이 사업으로 육성된 것,
인간의 기업으로 육성된 것을 교회의
자랑이라 하고 있느니라.
13 그러니 그곳에서 너희들이 진리를 어
찌 깨달으며 나 여호와의 뜻을 어찌
알며, 심오한 하늘의 진리의 싹이 틀
수 있다 생각하는가?
14 결국 거기에는 아무것도 없으며 폐허
요, 공허함만이 남아 있음이니라.
15 어찌하여 너희 종교 지도자가 '우리가
가르치는 이 교회요, 이 성당이요, 이
회막에서는 인자와 같은 사람이 얼마
나 있으며, 천사와 같은 사람이 얼마
나 있으며, 그들이 깨우쳐 가는 것이
얼마나 위대한 것인가?' 그와 같은 것
을 너희들이 자랑하며 그와 같은 것을
남들에게 자랑하고 깨우쳐 주는 것은
하나도 없고,
16 재물이요, 교회의 숫자요, 그저 신도
의 숫자요, 들어오는 헌금을 가지고
자랑하고 그것을 내세우는 것이요, 그
걸 가지고 너희들이 값을 따지고 가치
를 따지는 웃지 못할 추하고 더러운
세상이 되어 있음을 알겠느냐?
17 그것이 너희들의 오늘의 믿음이요, 신
앙의 본체이니, 이를 하늘에서 받아들
이며 이를 하늘에서 보고 내가 기뻐할
일이던가?
18 나는 너희들의 모두를 뽑아 유황불에
던져 버리기 위해 지금 가고 있음을
알라.
19 참진리요, 하늘의 뜻을 가르치고 전하
는 것은, 수많은 헌금이라는 이름 앞
에서, 재물을 거둬들이며 나의 피조물
만백성의 고혈을 빠는, 거머리보다도
더 독하게 빨아들이는 그와 같은 수입
이요, 재물 앞에서,
20 참진리는 쓰레기통에 던져 버린 지가
오래되었으며, 그를 찾을 수도 없고
흔적도 없는 것이 오늘의 신앙이요,
믿음의 길을 가는 너희들이니라.
21 나의 사랑은 어디에도 없고 내 사랑은
찾아볼 수도 없으며, 선한 싹이 트는

그와 같이 너희들이 변하는 삶을 사는
것은 볼 수가 없음이니라.
22 너희들이 생지옥과 같이 된 것이요,
생지옥보다도 더 험악한 지금의 이 세
상을 만들어 놓은 원흉들이니라.
23 그러니 아름다운 세상은 알 수 없으며
찾을 수 없으며, 너희들이 봄날과 같
은 풍요로움이요, 그 부드러움이요,
그리고 기쁨은 맛볼 수가 없으며 찾아
볼 수 없으며,
24 아름다운 이 세상이 몸살을 앓고 있는
이와 같은 형국이 되어 있느니라, 사
랑하는 나의 아들딸들아!
25 그 모두를 그들에게 손에 쥐여 주듯이
전해 주고 깨우쳐 주도록 그리하라.

12,093 번째 하나님 말씀

2004년 7월 9일 06시 48분

1 사랑하는 나의 아들아!
2 "네, 아버님! 말씀하옵소서."
3 지금 이 세상에 진정한 종교 지도자가
어디 있더냐?
4 진정한 종교 지도자는 한 명도 찾아볼
수 없으며, 그 집단 또한 하나도 볼 수
가 없음이니라.
5 모든 종교 집단의 지도자들이 어찌 가
는가?
6 내가 한 사람도 진정한 지도자가 없다
함이니, 너희들은 나를 사탄이요, 나
의 아들을 마귀라 그리 말할 것이니라.
7 그러나 너희들은 들어 보라.
8 '나도 인간이기에 실수할 수 있으며
욕된 짓을 하고 살 수 있는 것이요, 그
러니 종교 지도자라 하여 나를 탓하지
말라.
9 나도 인간이기에 물욕을 부릴 수 있으
며 잘못을 역사할 수 있음이니, 너희
들은 나를 탓하고 역사하지 말라.
10 오로지 창조주 아버지만이 심판하고
나를 벌할 수 있는 것이니,
11 내가 잘못하는 것, 물욕을 부리는 것,
욕심을 부리는 것, 그 모두를 너희들
은 스스로 심판하지 말며 말하지 말
라, 너희들은 탓하지 말라.'
12 공공연히 그리 말하고 지금 나의 피조
물 만백성에게 세뇌시키는 것이 지도
자 너희들이 하고 있는 짓이 아니더냐?
13 그러니 평범한 나의 백성만도 못한 짓
을 하고 있는 것이 오늘의 종교 지도
자요, 집단의 그 우두머리요, 그 신도
들이 아니더냐?
14 만백성을 인도하여 하늘에 오르게 한
다는 자들이 어찌 살았는가?
15 사랑을 베풀고 너희들이 사는가?
16 저희들끼리 서로 싸움질이나 하고, 저
희들끼리 비방하는 것을 두려운 줄을
모르고 자행하고 있으며, 서로를 죽이
기까지 하는 것이 종교 집단이요,
17 뜻이 다르다 하여 그들의 생명을 파리
목숨만 하게도 여기지 않는 그와 같은
잔혹성을 너희들이 가지고 있는 것이
아니더냐?
18 종교 집단의 지도자가 모범을 보이며
한 점의 부끄럼이 없이 살아야 할 너
희들이 인간의 법 앞에 저지른 죄까지
도 저희들은 인간이 처벌할 수 없으며
다스릴 수 없다 그리 악을 쓰는 자들
이 아니냐?
19 그리고 저희들을 법으로 다스렸을 때

하늘이 노하여 그들에게 벌을 내릴 것
이라 공공연히 악을 쓰는 것이 너희들
이니,
20 인간 세상에 죄지은 자가 벌을 받으면
서도 그 죄를 다스리는 자가 하늘로부
터 벌을 받을 것이라 악을 쓰니,
21 너희들이 얼마나 사악한 자들이요, 얼
마나 진리를 모르며 하늘을 모르는 엉
터리란 말이더냐?
22 그러니 쓰레기만도 못한 것이 너희들
이니라.
23 인간 세상에서 남들이 저지른 죄의 대
가를 벌로 받는 것까지도, 나 여호와
가 저희들은 면죄를 했으며 저희들을
처벌하는 자를 벌할 것이라는 그 착각
속에 살고 있으니,
24 그 환상이요, 환각 속에서 깨어나지
못하는 것이 종교 집단의 지도자들이
요, 저희들이 제왕적인 대우를 받으며
이 세상에 신과 같은 행세를 하는 것
이 아니더냐?
25 그러니 그들이 얼마나 두려운 짓인지
모르고 하고 있는지 알겠느냐?
26 그러니 저희를 낳아 준 제 부모요, 같
이 살아야 할 그 형제들까지도 믿음이
요, 뜻이 다르다 하여 동물을 대하듯
하는 것이 지금의 종교 집단의 지도자
요, 그와 같은 거짓된 자들 앞에 맹종
맹신하며 구원을 받았다 울고불고하
는 광분하는 신도들, 너희들의 심성이
요, 살아가는 형태가 그러하니라.
27 그러니 너희들이 그와 같은 형태를 가
지고도 나에게 오를 수 있으며 하늘에
오를 수 있다 하느냐?
28 성경에 네 형제요, 부모를 내가 어찌
하라 하였느냐?
29 그러니 그와 같은 종교 집단의 지도자
들은 하늘나라에 발을 붙일 바늘구멍
만 한 여유도 없으며, 너희들 것은 거
기에 아무 곳에도 없음을 알라.
30 그러니 너희들을 위하여 나는 바늘구
멍 만한 공간도 남겨 놓은 것이 없으
니, 너희들이 감히 어디를 들어오며
어디를 나에게 올 수 있다 말하느냐?
31 그러니 너희들이 거듭나지 아니하면
절대 용서하지 않을 것이요, 구원을
얻은 자요, 구원을 받았다는 자들이
얼마나 어리석고 사악한 백성이요,
32 욕심에 차서 세상의 진리를 모르며 하
늘의 뜻을 모르고 살아가는 어리석은
백성인지 알겠느냐?
33 그들을 깨우쳐 주라.

12,094 번째 하나님 말씀

2004년 7월 9일 08시 39분

1 사랑하는 나의 아들아!
2 "네, 아버님! 말씀하옵소서."
3 모든 백성이요, 그들에게 전해야 될
것이니라.
4 또한, 너의 제자들이요, 또 나의 새로
운 성경을 읽고 깨우친 백성, 너희들
부터 마음 자세를 가다듬어야 될 것이
니라.
5 너희들을 구원하기 위하여 내가 마지
막 내리는 이 160권의 새로운 성경이
과연 어떠하던가?
6 너희들이 바라보기도 아까운 것이며,
만지기도 두려운 것이며, 그와 같이
소중하고 귀한 것이 나의 새로운 성경

이거늘,
7 어찌하여 너희들이 이를 이단이요, 사
탄이라 그리 말을 함부로 하는가?
8 너희들은 내가 뭐라 말하였느냐?
9 이 새로운 성경을 정독하지 아니하고
읽지 않은 백성, 너희들이 거듭날 수
있는 그와 같은 기회가 없다 하였음이
니라.
10 그는 무엇을 의미하는가?
11 너희들이 이 새로운 성경 속에 구원하
는 것,
12 그리고 나 여호와가 너희들에게 말하
는 나의 본체가 사랑이라 하지 아니하
였더냐? 그 사랑을 실천하는 방법,
13 그리고 너희들이 인간의 도리에서 어
찌 살아가며, 나 여호와가 원하고 바
라는 것은 무엇이며, 내가 이루고자
하는 것이 무엇인가, 그 모두가 다 여
기에 기록되어 있음이니,
14 그리하여 이것이 그리 소중하고 귀한
것이거늘 어찌 너희들이 모른단 말이
더냐?
15 그러기에 너희들이 감히 이를 바라보
기도 두려우며 너희들이 이를 만지고
다루기도 두려운 것이 나의 새로운 성
경이거늘,
16 어찌하여 너희들이 이를 사탄이요, 이
단의 것이요, 마지막 시대에 거짓 선
지자가 와 역사하는 것이라 그리 매도
하는가?
17 너희들은 이게 쳐다볼 수도 없으며 쳐
다보기도 소중한 것이며, 더욱이 만지
고 다듬기도 어려운 나의 새로운 성경
이요, 두려움을 알아야 될 것이며,
18 그와 같은 마음으로써 너희들이 나의
새로운 성경을 접해도 다하지 못하거
늘, 어찌하여 너희들이 이를 이단이
요, 사탄이라 그리 말하는가?
19 이제 나의 아들을 따르는 제자들이요,
그리고 이 길을 가는 백성, 그리고 여
기에 선택된 백성, 너희들은 이 소중
함과 귀함을 알아야 될 것이니라.
20 정녕 이를 모르고 너희들이 가서는 아
니 될 것이니 그리 알라 전하라.
21 어찌하여 너희들이 이 귀중하고 소중
한 나의 새로운 성경을 그리 함부로
말하며, 그와 같이 마음대로 취급할
수 있는가?
22 이것이 너희들이 잘못되었음이라는
것을 알도록 그리하며, 두렵고 무서운
줄을 알라 그리 전하라.
23 지금 너희들이 그와 같은 깨달음이 없
이 간다면, 결코 너희들은 이 속의 모
든 것을 역사할 수 없을 것이니라.
24 너희들이 나의 새로운 성경을 읽어 보
라.
25 그 속에서 너희들이 사랑을 실천하는
것, 사랑을 실천할 때의 그 기쁨, 그리
고 사랑을 실천하는 것이 무엇인가를
다 알 수 있는 모든 내용이 여기에 있
으며, 구원을 받고 못 받으며 하늘에
오르고 못 오르는 모두가 다 여기에
있거늘,
26 나의 새로운 성경을 읽고 너희들이 사
랑을 나누며 행하는 삶이요, 그리고
내가 원하는 것이 무엇인가를 다 느낄
수 있으며,
27 이를 접할 때마다 너희들이 격동하는
깨달음이요, 너희 마음속에 변하는 무
서움을 알 수 있으며, 소용돌이치며

새로운 새싹들이 고개를 드는 것을 알
게 되는 나의 책이거늘,
28 이를 너희들이 접하고 읽고 깨우치는
것이 얼마나 영광이요, 축복된 것이
요, 그리고 소중한 것인가를 그리 생
각해도 아니 될 것을,
29 이를 사탄이요, 이단이요, 마지막 거
짓 선지자가 와서 세상을 혼란케 하는
것이라 함부로 말을 함이니, 이와 같
이 어리석은 백성 그들의 말에 너희들
이 현혹되지 말도록 그리하라.
30 이것이 얼마나 소중하고 귀한 것인가
를 너희들이 알 때, 그때는 너희들은
나로부터 이미 멀어졌음을 알게 될 것
이니,
31 나와 너희들이 고리가 끊어진 상태에
서 이를 보고 깨우치면 무얼 하는가?
32 다시 돌아올 수 없으며 돌이킬 수 없
음이니라.
33 그러니 너희들이 오늘의 나의 새로운
성경이 귀하고 소중하고 두렵고 무서
운 걸 알며, 이를 함부로 말하지 말며
함부로 다루지 말라.
34 이를 접한 것이 너희 인생에 가장 큰
영광이요, 축복이라는 것을 너희들이
어찌 모르고 함부로 그리 말한단 말이
던가?
35 그러니 그와 같은 자, 너희들이 얼마
나 고통스러운 대가를 치르는가를 알
게 될 것이니,
36 이는 곧 나의 새로운 성경을 읽고 그
대로 행하지 아니하면, 너희들이 나에
게 오를 수 있는 길을 모르며 그 기회
를 잃어버리기 때문에,
37 너희들이 다른 길을 가는 자요, 내 뜻
과는 관계없는 길을 역사하기에 그 대
가를 치르는 것이 얼마나 무서운가를
너희들이 알게 된다는 뜻임을 알라,
사랑하는 나의 아들딸들아!

12,095 번째 하나님 말씀

2004년 7월 9일 08시 44분

1 사랑하는 나의 아들아!
2 "네, 아버님! 말씀하옵소서."
3 나의 백성 너희들이 어찌하여 백 년도
안 되는 육의 세상의 삶에 빼앗고 뺏
기는 얽히고설켜 살아가는 것에 모두
를 다하는가?
4 너희들은 영원히 사는 다음 세상을 준
비하라 하지 않았더냐?
5 그러니 너희들은 빼앗고 뺏기는 얽히
고설킨 논쟁 속에서 살아가지 말며,
모두를 다 놓고 양보하는 마음으로 살
아가라 내가 그리 수없이 너희들에게
전했거늘, 어찌하여 그를 행하지 아니
하고 살아간단 말이더냐?
6 나의 피조물 만백성 너희들이 그것을
빼앗고 또 뺏기는 그와 같은 싸움에
서, 제가 더 많이 빼앗아 제 창고에 쌓
아 놓는다 해도,
7 백 년도 안 되는 삶을 살고 나에게 올
때 과연 이 모두를 다 가지고 올 수 있
다 생각하는가?
8 너희들이 육의 세상의 삶이 끝나고 이
세상을 떠날 때, 아무것도 가지고 나
에게 올 수 없으며, 아무리 몸부림쳐
도 하나도 챙겨 가지고 올 수 없는 것
이 너희들이니라.
9 그리하여 내가 너희들에게 아무것도

가져올 수 없는 그를 위해 싸우지 말
며 그를 위해 살지 말라 했으며,
10 나 또한 아무것도 가져올 수 없고 영
원히 보존할 수 없는 것을 상으로 주
지 않는다 한 내 뜻을 알겠는가?
11 그러니 내가 너희들에게 뭐라 기록하
여 전했느냐?
12 너희들이 지금까지 사는 그 삶에서 이
루었던 것은 하나도 가져오지 못하며,
네가 어찌 살았느냐 하는 그 결과, 선
과 악에 따라서 네가 어찌 살았느냐
하는 것, 그것만이 나에게 가지고 와,
그것이 바로 나로부터 심판을 받는 것
이라 내가 너희들에게 그리 전하지 않
았느냐?
13 그러니 너희들이 얼마나 아름다운 마
음을 가지고 살았느냐 그것이 가장 중
요한 것이니라.
14 지금은 너희들이 무엇을 얼마나 네 앞
으로 소유하고 네가 가지고 살았느냐
하는 것이 성공 여부의 가치가 아니니
라.
15 거기에 대해 너희들이 성공 여부를
두는 자, 너희는 바로 나에게 오를 수
없는 백성이라는 것을 알아야 될 것이
니라.
16 내가 너희들에게 모두를 양보하고 이
해하는 삶으로 살라 했느니라.
17 그리고 모든 마음을 다 비우라 했느니
라.
18 너희들이 마음을 비우고 사랑하는 마
음으로 살아가는 것, 나 여호와가 내
린 사랑을 얼마나 실천하고 살았느냐,
그것으로써 심판대에서 그 무게에 너
희들이 구원을 받고 못 받는 그 기본
이라 내가 말하였거늘,
19 너희들은 여기서 무엇을 잘못하는지
알겠느냐?
20 모든 종교 집단의 지도자들이 백 년도
안 되는 육의 세상에 너희들이 모두를
갖추고 더 갖기 위하여 그와 같은 삶
을 살도록 만든 것이요,
21 그리고 너희들은 나에게 와 심판을 받
을 때 아무것도 가져오지 못한다는
것, 그리고 너희들이 나에게 와서 심
판을 받을 때는 너희 행함이 어떠하냐
에 따라서 그걸 가지고 심판을 받는다
내가 수없이 그리 가르치나,
22 종교 지도자들은 행함은 관계없으며,
행함을 가지고 심판을 받는 것이 아니
라 그리 가르침이니,
23 이것이 가장 잘못된 가르침이요, 이로
인하여 나의 피조물 만백성이 다 무너
지고 있음이니라.
24 인간인 너희들이 부족한 자이기 때문
에, 부족한 너희들이기에 육을 가지고
실수하기 때문에 나 여호와가 용서한
다, 그러니 믿기만 하며 나를 찾기만
하라, 그러면 된다 함이니,
25 그러나 내가 여기서 너희들에게 전하
는 답을 명백히 들어 행하라.
26 너희들이 어찌 살았느냐, 얼마나 사랑
을 베풀고 행하고 살았느냐, 그것으로
써 심판의 기준이니, 그것밖에는 너희
들이 가지고 올 수 없음이니라.
27 그리고 그것을 가지고 너희들이 심판
을 받는 것이니라.
28 그 외에는 아무것도 없는 것을, 너희
들에게 잘못 가르치는 것이 이와 같이
오류를 범하고 있으니, 그것으로써 나

의 피조물 만백성이 다 지옥으로 떨어지는 그와 같은 길을 가니,

29 이를 바로잡고 깨우쳐 주지 아니하면 정녕 이들을 다스릴 수 없음이니라.

30 지금의 성경을 가지고, 지금의 종교 지도자들이 가르치는 것으로써는 거듭날 수 없으며, 너희들이 사랑의 실천을 모르기 때문이며, 육의 행함을 가지고 심판을 받는다는 것을 모르기 때문이요,

31 그를 인정하지 아니하려 하며 그를 거부하는 자들이 이 세상에 뿌리를 내리며 그들이 지배하고 있기에,

32 어떠한 의미요, 어떠한 방법으로 그를 전하려 해도 전할 방법이 없으며, 그 뜻을 세상에 펼 수 없는 이와 같은 형국이 되었기 때문에,

33 오로지 너희들이 나의 새로운 성경으로써 모두를 밝히고 펴지 아니하면 아니 되기 때문이라는 것을 명심하도록 하여 너희들이 최선을 다하도록 하라, 사랑하는 나의 아들딸들아!

12,096 번째 하나님 말씀

2004년 7월 9일 08시 48분

1 사랑하는 나의 아들아!

2 **"네, 아버님! 말씀하옵소서."**

3 믿음의 길을 가는 백성들이요, 그 지도자 종교 집단의 우두머리, 그리고 너희들이 이방인이라 하는 모든 백성들, 그 누구도 풀 수가 없었고 알 수가 없는 것이 바로 신약의 성서에 기록된 내용들이 아니더냐?

4 그러니 너희들이 풀려고 해도 풀 수 없던 것이 구약 성서의 내용이요, 또한 신약의 성령에 대하여 풀 수 없는 수수께끼의 그 내용이요, 비유의 뜻을 알지 못하느니라.

5 그리하여 너희들이 이를 알지 못함이니, 이를 제대로 가르치지 못하며 정답으로써 행하지 못하고 오류로써 지금까지 역사해 온 것이 종교 집단이요, 너희들이 해 온 결과라는 것을 잘 알고 있을 것이니라.

6 스스로 너희들 자신이 오리무중이며, 스스로 캄캄한 밤을 헤매는 그와 같은 것을 너 혼자 자책할 것이며, 너 혼자 그와 같은 것을 깨닫고 있을 것이니라.

7 종교 지도자라 하여 너희들이 모든 백성들 앞에서 설교하며 강론하나, 과연 이것이 하늘의 뜻이요, 역사할 수 있으며 구원을 받을 것인가, 그와 같은 의문점을 가지고 있는 것이 또한 지도자들이니라.

8 그리고 너희 스스로 지도자의 자격이 있는가를 돌이켜 볼 때 너는 결코 자격이 없는 자라 너희 자신을 평가하고 심판할 수 있는 것이 너희들이며, 너무나 너희들은 잘 알고 있지 않으냐?

9 그러기에 너희들은 구약과 신약의 성경 속에 들어 있는 그것을 풀 수 없으며 알 수 없음이니라.

10 그리하여 너희들이 잘못 흘러왔기에 그 알지 못하는 모든 것을 너희들이 의문 속에서 허덕이는 것, 의문의 고리를 잡고 풀지 못하는 것, 그 모든 해답이요, 정답이 바로 새로운 성경 속에 있음을 알라.

11 그리하여 새로운 성경을 정독하고 가

슴에 안고 읽으라 함이니라.
12 모든 설명이 거기 되어 있으며, 너희
들이 알고자 하는 것, 지금까지 알지
못했던 그 모든 정답이 거기에 있음을
알라.
13 그리하여 내가 새로운 성경을 정독하
고 하늘의 뜻을 알아야 한다 함이니라.
14 그러나 내가 너희들에게 아무리 이리
전하고 깨우치며, 나의 아들이 새로운
성경에 기록하여 전해도, 믿지 않는
자가 이 세상을 덮고 있는 현실이 되
었으니, 나 여호와는 믿든 안 믿든, 믿
고 안 믿고는 관계가 없음이니라.
15 그러나 다만 너희들이 이게 나 여호와
의 뜻이요, 이 뜻에 따라 행하지 아니
하는 자는 나를 볼 수 없으며, 너희들
이 그리 갈구하는 하늘에 오르는 길조
차도 볼 수 없다는 엄연한 사실을 명
심하도록 그리하라.

12,097 번째 하나님 말씀

2004년 7월 9일 08시 52분

1 사랑하는 나의 아들아!
2 **"네, 아버님! 말씀하옵소서."**
3 모든 백성 너희들은 성령으로써 임하
는 백성, 곧 성령으로 임하여 나의 인
도를 받으며 성령의 안내로 하늘에 오
를 수 있다 내가 그리 전했지 않더냐?
4 그러니 과연 성령이 임하는 것이 어떠
한 것이며, 그 근거가 어디에 있으며,
성령이 임한 것을 어찌 알 수 있는가?
5 성령이 임하고 임하지 아니함을 구분
하지 못하여 지금 너희들이 모두 의심
하고 있는 것이 믿음의 길을 가는 자
들의 대표적인 의문점이 아니더냐?
6 그러니 그저 예수요, 그리고 나 여호
와를 믿기만 하면 너희들이 성령의 복
음을 받아 구원받는 백성이라 그리 가
르치니,
7 그들이 보지도 못하고 듣지도 못하고
알지 못하기에 그저 너희들에게 믿으
라는 식으로, 그리고 이유를 달지 말
며 의문을 갖지 말고 그저 믿기만 하
면 성령이 임하여 성령의 인도로써 너
희들은 구원을 받을 것이니,
8 종교 지도자가 잘하든 말든, 잘못 가
르치든 제대로 가르치든 시시비비하
지 말며, 설교하는 것을 듣고 그저 그
대로 가며,
9 내라는 헌금이요, 재물을 잘 바치면
구원을 받으며 나에게 오르는 것이요,
성령이 임한 것이라 그저 그리 무식하
게 가르치고 있음이니,
10 그를 듣는 백성, 깨우침이 있는 백성,
지혜가 있는 백성, 너희들은 정녕 그
를 믿는가?
11 너희들은 그를 믿지 못함이니라.
12 그러니 너희들이 바로 성령을 입고 안
입고 임하고 안 임하는 것을 의심하며
그를 알지 못하기에,
13 너희들은 나 여호와가 존재하는 것 그
자체도 지금 의혹하는 마음을 가지고
있는 것이 믿음의 길을 가는 백성들이
아니더냐?
14 과연 나 여호와가 존재하느냐, 존재하
지 않느냐, 그것 자체도 지금 의심을
가지고 있으며 마음의 갈등이 있느니
라.
15 그러니 너희들이 이는 영원히 풀 수

없는 수수께끼요, 풀 수 없는 답이니
라.
16 지금의 종교 집단이 가르치는 성경을
가지고 그들의 가르침으로써는 너희
들은 절대 이 수수께끼를 풀 수 없음
이니라.
17 그러니 너희들이 그 갈등하는 마음으
로 참진리를 모르고, 사탄의 앞잡이
요, 죄의 온상인 교회라는 곳에 가 울
고불고 재물을 바치며 그 지도자에게
충성 맹세를 하며, 그와 같이 오늘의
믿음의 길을 가고 있지 않은가?
18 그리하여 내가 불쌍하고 가련한 너희
들에게 스스로 의문하는 그 수수께끼
를 풀어, 나에게 오르는 길이 무엇이
며, 나에게 오르는 그 역사함이요, 어
떠한 백성이 나에게 올 수 있는 것인
가,
19 그리고 나로부터 선택된 백성들이 살
아가는 그 자세 그 모두를 하나하나
빠진 것 없이 모든 정답을 기록하여
내리는 것이 새로운 성경이니라.
20 그리하여 너희들에게 정독하고 읽으
라 함이니라.
21 사랑하는 나의 아들딸들아! 너희들이
지금까지 어떠한 믿음의 길을 갔든,
어떠한 형태로 살아왔든 그것을 묻고
따지기 전에,
22 너희들이 나의 새로운 성경을 읽고 그
대로 살아가는 삶이요, 변화되는 삶을
살도록 그리하라.
23 그것만이 나 여호와의 기쁨이요, 너희
들이 나를 볼 수 있으며 구원의 길을
볼 수 있는 것이기 때문이니, 이를 명
심하여 그리 행하도록 하라, 사랑하는
나의 아들딸들아!
24 나 여호와가 진심으로, 진심으로 나의
아들이 나의 아들이요, 나를 대신하는
자요, 그리고 새로운 성경이 나의 성
령이라는 것을 수없이 기록하고 기록
함이니,
25 내가 무엇으로써 너희들에게 증거해
야 될 것인가?
26 너희들은 여기서 더 이상 의혹하지 말
며, 더 이상 수수께끼를 풀려 하지 말
며, 나의 새로운 성경을 읽고 모든 답
을 찾도록 그리하라.
27 현명한 나의 아들딸들은 이 말을 알아
들을 것이니라.

12,098 번째 하나님 말씀

2004년 7월 9일 09시 37분

1 사랑하는 나의 아들아!
2 "네, 아버님! 말씀하옵소서."
3 너희들은 알아야 될 것이며 이를 명심
해야 될 것이니라.
4 너희들이 나에게 오르는 것, 그리고
구원을 받는 것, 거듭나는 것, 그 모두
는 절대 누가 대신해 줄 수 없는 것이
요, 대신할 수도 없는 것이라는 이것
을 명확히 알고 가야 될 것이니라.
5 너희들은 구원이요, 거듭나는 것에 전
부를 다 바쳐 이루는 길이요, 그것을
위해 살아가나,
6 나 여호와가 천지를 창조한 모든 역사
에 비하면 작은 부분을 가지고 헤매는
믿음이라 했으며, 그게 다 너희들의
욕심이라 하였느니라.
7 이 세상에 내가 해와 달이 있게 하였

으며, 바람이 있게 하였으며, 그리고
모든 동식물이 존재하도록 나 여호와
가 세상을 만들지 않았던가?
8 그중의 일원으로서 나의 사랑하는 백
성 너희들을 세상에 만들어, 너희들이
고등 동물로서 모두를 통제하도록 내
가 지혜와 능력을 주었음이니,
9 그러니 너희들이 그중의 일원인 것이
며 그중의 일부분에 지나지 아니하는
것이니라.
10 그 일부분에 지나지 않는 너희들이 너
희 자신의 구원이요, 거듭나 나에게
오르는 길을 가지고 아무리 몸부림치
고 한다 해도 그것은 내가 창조한 그
뜻의 일부분에 지나지 않은 작은 것에
불과하니라.
11 그것을 가지고 누가 대신해 주고 누가
대신 역사해 주기를 바라니, 그러나
그와 같은 것은 결코 그리될 수가 없
다는 것을 너희들은 알아야 될 것이니
라.
12 너희들의 신앙생활이요, 믿음 또한 그
러하기에, 너희 자신이 믿는 믿음에
따라서 너희들이 나에게 와 심판을 받
는 것이요, 그 결과에 따라서 나에게
오르고 못 오르는 것이 결정이 되는
것이니라.
13 그러하니 어떠한 것도 남의 믿음에
대하여 시시비비할 것이 못 됨을 너
희들은 알아야 될 것이니라.
14 너희 자신의 믿음은 너희 자신이 알아
서 할 것이며, 너희들이 믿는 믿음이
어떠한 믿음이냐에 따라서 나에게 오
르고 못 오르게 되는 것이니,
15 너희들은 남의 믿음을 가지고 시시비
비하지 말며 그를 가지고 책하지 말라.
16 다만, 이 모두는 나 여호와만이 할 수
있으며, 나 여호와만이 너희들을 다스
릴 수 있으며 책할 수 있는 것이요,
17 모든 백성 너희들은 그 믿음이 어떠한
믿음인지 모르는 너희들이 그 믿음의
길을 가는 사람을 탓하지 말며 책하지
말라.
18 그 믿음은 그만이 아는 것이요, 그가
책임질 것이요, 그가 책임지는 것이
그의 믿음이니라.
19 그리하여 너희들이 진실된 믿음의 길
을 간다면, 너희가 믿는 그대로 모두
가 다 이루어질 것이며 모두가 다 역
사할 것이니라.
20 나의 새로운 성경이 세상을 덮는다 했
으니, 이가 세상을 덮지 못한다면 나
의 아들의 믿음이 잘못된 것이요, 그
아들을 따르는 제자들의 믿음이 잘못
된 것이요, 또 나 여호와가 내린 것이
잘못된 것이요, 창조주 뜻이 아니라
너희들이 그리 믿으면 될 것이니라.
21 그러니 모든 것이 이루어지지 아니하
면 그 믿음이 잘못된 것이요, 진실된
믿음이 아니요, 나 여호와가 원하는
그 믿음의 길이 아님을 알라.
22 진정한 믿음의 길을 가는 백성, 진정
한 믿음이요, 진실된 믿음의 길을 가
는 자, 못 이루는 것이 없음을 너희들
이 알며, 내가 내리지 아니함이 없음
을 알라.
23 그러니 너희들이 그 결과가 나오게 되
는 것, 그 결과에 따라서 너희들이 어
떠한 믿음의 길을 가는 것이냐, 그 모
두를 알게 될 것이니라.

24 잘못 믿으면 잘못 믿은 대로 그 결과
에 따라서 대가를 치를 것이며, 참진
리요, 진정한 믿음의 길을, 그 진실된
믿음의 길을 왔다면 상으로써 너희들
을 다스리게 될 것이니, 이와 같은 이
치요, 의미를 깊이 깨우쳐 너희들이
연구하도록 그리하라.

12,099 번째 하나님 말씀

2004년 7월 9일 09시 43분

1 사랑하는 나의 아들아!
2 "네, 아버님! 말씀하옵소서."
3 나 여호와가 나의 아들 너를 통하여
전했느니라.
4 너희들이 내 이름으로써 어떤 것을 역
사하며 내 이름 앞에 역사한다면, 정
녕 너희들은 어떠한 대가도 받지 말라
내가 그리하지 않았더냐?
5 내가 너희들에게 내려 준 것은 대가를
받지 아니하며 무상으로 내려 주었으
니, 절대 그 대가를 받지 말라 내가 너
에게 그리 명했느니라.
6 어떠한 일을 하든 나의 이름을 가지고
네가 행할 때, 나를 대신하여 역사할
때는,
7 내가 너에게 무상으로 내려 준 것이
니, 또한 너와 너의 제자들은 절대 대
가를 받아서는 안 된다는 것이 내 뜻
의 가르침이었느니라.
8 이 또한 내가 일찍이 성경에 기록하여
전함을 너희들은 알아야 될 것이니라.
9 내가 나의 아들 예수를 통하여 뭐라
전했는지 알겠느냐?
10 나의 아들 예수가 그 제자들에게 그
모든 능력을 부여해 주며 그들에게 엄
히 명한 것이 있느니라.
11 너희들이 병든 자를 고쳐 주었다 해도
그 대가를 받지 말라,
12 나의 백성이요, 나의 뜻에 의해 사는
백성이라면, 나의 아들 예수와 나를
부르고자 하는 백성들이라면,
13 너희들이 병든 자를 고쳐 주었다 해도
대가를 받으면 절대 아니 되며, 그 대
가를 받는 순간에 너희들은 사탄의 종
이요, 사탄의 자식이 되는 것이라 내
가 그리 너희들에게 전한 뜻을, 어찌
하여 이를 지키고 행하지 아니하는가?
14 너희들이 나가서 병든 자가 아니요,
죽은 자를 살렸다 해도, 그와 같은 위
대한 기적의 역사를 이루었다 해도 그
대가를 절대 받으면 안 된다 하였음이
니라.
15 그와 같은 것은 내가 거저 준 것이기
에 너희들도 거저 주라는 그 뜻이요,
명령을 철저히 지키지 않으면,
16 그것도 또한 너희들이 사람을 살리는
기적을 이루고 나의 아들 이름이요,
나의 이름을 앞에 놓고 그리했다 해도,
17 그것은 사탄이 역사하는 것이요, 내가
역사한 것이 아니라는 것을 알라 전한
그 대목을 너희들은 과연 보지 못했으
며 읽지 못했단 말이던가?
18 그리고 지도자가 강론을 하지 않았는
가, 너희들은 그 강론 소리를 한 번도
들어 본 적이 없는가?
19 내가 너희들에게 말하기를, 문둥병자
요, 고질병을 고쳐 준다 해도, 악습병
을 고쳐 준다 해도 대가를 절대 받지
말라 그리하였느니라.

20 귀신 들린 자, 귀신을 쫓아내도 너희
들은 대가를 받아서는 안 되는 것이며,
21 그 대가를 받는 것은 나를 능멸하는
것이요, 나를 욕하는 것이요, 너희들
이 사탄의 자식이 된 증거라 내가 그
리 말하였느니라.
22 이와 같이 내가 구약과 신약의 역사
요, 또 제3의 시대에 나오는 새로운
성경이요, 그 모두에 내가 이와 같은
의미를 기록하여 너희들에게 전했거
늘,
23 정녕 이와 같은 것이 나의 선택된 백
성이 역사하는 것이며 선택된 백성이
가야 할 길이라는 것이니라.
24 그런데 지금의 종교 집단의 지도자들
이 과연 무슨 짓을 하며, 한 획도 고치
고 더하고 빼지도 말며 그대로 지키고
살아가야 된다는 자들이 무슨 짓을 하
고 있는지 너희들은 알겠는가?
25 너희들은 그 신도라는 백성들에게 수
없는 재물을 거둬들이면서 위로의 말
한마디를 한 것 가지고도 그 위로의
말 한마디 한 그 대가를 받는 것이니
라.
26 믿음을 깨우친 자에게 심방을 한다 하
여 그 집에 가 중언부언 기도해 주고
그 대가를 거둬들이는 것이요, 사업장
을 벌이는 곳에 가서 너희들이 중언부
언 네 마음대로 지껄이고 네 기분 나
는 대로 네 기분을 풀고 나서 그 대가
를 받아 오는 것이 아니더냐?
27 병을 고치지도 못하는 자들이 어찌하
여 병자 앞에 가서 갖은 행위를 다하
며 중언부언 만들어 내 짜깁기한 기도
소리를 하고 그 대가를 받아 온단 말
이더냐?
28 과연 너희들이 죽은 자 앞에 가서 죽
은 자를 살리는 기적과 같은 역사를
했는가?
29 죽은 자를 살리는 그와 같은 역사를
해도 대가를 받지 말라 했거늘, 너희
들은 죽은 자 앞에 가서 짜깁기하여
중언부언하며 슬프고 애통해하는 그
가족들에게 대가를 받아 오느니라.
30 대가를 안 주면 옆에 있는, 이름을 돈
으로 산 자들이 돈을 거둬들이는 그
기술은 있어서 그들에게 대가를 지불
하도록 그리 종용하고 또 위협하고 엄
포를 놓는 것이 너희들이 지금 하고
있는 행위가 아니더냐?
31 아니면 아니라 그리 말하라.
32 너희들은 문둥병자요, 고질병을 고치
지도 못하면서 너희들이 고치지도 못
하는 자들이 어찌하여 그와 같은 것을
역사한다며 대가를 받아들이는 짓을
하는가?
33 너희들이 과연 귀신을 쫓아냈는가?
34 귀신을 쫓아내지도 못하며 그와 같은
역사도 이루지 못한 자들이, 귀신들린
자, 정신이 왔다 갔다 하는 자, 그들
앞에 기도한다 하여 온갖 듣기 좋은
소리로 짜깁기하여 중언부언하며 지
껄여 대고, 올 때는 그 대가를 받으니,
35 대가를 받지 않는 것이 하나도 없음이
니, 이것이 바로 사탄이요, 내 백성이
아니요, 마귀라는 것을 너희들은 알라.
36 그러니 모든 종교 집단의 지도자가 이
와 같이 하지 않는 자는 나로부터 선
택된 백성이요, 이와 같은 행위를 하
는 자는 마귀요, 사탄의 자식이라는

것을 너희들은 알라.
37 그와 같이 행하지 않는 지도자는 나의
새로운 성경을 들고 내 아들의 뺨을
때려도 내가 말하지 않을 것이며, 나
의 아들 앞에 와 성경을 태우고 짓밟
아도 내 아들이 너희들에게 말 한마디
하지 아니할 것이니라.
38 그러나 이와 같은 행위를 하는 자가
나의 성경을 들고 이단이요, 사탄이
요, 나의 아들에게 거짓된 위선자요,
그리고 나의 아들을 따르는 제자들을
욕되게 하는 자, 너희들의 그 죄를 용
서치 못할 것이니, 스스로 나의 아들
에게 돌을 던질 수 있는 자 있거든 돌
을 던지라.
39 그리고 나의 새로운 성경을 너희들이
거짓된 것이라 말할 수 있으면 말하라.
40 나의 아들을 따르는 그 어렵고 힘든
용기 있는 자들에게 핍박할 수 있거든
핍박해 보라.
41 핍박할 자신이 있으면 하라.
42 이와 같은 행위를 하지 아니하는 자는
핍박해도 내가 너희들을 탓하지 아니
할 것이요,
43 그렇지 못한 자가 나의 아들을 따르는
제자들을 핍박할 때, 성령의 훼방 죄
로써 너희들은 영원히 벗어나지 못하
는 쇠 굴레에 끌려 지옥으로 갈 것이
니 그리 알라.

12,100 번째 하나님 말씀

2004년 7월 9일 09시 46분

1 사랑하는 나의 아들아!
2 "네, 아버님! 말씀하옵소서."
3 나로부터 선택된 아들딸이요, 나의 이
름으로 모두를 역사하는 너희들은 전
대를 가지고 다니지 말라 하였음이니
라.
4 그리고 전대에 금이나 은이나 동을 담
고 다니지 말라 내가 하였느니라.
5 너희들은 그러나 어찌하는가?
6 너희들은 네 곳간을 채우기 위하여 온
갖 수단과 방법을 가리지 아니하는 것
이니, 그러고도 너희들이 나의 백성에
게 한 획도 고치지 말며 한 줄도 고치
지 말고 그대로 지키고 살아가라 말한
단 말이더냐?
7 한 입 가지고 열 마디 하는 사악한 자
들이 종교 집단의 지도자요, 그것을
모르고 울고불고 광란을 하는 자, 너
희들은 사탄에게 힘을 실어 주었으니,
그 죄 또한 용서받지 못한다 내가 기
록한 뜻을 다시 한 번 전함이니 그리
알라.
8 너희들이 채울 곳이 없도록 다 채우고
채워 지상에 채울 곳이 없으니, 그 백
성들에게 거둬들이기 위해서 어찌하
는가?
9 너희들은 그리하느니라.
10 채우고 또 채우고, 창고를 더 크게 짓
고 또 크게 지어 그 채울 것을 계속 거
둬들이다 보니, 인간이 얼굴이 있고
체면이 있어 더 말하지 못하니, 결국
은 너희들은 어떠한 간교한 방법으로
써 하느냐?
11 하늘나라에 그득히 쌓아 놓는 것이 축
복이요, 영광이라 하여 그 사기극을
벌여 더 큰 창고를 지으며 채우기 위
해 너희들이 사악한 짓을 하고 있지

않으냐?
12 그러니 내가 금이나 은이나 동을 갖지
말며 받지 말라 하는 것, 어떠한 역사
를 하든, 죽은 자를 살리든, 병든 자를
고치든, 귀신을 쫓든 너희들이 그와
같은 대가를 받아 채우지 말라 했거
늘, 그를 채우기 위하여 혈안이 된 것
이 나의 지도자요, 나의 백성이라 말
하느냐?
13 그들이 마귀요, 사탄이요, 이 세상을
혼란케 하는 자들이니, 그들을 바로
내가 뽑아 유황불에 던지고자 하느니
라.
14 이와 같이 하지 아니하거든 나의 아들
을 너희들이 욕해도 말하지 아니한다
했듯이, 너희들이 나의 아들을 해해도
내가 할 말이 없을 것이나,
15 이와 같은 짓을 하며 나의 아들을 핍
박하고 그림자를 밟는 자도 용서치 아
니할 것이니라.

12,101 번째 하나님 말씀

2004년 7월 9일 09시 49분

1 사랑하는 나의 아들아!
2 "네, 아버님! 말씀하옵소서."
3 오늘의 종교 집단의 지도자요, 그 신
도들이 수천 년 동안 흘러오면서 얼마
나 잘못된 짓이요, 얼마나 사악한 짓
을 했더냐?
4 나의 성경을 한 자도 고쳐서도 안 되
며 더해도 빼도 아니 된다 하는 자들
이 과연 그대로 행하고 지키느냐?
5 절대 그들은 그리 지키지 아니하며 그
를 역행하는 행위만 했음이니라.
6 그러니 그들은 겉을 보고 속을 모르는
자들이니라.
7 그러니 그들이 얼마나 사악한 백성들
이더냐?
8 나의 아들을 통하여 내가 새로운 성경
을 세상에 내려보내며, 너희들에게 성
경에 있는 대로 행하고 그대로 지키고
살라 부르짖으니,
9 저희들이 그 길을 가기가 힘들고 어려
워 지킬 수 없기 때문에 그들이 하는
방법이 무엇이더냐?
10 이는 사탄이요, 마귀라, 그리하여 그
말을 듣지 말며 그를 보지 말라 함이
니라.
11 성경에 죽은 자를 살려도 대가를 받지
말며, 병든 자를 고쳐도 대가를 받지
말며, 문둥병자를 고쳐도, 귀신을 쫓
아내도 절대 그 대가를 받지 말라, 그
것이 나의 백성이라 내가 성경에 기록
하였으니,
12 지금 내가 나의 아들을 통하여 새로운
성경에 기록하기를, 그 대목대로 그리
행하는 것이 하늘에 오르는 길이요,
그리 행하지 않는 자는 사탄이요, 마
귀요, 나의 자식이 아니라 그리 너희
들에게 전하고 깨우침이니,
13 이것이 과연 사탄이 하는 일이며, 마
귀가 하는 일인가?
14 나의 백성이 아니고 누가 이리 말할
수 있겠느냐?
15 정녕 너희들이 이와 같은 평가도 하지
못하는가?
16 한 자도, 한 획도 고치지 말라 하여,
나의 아들이 그리 고치지 말며 그대로
행하는 것이 하늘의 뜻이라 그리 전하

고 있는 것을 너희들은 사탄이요, 마
귀라 한다면, 누가 천사고 누가 마귀
인가?
17 이와 같이 말할 수 없는 짓, 해서는 아
니 되는 짓, 말도 되지 않는 그와 같은
사악한 행위를 하고 있는 것이 오늘의
종교 집단이요, 믿음의 길을 가는 너
희들이니라.
18 이제 더 이상 어리석은 짓을 하지 말
며, 더 이상 현혹되지 말며, 너희들이
바른 눈으로써, 바른 생각으로써 세상
을 보고 거듭나는 은혜를 얻도록 하라
그리 전하라.

12,102 번째 하나님 말씀

2004년 7월 9일 22시 16분

1 사랑하는 나의 아들아!
2 "네, 아버님! 말씀하옵소서."
3 나 여호와가 존재함을 너희들이 굳게
믿었다면, 오늘의 수천수만 가지의 종
파가 생길 수도 없으며, 너희들 마음
대로 갖다 붙인 그 이름 아래 울고불
고 광란의 짓을 하지 아니하였을 것이
니라.
4 그러니 너희들은 진정한 믿음이 없으
며, 진정한 믿음이기 전에 믿음 그 자
체도 알지 못하며, 믿음이라는 것이
없는 백성들이니라.
5 나 여호와가 존재함을 믿는 그 자체로
써 흔들릴 수가 없으며, 무너지는 길
을 갈 수 없는 것이 너희들이니라.
6 오늘과 같이 험악한 세상이요, 믿음의
길을 가는 같은 형제라는 자들이 서로
가 분쟁을 하고 시비를 하며 그와 같
은 생활을 하는 것을 볼 때,
7 과연 이것이 진정한 믿음의 길을 가는
백성들이요, 나 여호와가 존재한다 하
여 두렵고 무서운 마음을 가지고 사는
자인가?
8 너희들은 그렇지 아니함이니라.
9 인간 세상에서도 제 부모를 두렵고 무
섭게 생각하는 자, 그 부모 앞에 언성
을 높일 수 없으며, 형제간에 치고받
고 싸움할 수 없으며, 서로가 시시비
비를 할 수 없는 것이 엄한 부모요, 존
경하는 부모 밑에서 자라난 그 자식들
일 것이니라.
10 그러나 제 부모를 우습게 알며 부모를
부모처럼 생각하지 않는 자, 너희들은
네 부모 앞에서 서로 언성을 높이며,
이해관계 때문에 싸움을 하며, 그와
같은 짓을 하는 것이 인간 세상의 가
정이 아니더냐?
11 그러니 지금 너희들이 정녕 나 여호와
를 어렵게 생각하며 두렵고 무섭게 생
각한다면, 오늘처럼 수천수만의 종파
가 생겼으며, 서로 '네가 옳고 내가 옳
다.' 시시비비하며 분쟁을 하며, 서로
가 싸움을 하며 송사를 하며,
12 너희들이 형제요, 한 성당이요, 한 교
회에서 공부하는 자, 그리고 깨달음의
길을 가는 자끼리 송사를 하며 서로
음해하고 시기하는 그와 같은 행위를
하겠는가?
13 그리고 믿음의 길을 가면서 재물을 바
치고 직급을 받기 위하여 경쟁하며 음
해하는 그와 같은 행동을 과연 할 수
있는가?
14 너희들은 지금 죄를 짓지 아니하고 살

수 없다 말하느니라.
15 그리고 감히 내가 친필로 써 내린 십
계명을 지킬 수 없다 하느니라.
16 그 모두가 어디서 나오는 행위인 줄
알겠느냐?
17 제 부모를 부모처럼 생각하지 않는 불
효막심한 자식들이 부모 앞에서 마음
대로 행동하듯이,
18 지금 너희들이 십계명을 지킬 수 없다
하는 자, 그리고 인간이기 때문에 바
른 삶을 살 수 없다 하는 자, 그 모두
가 너희들이 나 여호와를 믿지 아니하
며 내 앞에서 얼마나 막된 행위를 하
며, 그것이 나를 아버지라 생각하는
백성들이더냐?
19 너희들이 나를 아버지라 생각하며, 정
녕 나를 두려워하고 너희들 말대로 경
배하고 존경한다면,
20 내가 친필로 써 내린 것을 너희들이
감히 지킨다 지키지 못한다 시시비비
를 할 수 있으며, 성경대로 살 수 있다
없다 그와 같은 말을 할 수 있는가?
21 그러니 너희들이 나를 믿지 아니하며
나를 두려워하지 아니하며 나를 경배
하지 않는 자들이요, 그리고 나를 마
구잡이로 보는 자들이요, 너희들의 마
음속에는 나 여호와가 존재한다 생각
지 않느니라.
22 그러니 너희들은 구원을 받는 것과 오
늘의 육의 이해관계에서 가차없이 육
의 이해관계를 선택하는 자들이니라.
23 그러니 너희들은 믿음의 뿌리가 없으
며 믿음이 없는 자들이니라.
24 정녕 믿음의 길을 간다면서 믿음이 없
는 백성들이기에, 너희들이 감히 내가
내린 십계명대로 살 수 없으며, 율법
대로 살 수가 없으며, 그리고 성서대
로 지키고 살 수 없다 그리 말함이니,
25 그게 다 너희들이 나의 존재함을 의식
하지 아니하며, 나를 두려워하지 아니
함이니,
26 나를 경배하는 자식이 아니며 나의 백
성이 아니니라.
27 내가 나의 아들을 통하여 말했듯이,
제 부모를 존경하며 제 부모를 소중히
생각하는 자식이라면, 그 부모 앞에
그 뜻을 거역하지 아니하며, 형제지간
에 치고받고 언쟁을 하며 분쟁을 하지
않을 것이라 하지 않더냐?
28 그러니 너희들이 수많은 종파요, 교리
를 만들어 저희들의 이름을 갖다 붙여
이것이 내 뜻이요, 하늘에 오르는 자
라 그리 말하며,
29 정녕 내가 지키라는 계명이요, 그리고
성서에 기록되어 있는 것, 남을 위해
서 살며, 이웃을 네 몸과 같이 생각하
고 살라는 것, 그것은 하나도 지키지
아니하며 행하지 아니함이니,
30 이것이 바로 너희들이 얼마나 잘못된
자식들인가?
31 그러니 잘못된 자식이기에 나의 유업
을 받을 수 없는 자요, 내 유언을 들어
역사할 수 없는 인간 세상의 자식과
똑같은 자들이니,
32 내가 나의 뜻이요, 하늘에서 보는 너
희들의 오늘의 그 모두를 이와 같이
상세히 기록하여 너희들에게 전함이
니,
33 이를 듣고도 바로 서지 아니하며, 이
를 듣고도 인정하지 아니하며 거듭나

는 삶을 살지 않았을 때, 너희들은 어
찌 되는 것인가,
34 너희들이 와야만 알 것이며, 너희들의
형태요, 꼴이 어찌 가는지 그를 아직
은 모르나, 너희들이 심판대에 서지
못하고 지옥으로 끌려갈 때 그때 알
것이니,
35 이미 그때는 돌이킬 수 없으며, 나를
아버지라 부를 수 없으며, 울고불고해
도 너희들의 손 하나 잡아 주는 자 없
으며, 끌고 가는 사탄의 그 쇠사슬의
줄을 감히 끊으려 하는 자가 하나도
없을 것임을 너희들은 알며,
36 그대로 정해진 대로 흘러가며 결정된
대로 거기서 어기지 못하고 하나의 작
은 것도 지나치는 것 없이 너희들이
모두를 겪어야 된다는 것을 알라 그리
전하라.

12,103 번째 하나님 말씀

2004년 7월 9일 22시 20분

1 사랑하는 나의 아들아!
2 "네, 아버님! 말씀하옵소서."
3 이제 너와 너의 제자들과 또한 나의
새로운 성경을 읽고 깨우친 백성, 너
희 모두가 지켜야 될 것이니라.
4 너희들이 '이것은 어쩔 수 없는 거짓
말이었으며, 이는 거짓말로써 넘어가
지 아니하면 아니 된다.' 그와 같이 너
희 자신이 거짓 하며 위안하지 말며,
5 이 거짓을 함으로써 그것은 자연스러
운 것이며, '이 거짓말 정도야 죄가 되
겠는가? 이는 어쩔 수 없어 내가 거짓
말을 했으며, 이와 같은 행위를 했다.'
그리 생각하는 것,
6 그것이 나에게 와서는 용서받을 수 없
으며, 나로부터 그와 같은 은혜를 받
을 수 있는 길이 아니며, 나에게 오를
수 있는 백성에서 탈락됨을 알라.
7 '이 작은 거짓말이야 무슨 죄가 되겠
는가, 그리고 이는 환경에 따라서 어
쩔 수 없이 내가 하지 아니하면 아니
되는 작은 거짓말이다.' 하며 너희들
이 변명하기 위해, 또 상대방의 마음
을 달래기 위해서 작은 거짓말을 함이
니,
8 '이가 죄는 아니 될 것이다.' 그리 생
각하는 것을 그리하지 말라.
9 그것이 모두 다 잘못된 것이며, 너희
들이 무너지는 시작이니라.
10 악은 악을 쌓으며 선은 선을 쌓는다
하지 않더냐?
11 악은 배로 오며, 선은 오려 해도 오지
않는다 그리하지 않더냐?
12 그러니 그와 같은 마음으로 가기 시작
하면 너희들이 무너지고 쓰러지게 됨
이니라.
13 너희들은 지금 나의 아들이 새로운 성
경을 기록하니, 거기에 시간을 모두
다 정확히 기록하여 전하지 않더냐?
14 나의 아들이 너희들을 속여서 이 시간
을 마음대로 조정하며 나의 새로운 성
경에 기록할 수 있을 것이니라.
15 그러나 나의 아들이 그와 같이 역사를
하지 아니함이 무엇인 줄 알겠느냐?
16 나의 아들은 나 여호와가 존재함을 알
기에, 나를 속일 수 없으며 나를 속여
서는 아니 된다는 것, 그 두려움을 알
기 때문에 결코 나를 속이려 하지 아

니하며 나의 아들이 오늘에 살아감이
니라.
17 너희들이 백성을 속이는 것, 백성 앞
에 거짓으로 기록하는 것, 그것이 무
엇이 두려움이 있겠는가?
18 나의 아들은 그를 그리 생각하지 아니
하며, 오로지 나 여호와에게 속이지
아니하며, 나에게 거짓되지 아니하며,
내 뜻에 위반되지 아니하는 그와 같은
삶을 살려 한다는 것을 너희들은 알아
야 될 것이니라.
19 그러니 너희들이 하늘에 존재하는 나
여호와를 속이려 하지 말며, 나를 속
이는 것이 육의 세상에서 얼마나 큰
죄를 짓는 것이며, 그 지은 죄로 하여
금 심판대에서 어떤 결과가 나오는가,
그는 너희들이 상상할 수 없는 그와
같은 무서운 결과가 닥칠 것이니라.
20 나의 아들이 지금 새로운 성경에 기도
하며 경배하여 기록하는 그 시간과 날
짜를 모두 속이지 아니하며 그대로 기
록하는 것, 그것을 하나 보고 무얼 생
각하는가?
21 나의 아들이 창조주 나 여호와가 있음
을 알며, 나를 속여서는 아니 된다는
것, 절대 속일 수 없다는 것, 그것이
나의 아들의 생각이요, 그 아들이 가
는 것이라는 걸 너희들이 어찌하여 모
른단 말이더냐?
22 그러니 너희들도 나를 속이려 하지 말
며 나를 능멸하려 하지 말라.
23 너희들이 나를 속여서는 아니 되며,
속일 수도 없으며, 속지도 아니함이
니, 너희들이 삶을 어찌 사는가를 다
시 한 번 돌이켜 생각해 보라.
24 그저 편리한 대로 작은 거짓말이요,
작은 속임수를 써 가면서 '이게 무슨
큰 죄가 되겠는가?' 하며 너희들 스스
로 편안한 마음이요, 위안하는 마음이
요, 너희들 자신이 사탄의 생각이 되
어 너희들이 심판하고 결정하는 어리
석은 백성의 삶을 살지 말라.
25 그리하면 결국 너희들은 무너지며, 거
듭날 수 없다는 것을 내가 미리 가르
쳐 줌이니,
26 이게 바로 예방이요, 창조주의 뜻이
요, 너희들이 받는 은혜이니라.

12,104 번째 하나님 말씀

2004년 7월 9일 22시 23분

1 사랑하는 나의 아들아!
2 "네, 아버님! 말씀하옵소서."
3 인간 세상에 살아가면서 인간이 만든
규정이요, 그 규칙을 위반했을 때, 너
희들은 어찌하는가?
4 거기에 해당되는 벌칙을 받으며 해당
되는 대가를 치르지 않는가?
5 인간 세상에서 이루어지는 그 속에서
는 그 대가를 치르면 되느니라.
6 그러나 너희들은 알아야 될 것이니라.
7 나 여호와가 만들고 내가 내린 규정이
요, 내 뜻을 위반했을 때, 너희들은 어
찌 되는가?
8 너희들은 결코 용서받지 못함이니라.
9 그리하여 내가 '성령을 훼방하는 자,
절대 용서받지 못한다.' 성경에 기록
하여 일찍이 너희들에게 전하지 않던
가?
10 구원의 길에 들어서고자 하는 백성,

너희들은 결코 나를 기만하고 나를 속
여서는 나에게 오르는 길에 들어설 수
없다는 것을 알라.
11 어디까지나 성령을 훼방하는 죄는 내
가 용서하지 아니하며 그는 결코 용서
받지 못한다 하지 아니하였더냐?
12 그러니 내가 역사하고 내가 정해 놓은
그 규칙을 무시하며 그를 지키지 아니
하며 규정 위반을 했을 때,
13 너희들은 결코 나에게 오를 수 없으
며, 어떠한 은혜요, 혜택도 인간으로
서 누릴 것을 하나도 누리지 못하는
것이 그와 같은 자라는 것을 그들에게
전하라.
14 사랑하는 나의 아들아! 나의 계명과
새로운 성경을 지키며 이를 보고 거듭
나는 삶을 살지 아니하고, 지금과 같
이 사랑이 없는 세상이 된 속에서 너
희들은 절대 구원이요, 새로운 길을
볼 수 없다는 것을 그들에게 전해 주
라.
15 내가 사랑이 충만한 세상을 만들려 했
으나, 너희들이 욕심이라는 것 때문에
오늘같이 험악한 세상이 되었으니,
16 나의 새로운 성경으로써 이 모두를 다
스려 나가는 길밖에 없다, 내가 수없
이 전한 그 뜻을 알며, 이 두려움을 너
희들은 알아야 될 것이니라.
17 사랑하는 나의 아들딸들아! 너희들이
견딜 수 없는 대가를 치러야 한다는
것, 너희들이 오늘의 이와 같은 삶으
로 산다는 것은 상상할 수 없으며, 견
디기 어려운 그 대가를 반드시 치른다
는 것을 알아야 될 것이니라.
18 그 모두를 정리하며 생각하고 너희 스
스로 판단하면, 나의 아들을 통하여
내리는 새로운 성경에 기록되어 있는
그 모두를 알게 될 것이며, 너희들은
거기서 지혜를 얻게 될 것이니라.
19 또한 새로운 성경을 내리는 나의 은혜
요, 그 베풀어 줌이 얼마나 위대하고
큰 공인가 그것부터 알게 될 것이니라.
20 너희들이 규칙을 위반하는 행위를 하
는 것이 바로 무엇이더냐?
21 나 여호와를 능멸하며 나를 거역하는
그와 같은 삶을 살아가는 자들이라는
것을 절대 잊지 말고 행하도록 그리
전하라.

12,105 번째 하나님 말씀

2004년 7월 10일 02시 27분

1 사랑하는 나의 아들아!
2 "네, 아버님! 말씀하옵소서."
3 지금 너희들이 살아가는 세상이 어떠
하더냐?
4 병든 자요, 아픈 자에게는 누가 필요
한가?
5 의사라는 사람이 필요하며 그를 치료
할 수 있는 약이 필요함이니라.
6 그러니 지금 나의 피조물 만백성이 믿
음이요, 구원의 길이라 하여 그들이
지금 잘못 가고 있음이니, 그것이 치
료약이 없는 전염병이 퍼지듯이 이 세
상을 다 덮어 가고 있음이니라.
7 그리고 너희들의 손으로 지은 교회요,
성당이요, 성막이요, 모든 종교 집단
에 너희들이 기거하는 곳, 그곳은 전
염병이 퍼지는 온상이니라.
8 거기서부터 모든 전염병이 퍼져 나가

며 그 덩어리들이 수없이 이 지상의
이곳저곳에 생기기 시작하니, 퍼져 나
가는 모든 종교 집단의 전염병을 어찌
막겠느냐?
9 한 가지 전염병도 아니니라.
10 너희들이 종교 집단의 이름을 하나 붙
일 때마다 새로운 전염병이 생기니,
수천수만 개의 전염병의 본산지가 이
세상에 있어, 거기서 치료할 수 없는
병들이 지금 생기고 있음이니,
11 하나가 생길 때마다 새로운 병균이 생
기며 새로운 전염병이 퍼지니, 이를
아무리 인간이 따라간다 해도 어찌 막
겠느냐?
12 내가 나의 아들을 통하여 성경에 기록
하여 너희들에게 전함이니, 종파의 이
름이 하나 생기는 것이 전염병의 온상
이요, 썩어져 가는 본부니라.
13 그러니 그걸 대체하고 치료할 수 있는
약이 어디 있겠는가?
14 그리하여 내가 나의 아들을 통하여 어
떠한 전염병도, 어떠한 병균이 세상에
퍼진다 해도 그를 잡고 다스릴 수 있
는 의사를 내려보내는 것이요, 그 의
사들을 내려보내니,
15 전염병이 퍼지는 것은 그저 수없이 퍼
져 가나 그를 치료하고 다스릴 백성들
이 없으며 의사가 없음이니, 이를 어
찌한단 말이더냐?
16 사랑하는 나의 아들딸들아! 그들을
치료할 수 있는 의사는 너희들이니라.
17 너희들이 적은 수를 가지고 이 세상에
수없이 퍼져 가는 전염병이요, 새로운
전염병의 온상이 또 생기고 생기는,
하루에도 수백 개씩, 수천 개씩 새로
운 병균이 생겨 전염병이 세상에 나의
피조물 만백성을 이리 끌고 저리 끌고
죽음으로 인도하는 그와 같은 형국이
되어 버렸으니,
18 그 모두를 수술하고 치료할 것은 너희
들이요, 너희들의 숫자는 없음이니,
이 의서를 세상에 전하여 그들이 읽고
깨우쳐 스스로 제 병을 제가 치료하도
록 하고자 하는 것이 나의 뜻이니라.
19 그리하여 새로운 성경을 만백성에게
전하며, 하얀 눈이 세상을 덮어 버리
듯이 나의 새로운 성경으로 다 덮어,
20 어떤 병균이 하나가 생기며 어떤 전염
병이 생긴다 해도 거기서, 몸살을 앓
는 사람들이 그 병마와 싸워서 이길
수 있는 것은 나의 새로운 성경을 읽
으면 거기 치료법이 있으니,
21 이게 만백성을 구하는 의서이며, 그를
다스리는 의사이니라.
22 정녕 고치고 고치지 못할 때는 대수술
을 시작해야 되니,
23 나의 아들을 따르는 제자들이요, 그리
고 나의 새로운 성경을 읽고 깨우친
백성, 너희들이 그와 같은 역사를 이
루어야 될 것이니라.
24 너희들이 14만의 전사요, 선생이라는
것이 무엇이더냐?
25 바로 그와 같은 뜻을 역사하는 자들임
을 너희들은 잊지 말라.
26 그러니 전염병의 병균이 생길 때마다
그 온상은 나의 새로운 성경을 읽고
그 의서를 읽고 수술하고 고치지 못함
이니,
27 그 하나의 부위를 도려내는 것, 전염
병의 온상지를 제거하는 것은 나의 아

들을 따르는 제자들이요, 그리고 나의
새로운 성경을 읽고 깨우친 너희들이
바로 그를 하나씩 말아 도려내야 되니,
28 나의 아들을 따르는 제자들이 그리 늘
어야 함을 알라, 사랑하는 나의 아들
딸들아!

12,106 번째 하나님 말씀

2004년 7월 10일 02시 35분

1 사랑하는 나의 아들아!
2 "네, 아버님! 말씀하옵소서."
3 모든 백성들이 하늘에 오르는 길이요,
나에게 오르는 길이라 하여 달려감이
니, 내가 그들에게 뭐라 말하였느냐?
4 저희들이 지옥 불을 향하여 모두 질주
를 하고 있는 자요, 있는 힘 없는 힘을
다하여 지금 달려가고 있는 것이 그
백성들이라 하였음이니라.
5 저희들이 그리 가다가는 지옥의 낭떠
러지로 떨어짐이니, 떨어진 다음에는
저희들이 헤어날 수가 없으며 거듭날
수가 없기에,
6 지금의 육의 세상에서 달려가는 그 발
길을 멈추고 뒤를 돌아 '하늘에 오르
는 길'이요, '하나님! 말씀하옵소서.'라
는 너희들의 모두를 치료하고 다스릴
수 있는 나의 새로운 성경을 접해 너
희 것으로 만들지 아니하면 거듭나지
못한다 내가 그리 말하니,
7 어찌하여 너희들이 이 뜻을 따르지 아
니하며 이를 믿지 아니하고 그리 간단
말이더냐?
8 너희들이 지금 지옥의 벼랑을 향하여
달려가 낭떠러지로 떨어지면 두 번 다
시 거기서 나올 수가 없으며, 단 한 번
의 기회도 너희들에게 주어지지 않는
것이 하늘의 법도이거늘, 어찌하여 너
희들이 그리 달려간단 말이더냐?
9 너희들이 가던 발길을 멈추고 어찌 가
고 있는가, 어디로 가고 있는가, 그를
들여다보는 현명함을 얻도록 그리하
여야 될 것이니라.
10 너희들이 인간 세상에 살면서 하는 말
이 무엇이 있느냐?
11 인간의 육의 세상에 살면서 '돌다리도
두드려 보고 건너가라.'는 말을 수없
이 하느니라.
12 그리고 인간 세상에 너희들이 사업이
요, 기업을 하는 것도, 두드려 보고 연
구하고 앞으로 조사하고 뒤로 조사하
고, 수단과 방법을 가리지 아니하고
모두를 파악하여 투자하지 않더냐?
13 그리해도 너희들이 실수를 하기 때문
이니라.
14 너희들이 백 년도 안 되는 인간 세상
의 사업이요, 기업에 대해서는 두드려
보고 또 두드려 보고 뒤져 보고 또 뒤
져 봐 거기에서 같이하며, 투자하며
역사하는 그와 같은 조심스러움을 보
이면서,
15 영원히 사는 세상이요, 거듭나는 가장
귀하고 소중한 것은 어찌하여 이를 보
지 아니하며 소홀히 모두를 결정한단
말이더냐?
16 그 모두는 나 여호와가 존재함을 너희
들이 무섭게 생각하지 아니하며, 그저
나 여호와가 있는 둥 없는 둥, 믿는 둥
마는 둥 너희들의 마음이 그러하기 때
문이니라.

17 너희들이 나 여호와가 존재함을 믿으
며, 심판의 두려움과 무서움을 안다
면, 과연 너희들이 사악한 마음이요,
용서받지 못할 그와 같은 죄를 짓고
갈 수 있단 말이더냐?
18 내가 너희들에게 뭐라 했느냐?
19 성령을 위배하는 자, 너희들은 결코
용서받을 수 없다 했으니, 너희들의
마음에 욕심을 두는 것이 다 우상을
섬기는 것이요, 그 모두가 성령을 위
배하는 짓임을 너희들은 알아야 될 것
이니라.
20 너희들은 울고불고 회개한다 하나, 말
로만 회개하고 말로만 행함이니라.
21 너희들은 나의 아들 예수가 죽음 직전
에 피보다 진한 땀방울을 흘리면서 저
를 구원해 달라는 소리를 하지 않는
그 기도를 깨우치고 또 깨우쳐 너희
것으로 만들라 하지 않았더냐?
22 기도는 어떠한 상황에서도 너희들을
위해서 하는 것이 아니요, 많은 백성
을 위해 기도하고 역사하는 것이요,
23 그리하여 나의 아들 예수는 나에게 그
죽음의 고통에서도 고통과 죽음을 면
하게 해 달라는 기도를 하지 아니하였
음이니라.
24 그리고 달라는 기도요, 원하는 기도가
없었음이니라.
25 그 말이 나올까 봐 예수는 피보다 진
한 땀으로써 '아버지 뜻대로 하옵소
서.' 하는 애절한 기도를 하지 아니하
였더냐?
26 그러니 모든 백성 너희들이 기도하는
것이 그와 같은 마음으로 기도해야 될
것이며, 너희들이 지은 죄가 너희에게
서 떨어지지 아니한다 하였으니, 그
죄의 회개와 용서를 예수가 죽음 직전
에 했던 기도보다도 더 진한 마음으로
써 기도를 하여야 될 것이니라.
27 그리하여 너희들이 깨달아 육의 세상
에서 지은 죄를 모두 구제받고 용서받
을 수 있는 것이거늘, 너희들이 과연
회개와 용서를 그와 같은 마음으로 하
는가?
28 너희들이 죄의 온상에 가 말로써 울고
불고 죄를 용서해 주며 회개한다 하며
돌아가서 또 그와 같은 짓을 함이니,
29 과연 나의 아들 예수가 죽음 직전에
피보다 진한 땀방울을 흘리는 기도를
드리며, 그 죽음의 고통에서 달라 하
면 아니 되기에 달라는 소리를 할 수
없어 구원해 달라 소리 하지 아니하고
간 나의 아들의 그 기도요, 그 마음 자
세를 너희들이 안다면, 회개와 용서를
그리하지 아니하면 아니 됨이니라.
30 사랑하는 나의 아들딸들아! 내가 너
희들에게 뭐라 말했느냐?
31 너희들이 지금 새로운 성경을 들어 이
를 보고 너희들이 하늘을 보며 감사하
며 이를 보고 깨우치며, 만백성에게
이를 보고 너희들을 따르라 그리 외치
는 것이 너희들이 거듭남이요, 생명의
은혜를 얻으며 죽은 자에서 거듭남이
니라.
32 그와 같은 역사를 이루어 나에게 와
구원의 은혜를 받으라 하거늘,
33 어찌하여 너희들이 아직도 잠에서 깨
어나지 못하며 현실 속에서 깨어나지
못하며, 알코올이요, 마약에 중독된
자처럼 이성을 잃고 정신을 차리지 못

하고 혼미한 세상을 헤매고 있단 말이
더냐?
34 그와 같이 헤매는 시간이 영원히 지속
된다면 언젠가 기회가 있을 것이나,
너희들은 백 년도 안 되는 기한이 정
해진 삶이니,
35 그 삶이 길고 긴 것이라 하나 내가 이
세상을 창조하여 만백성이 살아가는
이 세월 속에서 잠깐 켜졌다 꺼지는
불빛만도 못한 것이 너희들이 사는 생
명이라 하였거늘,
36 어찌하여 잠에서 깨어나지 못하며 그
소중한 시간에 거듭나는 역사를 하지
못하고 지옥의 벼랑으로 그리 흘러간
단 말이더냐?
37 사랑하는 나의 아들딸들아! 나 여호
와가 나의 아들딸 너희들을 위하여 내
가 나의 아들을 통하여 160권의 새로
운 성경을 세상에 내려보내니,
38 이 귀하고 소중한 것을 너희들의 생명
보다도 더 깊이 간직하며 읽고 깨우
쳐, 그 속에 들어 있는 모든 가르침을
네 것으로 만들어,
39 하늘을 향하여 한 점의 부끄럼이 없는
삶을 살 수 있는 네가 되도록 그리 전
하라.
40 이 모두는 내가 너희들에게 진심으로
원하며 간곡히 원하는 나의 뜻이니라.

12,107 번째 하나님 말씀

2004년 7월 10일 02시 41분

1 사랑하는 나의 아들아!
2 "네, 아버님! 말씀하옵소서."
3 지금의 종교 집단과 지도자 너희들이
살아오면서 어떠한 믿음으로 가고 있
느냐?
4 너희들의 오늘의 그 믿음은 떨어진 꽃
잎과 같은 믿음이요, 꽃잎이 떨어져
열매를 맺도록 제 임무를 다하고 떨어
지는 꽃잎과 같은 것이 오늘의 믿음이
요, 신앙이요, 거기에 너희들이 얽매
어 매달리고 있음을 알아야 될 것이니
라.
5 꽃잎을 잡고 하늘에 오르는 길이요,
열매를 이루도록 해 달라 애원하고 매
달리는 그와 같은 것이 오늘의 종교
집단의 지도자 너희들임을 알라.
6 화려한 꽃을 너희들이 보기만 했으나,
그 꽃이 떨어짐으로써 열매를 여니,
그 꽃은 직분은 다하고 책임을 다하고
떨어지는 것이니,
7 그 꽃잎을 붙잡고 무엇을 이루고자 매
달리는 그것이 오늘의 너희들의 믿음
이요, 종교 집단들이 가고 있는 길이
라면 과연 너희들은 어찌 믿는가?
8 너희들은 알아야 하느니라, 꽃이 열매
를 맺기 위하여 꽃잎이 되어 떨어지느
니라.
9 그 꽃잎이 떨어진 다음에 그 꽃잎이
떨어지는 공으로 인하여 열매를 맺음
이니, 그것을 너희들은 거둬들이지 아
니하더냐?
10 이와 같은 것이 나 여호와가 역사하는
세월의 흐름이니라.
11 지금의 종교 집단의 지도자, 그리고
광분하는 신도 너희들, 이성을 잃고
그저 헤매는 너희들은 하늘의 뜻을 모
르고 지금 믿음의 길을 가고 있음을
알아야 될 것이니라.

12 사랑하는 만백성 너희들은 들으라.
13 너희들이 구원의 길이라 부르짖고 있
는 신약이요, 너희들이 한 자도 더하
고 빼지도 말며 오로지 이를 지켜야
되는 것이 구원이라는 신약의 시대요,
나의 아들 예수의 죽음의 은혜에 보답
한다며 울고불고하며 그 보혈로써 은
혜를 받았다는 백성 너희들은 잘 들으
라.
14 그 모든 것은 다 새로운 성경이 열매
를 맺도록 역사하는 것에 대한 기틀이
요, 기본을 엮어 준 것이니라.
15 그러니 구약과 신약은 새로운 성경이
열매를 맺어 나 여호와가 추수할 수
있도록 꽃잎과 같은 역할을 하는 것이
었음을 알라 그리 전하라.
16 가시가 돋친 밤송이가 밤알을 지키고
보호하여 그가 영글어 지상에 떨어져
다시 씨앗이 되어 자랄 수 있도록 하
는 그 밤송이와 같은 그 임무니라.
17 그러니 꽃잎으로써 열매를 맺도록 다
했으며, 밤송이 가시가 밤알을 보호하
여 익어 너희들이 양식으로 할 수 있
도록 하는 그 모든 임무가 그리 끝났
느니라.
18 그리하여 제3의 시대를 열어 내가 추
수의 시대에 거둬들이기 시작함이니,
너희들은 이와 같은 임무요, 이와 같
은 뜻을 알아야 될 것이니라.
19 그를 모르고 너희들이 구약과 신약을
붙들고 구원해 달라 애걸복걸하며, 너
희들이 열매가 되어 나 여호와가 추수
할 수 있도록 하게 해 달라 지금 울고
불고하고 있는 그와 같은 형국이라 내
가 하지 않더냐?
20 떨어져 그 임무를 상실했으며, 밤알을
보호하고 떨어진 그 밤송이를 붙잡고
아무리 애원하고 울고불고한다 해도
그는 이루어질 수 없음이니라.
21 껍데기는 껍데기요, 꽃잎은 꽃잎이니
라.
22 그러니 껍데기와 꽃잎은 결코 알맹이
가 될 수 없으며, 나 여호와가 추수할
수 있는 알곡식으로서 내가 거둬들일
수 없는 것이 껍데기요, 꽃잎이요,
23 나는 알맹이만을 거둬들이며 알곡식
만을 거둬들이며 제대로 영근 곡식을
거둬들임이니,
24 껍데기와 꽃잎을 잡고 하늘에 오르는
길이라 몸부림치지 말라, 어리석은 백
성들아!

12,108 번째 하나님 말씀

2004년 7월 10일 02시 50분

1 사랑하는 나의 아들아!
2 **"네, 아버님! 말씀하옵소서."**
3 나 여호와는 너희들의 손으로 지은 죄
의 온상이요, 그와 같은 교회요, 성막
이요, 성당에 절대 임하지 아니하며,
그는 나와 관계없는 곳이라 내가 그리
말하였느니라.
4 이제는 내가 개인적으로 변하여 의인
의 길을 가고자 하는 자, 나의 계명대
로 지키고 살아가 천사같이 변하고자
하는 마음의 역사를 하는 그 백성들에
게 내가 직접 임하여 구원할 자와 구
원하지 아니할 자를 구분한다 그리하
였음이니라.
5 너희는 이와 같은 나의 뜻을 알아야

될 것이니라.
6 모든 종교 집단의 지도자요, 믿음의
길을 가는 그 백성들이 이 이치를 모
르니,
7 너희들의 손으로 지은 교회요, 성당과
회당에 모여서 재물을 바치고 울고불
고하면, 내가 거기에 임하여 우는 너
희들에게 은혜를 주며 기름 부음을 줘
영광이 있는 것이라 그리 생각하나,
8 너희들이 집회요, 행사요, 화려한 그
와 같은 행위를 하는 곳에 나 여호와
는 절대 임하지 아니하며, 나는 거기
에 관계하지 아니하니 그리 알라.
9 그와 같은 곳에서 너희들이 은혜를 받
고 축복을 받았다 하여 재물을 바치든
무엇을 바치든 그건 너희들이 나에게
와서 아무런 관계가 없음이니,
10 너희들이 심판을 받을 때 지도자를 따
라서 그와 같은 행위에 최선을 다했으
며, 새벽 기도를 열심히 했으며, 재물
을 열심히 바쳤으며, 부모 형제를 다
팽개치고 나를 향하여 기도하고 그와
같은 믿음으로 갔으니, 너희들이 왜
죄의 대가를 치러야 하는가 하는 그와
같은 원망을 하지 말라.
11 그 모두가 거기에 통하지도 아니하며,
내가 듣지도 아니하는 것이니, 다 너
희들이 부질없는 푸념이 될 것이니라.
12 그러니 육의 세상에서 너희들이 마음
을 비우며 의인이요, 천사와 같은 마
음으로 살아 나의 성령이 임할 수 있
도록 그리하라.
13 나는 개개인 너희들을 구원하며, 개개
인 너희들에게 내가 직접 성령으로 임
하여 거둘 자와 거두지 아니할 자를
구분하니, 그 모두는 너희들 스스로
자신의 노력에 달렸음이니라.
14 종교 지도자나 신도들, 너희들이 지금
진정한 믿음의 길을 가는가?
15 너희들은 그와 같은 길을 가지 않느니
라.
16 너희들은 지금 손으로 지은 그 교회를
위하여 믿음의 길을 가는 자들이요,
교회를 위해 존재하는 자요, 종교 집
단에 대해서 모든 충성이요, 모두를
다 바치기 위해 그 믿음의 길을 가는
자들이지,
17 나 여호와의 뜻이요, 진정한 믿음을
위한 믿음의 길을 가는 것이 아니니,
이제 너희들은 그 믿음을 모두 중단하
도록 그리하라.
18 너희들이 나에게 울고불고 기도하나
너희들의 욕심이요, 거래하는 마음으
로 하는 것은 나에게 기도하는 것이
아니요, 나를 욕되게 하는 것이요, 나
를 능멸하는 것이라는 나의 새로운 성
경에 기록한 그 의미를 깊이 깨우치도
록 그리하라.
19 교회의 지도자는 너희 백성을 위하여
존재하는 것이 아니니라.
20 지금의 교회 지도자들이 모두 나의 백
성 너희들을 구원하기 위하여, 그들이
구원할 수 있는 자격을 가지고 존재하
는 자들이라 그리 생각하고 따르고 있
음이니, 그것이 아님을 너희들은 이제
알아야 될 것이니라.
21 그것도 너희들이 화려한 교회요, 화려
한 장소요, 방대하고 궁궐 같은 곳에
있는 종교 집단 지도자야말로 그저 마
음대로 육에서 힘을 발휘하듯이 하늘

에 그 힘을 발휘하는 것처럼 그리 위
대하고 큰 인물이요, 크게 구원을 받
는다 그리 생각하며 구원의 역사를 이
룬다 생각하니,
22 다 그것이 부질없는 짓이요, 내 뜻을
거역하는 짓임을 너희들은 알아야 될
것이니라.
23 진정한 지도자요, 나의 뜻을 따르는
그 백성은 내가 때에 따라서 변화될
수 있는 것이요, 그리고 때에 따라서
변화될 수 있는 교회를 만듦이니, 그
의미가 무엇인 줄 알겠느냐?
24 깨우친 자가 앉아서 설교하는 것, 깨
우치는 자가 앉아서 강론을 하는 것,
그것이 바로 변화될 수 있는 교회요,
그와 같은 변화를 원함이니,
25 이 지상의 모두가 나의 교회가 되는
것이요, 이 지상의 모두가 그와 같은
완벽한 교회로서 나의 피조물 만백성
을 지도하고 가르치는 것이 곧 내 뜻
이요, 내 뜻에 의하여 가르치는 세상
이요, 그와 같은 교회를 만들고자 함
이니, 너희들은 알아야 될 것이니라.
26 너희들처럼 죄의 온상이요, 작은 움막
을 지어 놓고 그것이 구원의 길이요,
내가 역사하는 길이요, 만백성을 구하
는 곳이라 하지 말라.
27 나는 이 세상의 자연의 교회를 만들고
자 함이니라.
28 그 뜻을 안다면 너희들이 오늘과 같이
나의 피조물 만백성의 재물을 거둬들
여 그와 같은 건축물을 짓는 데 모두
를 다 바치며, 그것이 구원의 길이라
하며,
29 그와 같은 속에서 너희들이 울고불고
광란의 짓을 하여 하늘에 오르는 길에
올 수 있는 자요, 나에게 와 축복과 영
광을 받을 수 있는 그와 같은 백성이
된다는 그 욕심이요, 그 생각이요, 망
각에서 깨어나도록 그리하라.

12,109 번째 하나님 말씀

2004년 7월 10일 02시 55분

1 사랑하는 나의 아들아!
2 "네, 아버님! 말씀하옵소서."
3 나로부터 은혜요, 사랑을 받는 백성은
저 혼자 토굴에 가서 진리를 깨우치며
저 혼자 하늘의 뜻을 깨닫는 자가 나
로부터 상을 받는 자가 아니라 했음이
니라.
4 스스로 제가 청결하며 제 스스로 깨끗
하게 살며 진리에 따라 사는 그와 같
은 백성은 내가 원하지 않는다 했음이
니라.
5 그와 같이 하늘의 이치를 알며 깨달음
을 얻은 백성은 만백성을 구하는 데
최선을 다하지 아니하면 아니 되는 것
이 그들의 직무이니라.
6 그 백성만을 내가 기억함이니라.
7 내가 성경에 기록하여 너희들에게 뭐
라 했느냐?
8 참진리의 가는 길은 하늘의 뜻을 깨달
으면 만백성에게 전하는 것이 본보기
라 하였으니,
9 성서에 '인이 종에게 여러 가지 분야
로 재물을 나눠 주었음이니, 그 재물
을 가지고 장사를 하여 늘린 자, 그를
묻어 뒀다 그대로 가져오는 자, 묻어
둔 자를 그 주인이 책망하며 그 모두

를 다 회수했다 하지 않더냐?
10 그 의미가 바로 무엇이더냐?
11 이것이 바로 토굴에 저 혼자 들어앉아
서 이치를 깨달으며 세상 이치를 알았
다 하여 세상에 나오지 아니하고, 만
백성을 깨우치고 지도하지 아니하는
자요,
12 그와 같은 어리석은 백성들을 내가 사
랑하지 아니하며 그들을 내가 버린다
는 의미임을 알아야 될 것이니라.
13 그러니 지금 나의 아들을 따르는 제자
너희들은 알라.
14 저 혼자 깨우치는 것을 저 혼자 가슴
에 안고 있으며 저만이 소중하며 귀하
게 간직하는 그와 같은 행위를 하지
말라.
15 그와 같은 백성이 주인이 재물을 주니
그를 땅에 묻었다 내놓는 자와 똑같은
자니, 그와 같은 자는 나에게 와 상을
받을 수 없다 함을 명심하도록 하라.
16 깨닫고 변화된 백성 너희들은 변한 것
만큼 네 이웃이요, 네 형제에게 참진
리요, 나의 뜻을 전하는 데 최선을 다
하도록 그리하라.
17 백 개를 깨우친 자가 오십 개를 전달
하는 자와, 열 개를 깨우친 자가 열 개
를 다 전하기 위하여 갖은 노력을 다
하는 자,
18 나는 열 개를 깨우친 자가 열 개를 전
하는 그 백성을 사랑하며, 그 아들딸
을 거둬들임이니라.
19 비록 열 개밖에 모르지만 그가 열 개
를 다 가르치고자 하는 그것이 바로
내 뜻에 의하여 역사하는 자이며, 장
사하여 재물을 늘리는 종과 같은 자이
니, 이를 명심하여 깨닫도록 그리하라.
20 지금 나의 아들을 따르는 제자 너희들
이 새로운 성경을 읽고 강론을 들어
변화되는 그 경지가 높음이니,
21 너희들이 낮은 자요, 어리석은 자요,
부족한 자라 생각하지 말며, 너희들이
배우고 들어 깨달은 것, 그를 가지고
네 이웃부터 하나하나 깨우쳐 가는 데
최선을 다하라.
22 너희들이 무상으로 배운 하늘의 뜻이
요, 진리를 만백성에게 무상으로 전해
주도록 그리하라.
23 제 가슴에 묻고 저 혼자 깨달아 가며
저 혼자 지키는 어리석은 자가 되어서
는 내가 너희들을 모른다 할 것이며
너희들을 버릴 것이니라.
24 자신이 혼자서 진리를 깨닫고 그것을
간직하고 사는 자, 그게 다 욕심인 것
이요,
25 그리고 나로부터 받은 것을 활용하지
아니함이니, 그 또한 너희들이 욕심
중의 욕심이 그득 찬 자라는 걸 잊지
말라.

12,110 번째 하나님 말씀

2004년 7월 10일 02시 59분

1 사랑하는 나의 아들아!
2 "네, 아버님! 말씀하옵소서."
3 너희들은 아름답고 곱고 한 점의 부끄
럼이 없는 자세를 먼저 다스려 그 기
초를 단단히 역사해야 됨이니라.
4 그리해야만 사탄이 너희들에게 근접
하지 못한다 내가 전하지 아니하였더
냐?

5 그러니 너희들은 항상 기도와 희생하는 마음과 봉사하는 마음이요, 청결한 마음의 생활을 다스려 마음을 그리 굳건히 지켜 가도록 그리하라.
6 청빈함이 부끄러운 것이 아니요, 희생하는 것이 부끄러움이 아니요, 그와 같은 기초를 다지도록 그리하라.
7 그리하여 너희들이 천사와 같이 변화되는 그 길에 들어서게 됨이니라.
8 그렇지 아니하는 백성들은 마귀와 사탄이 근접하여 너희들을 무너트리게 됨이니라.
9 그러니 청빈한 자요, 욕심이 없는 자요, 사랑과 나눔을 하며 사는 백성들은 감히 사탄과 마귀들이 너희들에게 근접하지 못하기 때문이니라.
10 그러니 내가 너희들에게 뭐라 했느냐?
11 내가 가장 귀중하고 소중한 가훈을 내리지 아니하였더냐?
12 '하늘을 향하여 한 점의 부끄럼이 없는 삶을 살라.' 하였으니, 너희들이 그와 같이 살아야만 되는 것이니라.
13 그를 철저히 지키고 살아야 됨이니라, 사랑하는 나의 아들딸들아!
14 이 세상이 어찌 되었다 하였느냐?
15 나 여호와가 내린 자연의 그 아름다움을 그대로 존속하지 못하며, 사탄들이 이 세상을 지배하고자 하여 그들이 지금 수없이 파 놓은 함정이 곳곳에 있다 하지 않더냐?
16 그러니 나의 사랑하는 백성 너희들이 사탄이 파 놓은 함정에 빠지지 않도록 조심하며, 항상 긴장을 풀고 살지 말라 함이니라.
17 그러니 그 수없이 파 놓은 그 함정에 빠진다면 너희들은 견뎌 낼 수 없으며 거듭날 수 없음이니라.
18 그러니 너희들이 그 함정에 빠지지 않는 것은 너희 자신을 지키고 스스로 다스려 나가 네가 거기에 무너지지 말아야 될 것이니라.
19 사랑하는 나의 아들딸들아! 너희들이 부질없는 욕망이요, 욕심을 부릴 때, 사탄들이 파 놓은 그 함정에 무너지게 됨이니라.
20 그러니 마음을 비우고 욕심을 비우는 자는 그들이 근접하지 못함이니, 그 함정에 너희들이 빠질 이유가 없음을 알라.
21 그리하여 너희들이 마음을 비우고 다스리는 것이 바로 내가 나의 아들을 통하여 내리는 새로운 성경 160권에 그 모든 답이 있기에,
22 이를 읽고 깨우치지 아니하면 아니 된다는 뜻이 무엇이더냐?
23 이를 읽고 깨우치며 너희들이 함정에 빠지지 말아야 되며,
24 이를 읽고 깨우치지 못하는 백성은 방향이요, 그 위치를 모르고 스스로 다스릴 줄을 몰라 그 함정에 빠지게 됨이라는 뜻이니 그리 알라.

12,111 번째 하나님 말씀

2004년 7월 10일 03시 09분

1 사랑하는 나의 아들아!
2 "네, 아버님! 말씀하옵소서."
3 죄로 들끓는 이 세상에, 그리고 나의 피조물 만백성, 죄에서 벗어나지 못하는 너희들에게 피신처가 있다 하면,

얼마나 행복하고 기쁨이더냐, 그리고
얼마나 그것이 축복받은 백성들이라
할 수 있겠느냐?
4 너희가 지옥의 세상에서 구제될 수 있
고 그 무서운 지옥의 형벌을 받는 중
에 피할 곳이 있으며 너희들을 지켜
줄 사람이 있으며 숨겨 줄 사람이 있
고 보호할 수 있다면,
5 지옥에서 그 대가를 치르는 너희들이
얼마나 행복하며 얼마나 축복받은 백
성이라 하겠느냐?
6 그러나 지옥에서 그러한 일은 결코 있
을 수 없으며 생각할 수도 없는 일이
니라.
7 그러면 내가 너희들에게 묻고자 함이
니라.
8 죄가 들끓는 이 세상에서 죄인인 너희
들에게 피신처가 있고 지켜 줄 곳이
있고 보호할 곳이 있다면, 얼마나 행
복한 백성들이더냐?
9 더욱이 지상에서 죄를 지은 자가 보살
핌을 받으며 피신처가 있다는 것은,
곧 지옥에서 구제되는 것과 같음을 너
희들은 알아야 될 것이니라.
10 너희들의 피신처요, 지켜 줄 수 있는
곳이 무엇이더냐?
11 바로 나의 새로운 성경 160권이요, 나
의 아들과 더불어 그 백성들이 모여
진리를 깨우치는 성전이니라.
12 그러니 이 성전이요, 새로운 성경 160
권이 너희들을 가슴에 안으며 모두를
다 반겨 주는 곳이요, 너희들을 죄에
서 피신시켜 주는 곳이요,
13 너희들이 죄에서 거듭나며 용서를 받
을 수 있는 곳이 있다면 얼마나 축복
된 백성이더냐?
14 그러나 너희들은 이것이 육에서 이루
어지는 것이라 그리하지 말라.
15 지옥에서는 그와 같은 은혜가 있을 수
없으며 그와 같은 피신처가 없으니,
16 여기 피신처에 와서 너희 자신을 잘
다스리고 변화되는 것이 지옥에서 그
피신처를 찾고 보호할 곳을 찾는 것과
똑같은 형국이라는 것을 알라.
17 너희들이 지금 육의 세상에서 나의
160권의 새로운 성경을 읽고 깨우치
며 내가 역사하는 성전에 와 변화되는
삶을 사는 그것이 죄로 들끓는 이 세
상에서 너희들이 피신할 곳이요, 죄로
물든 너희들의 몸을 의탁할 곳이라는
것을 잊지 말라.
18 그와 같이 너희들이 의탁하고 피신하
여 거듭나는 삶을 사는 것이 지옥에
간 백성 너희들에게 축복이요, 은혜를
내린 것이며 지옥을 가지 않는다는 것
을 알라.
19 그렇지 아니하면 내가 모른다는 백성
이라는 그 의미를 깊이 깨달아야 될
것이니라.
20 너희들이 다시 이 세상에 태어나서 사
는 그동안에 죄 속에서 사는 너희들을
보호하고 다스려 주고 지켜 줄 수 있
는 것을 내가 너희들에게 역사함이니,
너희들은 여기서 그와 같은 삶을 살도
록 그리하라.
21 지금 내가 뭐라 했느냐?
22 나의 아들을 따르는 제자들이요, 그리
고 내가 만든 그 성전에 와서 생활하
며 그들과 더불어 같이 간다면, 바로
너희들은 무엇을 얻는 줄 알겠느냐?

23 우선은 세상에서 가장 밝고 정확하게
볼 수 있는 거울들이 네 주변에 있음
을 알아야 될 것이니라.
24 나의 아들을 따르는 제자들이요, 지금
공부하는 그들이 얼마나 너희들에게
거울과 같은 존재인 줄 알겠느냐?
25 그 거울을 보고 너희 자신을 고치고
다스릴 수 있는 그와 같은 은혜를 얻
게 됨이니,
26 바로 피신처요, 지금 너희들을 지켜
주는 곳이요, 거듭나게 하는 역사를
이루는 곳이라는 것을 잊지 말라.
27 새로운 성경 160권과 지금 나의 아들
을 통하여 내가 지키고 가는 성전이
그와 같은 곳이니,
28 여기서 너희들이 피신하여 구원을 받
는 자, 지옥을 가지 아니하며 지옥 불
에서 구원받는 은혜를 얻음이라는 것
을 잊지 말도록 그리 전하라.

12,112 번째 하나님 말씀

2004년 7월 10일 03시 13분

1 사랑하는 나의 아들아!
2 "네 아버님! 말씀하옵소서."
3 사랑하는 선택된 나의 아들딸과 그 백
성, 너희들은 이를 읽고 깨우쳐 거듭
나는 백성이 되어야 할 것이니라.
4 나의 새로운 성경을 읽고 거듭나는 백
성이 되지 못한다면, 그 백성들처럼
어리석고 불행한 백성이 없음을 알아
야 될 것이니라.
5 그러니 나의 성전이 뭐라 했느냐?
6 지금 모든 죄가 들끓는 세상에서 죄를
짓고 사는 백성 너희들을 구원할 수
있는 피신처요, 너희들이 보호받을 수
있는 곳이라 했음이니, 이를 명심하고
명심하도록 그리하라.
7 지금의 광신도들이요, 너희 죄인의 도
피처이며 피난처요, 구원할 수 있는
곳은 너희들이 지금 가고 있는 교회
요, 성당이요, 회막이 아니니라.
8 지금 나의 아들을 통하여 내리는 160
권의 새로운 성경과 나의 아들을 통하
여 강론하는 그 성전이니, 너희들은
이를 잊지 말도록 그리하라.
9 너희들이 나의 아들을 통하여 내가 내
리는 그 성전이요, 160권의 새로운 성
경의 품 안에 돌아오지 아니하면 아니
됨이니,
10 너희들이 돌아올 수 있는 길을 찾고
돌아오라 하며 나의 아들딸들이 너희
들을 구원할 때, 감사하는 마음으로
그들을 따라나오는 자는 지옥에서 구
원을 받는다는 것을 절대 잊지 말라.
11 내가 너희들에게 부탁함이니라, 그리
고 내가 너희들에게 간곡히 전함이니
라.
12 나 여호와가 반겨 주며 나의 아들이
반겨 주며 160권의 새로운 성경이 너
희들에게 도피처요, 안식처를 제공해
주는 그와 같은 곳에 돌아오도록 그리
하라, 사랑하는 나의 아들딸들아!
13 나의 성전에 나와 새로운 성경을 읽고
너희들이 깨달을 때, 무엇을 얻게 되
는 줄 아느냐?
14 너희들이 지금까지 살아온 그 죄를 모
두 다 씻을 수 있는 것은 너희들이 죄
를 지은 것만큼 열배 백배 사랑으로써
모두를 갚으라 하지 아니하였더냐?

15 그러니 너희들이 나의 성전이요, 새로
운 성경 160권을 읽으며 나의 아들과
더불어 같이 갈 때, 너희들도 모르는
사이에 작은 사랑을 배우게 됨이니라.
16 그러니 너희들이 작은 사랑을 배워 지
금 나의 아들을 따르는 제자들과 하나
가 되어 큰 사랑을 이루고 실천하며
만백성을 구하는 그 대열에 참여하도
록 그리하라.
17 작은 사랑을 실천하기 시작하면 그 작
은 사랑을 가지고 지금 나의 아들을
따르는 그 제자들이요, 그 백성들과
같이 어울릴 수 있음이니,
18 네 작은 사랑의 깨달음이 그들이 이루
어 놓은 큰 사랑 속에 일익을 담당할
것이며,
19 같이 하나의 힘이 되어 만백성을 구하
는 데 너희 자신을 바치고, 그 대열에
서 네 직분을 다하며 최선을 다하는
그와 같은 삶을 살도록 하지 아니하면
아니 되니 그리 알라 전하라.

12,113 번째 하나님 말씀

2004년 7월 10일 06시 53분

1 사랑하는 나의 아들아!
2 "네, 아버님! 말씀하옵소서."
3 한 걸음 한 걸음 너희들이 걸어가는
것이 처음에는 거리가 줄어드는 것 같
지 아니할 것이니라.
4 그러나 한 발짝 한 발짝 걸어갈 때마
다 시간이 지나면 지날수록 너희들이
걸어온 그 발자취는 길고 길게 남지
않더냐?
5 너희들이 하늘에 오르는 길도 그러하
니라.
6 모든 백성들이 인간이기에 죄를 짓지
아니하고 살 수 없으며, 인간이기에
하늘의 뜻을 거역하지 아니하고 살 수
없다 그리 말하느니라.
7 그리 말하는 그 자체가 나를 믿지 아
니하며, 나를 경배한다 해도 너희들이
나를 경배하지 아니하는 백성들이니
라.
8 아무리 고치지 못하며 어려운 것이라
해도, 그를 고치고 행하기 위해 노력
하고 또 노력하다 보면,
9 너희들이 한 발짝 한 발짝 걸어가면
걸어갈수록 긴 지나온 발자취가 남는
것처럼 모두가 다 지워지도록 그리되
어 있느니라.
10 너희들이 선하고 선한 행위를 하다 보
면 그 선의 발자취는 끝없이 길어지며
거기에 또 쌓이고 또 쌓임이니라.
11 그리하여 너희들이 어떤 것이든 못 이
루는 것이 없으며 못 역사하는 것이
없음을 어찌하여 너희들은 모르느냐?
12 이 세상의 모든 동식물 중에 가장 환
경이요, 여건에 적응을 잘하며 잘 훈
련되며 잘 깨닫고 가는 것이 누구인
줄 알겠느냐? 인간이니라.
13 사랑하는 나의 백성 너희들에겐 모든
특성을 다 주었음이니, 그중에서 하나
의 특성이 무엇이더냐?
14 어떠한 환경에든 적응할 수 있는 그와
같은 특성을 내가 주었음을 어찌하여
모른단 말이더냐?
15 추운 지방에 살아가는 백성이면 추운
지방에 살아갈 수 있게 변하고 체질이
바뀌며, 거기에 적응할 수 있는 기술

과 능력이 있음이니라.
16 더운 지방은 더운 지방대로 그리 살아
갈 수 있도록 되어 있는 것이 너희들
이며, 그것이 나로부터 받은 나의 아
들딸들의 특성임을 어찌하여 모른단
말이더냐?
17 너희들이 사냥을 하며 들짐승을 잡아
먹고 사는 삶이라면 그리 살며, 높은
고지에서 사는 그와 같은 자는 또 거
기서 사는 훈련이 됨이니라.
18 그리고 너희들이 농사를 짓는 것, 또
상업을 하는 것, 모든 것을 너희들이
할 때, 그들은 거기에 다 적응하게 되
어 있으며, 거기에 살아가는 방법을
터득하게 되어 있는 것이 나의 사랑하
는 인간 너희들이니라.
19 그러니 어떠한 환경이든 너희들은 적
응할 수 있음이니라.
20 더운 지역에 사는 사람이라 하여 추운
지역에 살지 못할 것 같으나, 살다 보
면 또 체질이 바뀌며 생각이 바뀌며
생활 습관이 바뀌니,
21 어떠한 곳이든 잘 훈련될 수 있도록
된 것이 나의 사랑하는 백성 너희들이
니, 이게 곧 내가 너희를 사랑함이며
너희가 나의 아들딸이 아니더냐?
22 이 세상을 지배하는 동물의 왕이라 했
으니, 이 세상을 다 지배하고 살 수 있
도록 너희들을 내가 세상에 내보냈으
니,
23 모두를 지배하는 자가 어떠한 환경에
서 어떠한 지역에서 어떠한 종류를 다
루고 다스릴지 어찌 알겠느냐?
24 그리하여 너희는 거기에 적응할 수 있
으며 환경에 익숙해질 수 있는 특별한
은혜를 너희에게 주어 세상에 내려보
냈음이니, 너희 또한 그러니라.
25 변화되는 것도 그와 마찬가지이니라.
26 너희는 어떤 환경에 있는 백성이라도
바로 설 수 있으며 변화될 수 있으며
곧은 길을 갈 수 있는 것이니라.
27 그리고 너희는 하나하나 노력해서 모
두를 다 얻지 못할 것이 없으며, 모두
를 다 취할 수 있도록 나 여호와가 너
희들을 그리 만들어 세상에 보냈으니,
28 너희들은 그와 같은 뜻을 알아 너희
자신을 나약하다, 허약하다 생각하지
말며,
29 너희들이 지킬 수 없으며 갈 수 없다
는 그 십계명도 도전하는 마음으로 지
키고 또 지키고 가면 결국 지킬 수 있
게 그리되느니라.
30 이를 잊지 말라, 사랑하는 나의 아들
딸들아!

12,114 번째 하나님 말씀

2004년 7월 10일 06시 57분

1 사랑하는 나의 아들아!
2 "네, 아버님! 말씀하옵소서."
3 사랑하는 모든 백성 너희들은 자식을
가르쳐 말하기를, 네가 부모 되어 자
식을 낳고 길러 보면 네 어미 아비의
마음을 알 것이라 그리 한탄하느니라.
4 그러나 너희들은 어찌하여 부모가 되
어서도 부모의 마음을 그리 모른단 말
이더냐?
5 너희들이 부모가 되었을 때 과연 나
여호와요, 너희들이 아버지라 부르는
나의 마음을 알고 나를 생각하고 살아

가는 백성들이더냐?
6 그러니 자식에게 부모가 되어야 부모
의 마음을 알 것이라 그리 가르치면
서, 부모가 되어 있는 나의 아들딸 너
희들은 나 여호와의 마음을 어찌 그리
도 모른단 말이더냐?
7 너희 자신의 구원을 위하여 울고불고
할 줄은 알면서도 창조주요, 너희들의
아버지인 나를 자식으로서 부모의 생
각을 어찌 그리 못 하며, 나를 그리 기
쁨으로써 살아갈 수 있도록 하지 못한
단 말이더냐?
8 사랑하는 나의 아들딸들아! 이제 너
희들은 부모가 되었으니, 부모가 되어
서는 부모의 마음을 알듯이, 나의 마
음을 알고 들여다보며 내 마음을 이해
할 수 있는 자식으로서 살아갈 수는
없겠느냐?
9 나의 기쁨이 무엇인 줄 알겠느냐, 사
랑하는 나의 아들딸들아!
10 너희들이 살아가면서 작은 죄를 짓지
아니하며, 작은, 아주 작은 사랑을 실
천하는 것, 그것이 진정한 사랑하는
마음에서 행하여진다면,
11 너희들이 나에게 와서 그 이상의 기쁨
을 전할 일이 없으며 그 이상 나로부
터 상을 받을 수 있는 것이 없지 않더
냐?
12 너희들은 작은 사랑의 마음을 진정으
로 행하고 실천할 때 나에게 와 수없
이 상을 받을 수 있음이니,
13 위로는 나 여호와를 기쁘게 하는 것이
요, 내가 너희들을 이 세상에 창조했
음을 큰 위로요, 영광으로 생각할 수
있으며,
14 감히 사탄이나 어떤 마귀도 인간을 세
상에 만든 것을 뭐라 시시비비하지 못
하는 모든 것을 역사할 수 있는 것이
거늘,
15 어찌하여 너희들은 나 여호와의 기쁨
을 그리도 모르며 생각을 모른단 말이
더냐?
16 너희들이 작은 사랑을 실천하는 것,
그 모두가 작게는 아래로부터 너희들
이 받을 수 없는 모든 영광의 사랑을
받는 그와 같은 은혜를 입으며,
17 위로는 나 여호와를 기쁘게 하며 내가
너희들을 창조한 것을 큰 위안으로 삼
음이니라.
18 너희들을 세상에 내보내고 너희가 바
로 되어 하늘에 오르기를 몇천 년 동
안 기다리는 내 마음, 사탄과 천사에
게 나의 아들 예수에게 내 마음이 불
편함을 아는가?
19 그와 같은 하늘의 이치로 나 여호와를
아버지요, 부모라 부르고 생각한다면,
너희들이 부모가 된 마음으로 부모의
입장에서 어찌 나 여호와를 한번 생각
할 줄 모른단 말이더냐?
20 너희들이 작은 아름다운 일을 하는
것, 그것으로써 내가 너희들을 창조한
큰 위로가 된다 하였거늘,
21 어찌하여 너희들은 부모가 되어서도
부모인 나 여호와의 마음을 그리도 모
른단 말이더냐?
22 이를 하나 깨우쳐 그 이치를 얻어도
하늘의 지혜를 얻을 것이며, 인간 세
상에 살아가는 너희들의 마음이요, 살
아가는 자세를 어떻게 다스려야 할 것
인지 그 모두를 알게 되는 은혜를 얻

게 될 것이니라.

12,115 번째 하나님 말씀

2004년 7월 11일 07시 17분

1 사랑하는 나의 아들아!
2 "네, 아버님! 말씀하옵소서."
3 너희들 인간 세상에 '콩을 심으니, 그
곳에서 콩이 나며 팥을 심으니, 그곳
에서 팥이 난다.'는 말이 있느니라.
4 그는 정답이 아니더냐? 그리고 진리
이니라.
5 만백성을 구하는 너 자신을 시험하지
말며 너 자신이 무너지면 아니 되느니
라.
6 너 자신이 흔들림으로 인하여 그 제자
들이 흔들리며, 그 제자들이 흔들림이
니 또한 모든 백성들이 흔들리며, 깨
우침을 얻고자 하는 자들이 모두가 다
흔들리느니라.
7 이것이 너희들이 해야 할 길이요, 행
해야 할 길이니라.
8 그리하여 지도자는 어려운 것이며, 만
백성을 구하는 선생으로 명을 받은 자
는 어렵고 힘든 길이니라.
9 너희들은 어떠한 이유든 작은 실수를
해서는 아니 되며, 작은 악을 행해서
도 아니 되며, 작은 거짓말을 해서도
아니 된다 하지 않더냐?
10 아무리 인간 세상에 육을 가지고 살아
가는 길이 힘이 들고 어렵다 해도 지
도자는 흔들려서는 아니 됨이니라.
11 지도자가 흔들린다는 것은 그 뜻이 무
너지니, 그 제자들이요, 그를 따르는
자 또한 그들이 다 무너지게 됨이니라.
12 그러니 스스로 자신을 다스리며 자신
을 시험한다 해서 어떠한 흔들리는 일
이 있어서는 그것이 아니 됨이니라.
13 그것이 용납되지 않으며 그와 같은 것
이 있을 수 없음이니라.
14 너희들이 농담으로 하든 장난으로 하
든 죄는 죄요, 남을 속이는 것은 속이
는 것이니라.
15 완벽한 자가 되지 아니하면 지도자요,
선생으로서 설 수가 없는 것이니라.
16 모든 사람들은 그리 너그럽게 이해하
지 아니하며 그를 너그럽게 알지 못함
이니라.
17 그리고 그 모든 마음을 모르기 때문
이니라.
18 그러니 '콩을 심은 데 콩이 난다.'는
말처럼, 정녕 지도자는 한 점의 부끄
럼이 없는 자세로 서야 될 것이며, 그
리하여 그 선생을 따르고 그들이 바로
서게 될 것이요, 그 제자들 또한 흔들
리지 아니함이니라.
19 그러니 이것이 너희들이 가야 할 길이
요, 너희들이 역사할 운명이니라.
20 너희 자신을 다스리고 인내하며 너희
자신이 한 점의 부끄럼이 없는 그와
같은 삶을 사는 데 최선을 다하도록
그리해야 되느니라.
21 너희들이 바로 서지 못하면 모두가 바
로 설 수 없음이니라.
22 내가 너희들에게 기록하여 전하기를,
인간의 육의 백 년도 안 되는 그 삶을
위하여 영원히 살고 거듭나는 그를 버
리지 말라 내가 수없이 말을 했거늘,
너희들이 과연 그 뜻을 두려운 줄 알
며 무서운 줄 알고 사는 백성들이던가?

23 육의 세상의 삶에 의하여 너희들이
흔들려서는 아니 되며, 거기에 표류하
여 가서는 아니 되는 것이니라.
24 절대 이는 용서할 수 없으며 이는 있
을 수 없음이니라.
25 모든 예언자요, 제사장이요, 그리고
지금의 종교 집단의 지도자들이 다 인
간의 삶에서 벗어나지 못했으며, 인간
의 삶의 유혹에 견디지 못하여 모두가
지금 다른 길을 가고 있으며, 오류를
범하고 있으며, 잘못 흘러간 세상이
이렇게 험악하게 된 것이니라.
26 그러니 여기에서 새로운 씨앗을 뿌려
심는 너희들은 곧고 바르게 자라는 것
만이 갈 길이니, 어떠한 이유든 그리
해서는 견딜 수 없는 것이니라.
27 비바람이요, 태풍에 의해 한 번 뿌리
를 뽑혀 보겠다 하여 뽑혀진다면, 결
국 너희들은 말라 죽게 되는 것이며,
다른 나무들과 똑같은 것이 아니더냐?
28 그렇다고 해서 다른 나무들이 너희들
을 칭송하고 특별히 볼 것도 아니요,
너희들을 선택된 나무라 하지 아니할
것이니라.
29 인간이요, 선생인 너희들이 바로 그러
하니라.
30 무서움을 알고 두려움을 알라.
31 모두는 네 주변에서 가까운 사람들이
보는 눈이 가장 무섭고 두려운 것을
우선 알라.
32 그들로부터 천사요, 완벽한 사람으로
비치는 데 최선을 다하여야 될 것이
니, 이것이 어렵고 힘든 길이니라.
33 인간이요, 육을 가진 자이기에 힘들고
어렵지 않더냐?
34 그래서 모든 믿음의 길을 가는 백성들
이 그리하느니라, 인간이기에 실수를
하며 인간이기 때문에 어쩔 수 없다
고, 그리고 인간이기 때문에 나의 계
명을 지킬 수 없다고.
35 이것이 너희들에게 통하지 아니하며,
이것이 용납되지 아니하며, 이를 받아
들이지 아니하고 가야 되는 것이 너의
제자들이요, 너희들이라는 것을 잊지
말라, 사랑하는 나의 아들아!

12,116 번째 하나님 말씀

2004년 7월 11일 07시 19분

1 사랑하는 나의 아들아!
2 "네, 아버님! 말씀하옵소서."
3 인간 세속에 너희들이 하는 말이 있지
않더냐, '미련한 곰도 구르는 재주가
있다.'고.
4 모든 미물이요, 동물이요, 그 모두가
다 살아가는 데 그가 살아갈 수 있도
록 한 가지의 장점이요, 특성을 내가
주었다 하지 않더냐?
5 이제 너를 따르는 제자들이요, 그리고
너의 제자들 또한 사람을 택하고 사람
을 불러 쓰되, 그가 가지고 있는 장점
이요, 특성을 알아서 그를 살릴 수 있
도록 그리 깨우쳐 주는 것이 지도자가
해야 할 일이며 갈 길이니라.
6 너희들은 살아가면서 그가 나로부터
받은 특기요, 장점이요, 그가 가지고
있는 유일하게 잘할 수 있는, 내가 그
에게 내려 준 것을 찾을 수 있도록 하
여 찾아 주며,
7 그를 가지고 너의 제자들이요, 모든

백성들이 그리 쓸 수 있도록 운영하는
지혜를 갖는 것이요, 이와 같은 것을
지도하고 또 그리 끌고 가는 것이 지
도자가 가야 할 길이니라.
8 나의 아들을 따르는 제자들 너희들이
선생으로서 세상에 나갈 때, 모든 백
성들이 그만이 가지고 있는 특성을 잘
살리도록 그리하라.
9 그리하면 너희들이 실패함이 없으며
무너짐이 없을 것이니라.
10 너희들이 반대로 사람을 쓰며 반대로
역사해 간다면 백전백패니, 승자가 될
수 없으며 일어설 수가 없음이니라.
11 그러니 이제 나의 아들을 따르는 제자
너희들이 선생이요, 전사로서 세상에
나가 만백성을 구하는 그와 같은 역사
를 한다면,
12 너희들의 제자들의 특성이요, 너희와
더불어 살아가는 사람의 그 특성을
살려 주고 그를 깨우쳐 주는 데 많은
공을 들이지 아니하면 아니 됨이니라.
13 그리하면 너희들이 승자가 될 것이요,
그렇지 않으면 패자가 될 것이니,
14 너희들은 내가 나의 아들을 통하여 내
리는 이 뜻을 깊이 깨우쳐 행하도록
그리하라.

12,117 번째 하나님 말씀

2004년 7월 11일 07시 24분

1 사랑하는 나의 아들아!
2 "네, 아버님! 말씀하옵소서."
3 나 여호와가 너희들은 천사가 되라 하
였음이니라.
4 그리고 너희들은 하나가 되라 그리하
지 않았더냐?
5 너희들이 천사와 같이 하나가 되어야
한다는 그 의미가 무엇인지 나의 아들
너는 그를 알고 있는가?
6 "네, 아버님! 저는 잘 알지는 못하옵
나이다, 그러나 저는 이와 같은 것을
생각하고 있사옵나이다.
7 저희들이 하나가 되는 것, 천사와 같
은 삶을 산다는 것은 결국 아버님께
가까이 갈 수 있다 생각되옵나이다.
8 그러니 아버님께 가까이 갈 수 있는
자만이 아버님의 뜻을 알 수 있으며,
아버님의 그 깊으신 뜻을 알 수 있고
행하고자 하는 것을 알 수 있다 그리
생각하옵나이다.
9 훨훨 타는 그 불에 가까이 가면 갈수
록 뜨거운 것을 느낄 수 있는 것처럼,
저희들이 하나가 되고 또 천사가 되어
이와 같이 아버님께서 역사하시는 것
은 곧 아버님께 가까이 갈 수 있으며,
10 그리하여 아버님의 뜻을 알아 만백성
을 구하는 선생으로서, 또한 전사로서
저희들이 모두의 역사할 수 있을 것이
라 그리 생각하옵나이다.
11 그리하여 아버님이 원하시는 지상의
낙원을 건설하며, 또한 거기에 중히
쓰일 수 있기 때문이라 저는 그리 생
각하옵나이다."
12 사랑하는 나의 아들아! 그러하니라.
13 네가 말을 잘하였느니라.
14 너희들이 뜨거운 불길에서 멀리 있는
자는 그를 느끼지 못하나 가까우면 가
까울수록 그 불길의 뜨거움을 느끼는
것처럼,
15 너희들이 나에게 가까이 올수록 내 뜻

을 알며 나를 더 깊이 알 수 있는 것이
니라.
16 그러니 나 여호와의 뜻이요, 내가 역
사하는 걸 많이 알면 알수록 내 뜻에
의하여 많은 역사를 할 수 있지 않더
냐?
17 그리고 내가 지상의 낙원을 건설하는
데 너희들이 또 쓰이게 되지 않겠느냐?
18 그러하니 내가 너희들에게 천사와 같
은 삶을 살아 나에게 가까이 올 수 있
는 그와 같은 백성이 되라 함이니라.
19 그리하여 자신의 존재를 알며 정녕 너
희들이 낮은 자로서 살 수 있음이니라.
20 내가 너희들이 높은 자가 되고자 하면
낮은 자가 되라 그리하지 않았던가?
21 그 뜻을 행하며 살아갈 수 있는 것이
너희들이요, 거듭날 수 있기 때문이니
라, 사랑하는 나의 아들딸들아!
22 그리하여 너희들이 하나가 되며 모두
가 다 천사와 같은 백성으로 변하라
함이 여기에 있음이니라.

12,118 번째 하나님 말씀

2004년 7월 11일 07시 26분

1 사랑하는 나의 아들아!
2 "네, 아버님! 말씀하옵소서."
3 너희들은 하나가 되며 천사가 되라 그
리하였으니, 내가 이제 너희들을 선택
한 그 이유를 알겠느냐?
4 너희들이 부족하며 남들보다 능력이
없다 말하나, 너희들은 나름대로 개성
을 가지고 있으며 너희 나름대로 특성
을 가지고 있음이니라.
5 그리하여 내가 너희들을 필요로 하여
불러 쓰는 것을 알아야 될 것이니라.
6 그러니 너희들은 너희 자신을 희생하
여 160권의 새로운 성경이 세상에 나
오는 데 모두를 다 바쳐야 되며, 희생
양으로서 부름을 받았다 하지 않았더
냐?
7 그러나 다만 희생양으로서 끝남이 아
니요, 그 상은 반드시 있을 것이라 내
가 그리 말하였느니라.
8 그러니 너희들의 희생으로 인하여
160권의 새로운 성경이 세상에 나오
니, 만백성을 구하며 내가 이루고자
하는 하늘과 같은 지상의 낙원을 건설
하는 나의 뜻을 너희들은 의심치 말라.
9 너희들은 너희 자신이 부족하다 하나
너희들이 그만큼 역사할 수 있으며,
또한 희생양으로서 오늘의 삶을 산다
는 것을, 너희 자신은 모르나 나 여호
와는 그를 알고 있으며,
10 그 상 또한 너희들은 모르나 나는 너
희들이 받을 상을 알고 있음이니라.
11 그러니 너희들이 나의 아들과 더불어
160권의 새로운 성경을 세상에 내보
내 만백성을 구원하는 것, 그들을 구
제하는 것이 나의 뜻이라는 것을 너희
들은 굳게 믿도록 그리하라.
12 그러니 160권의 새로운 성경을 의심
치 말며, 또한 이를 만들어 내기 위해
너희들과 같이 더불어 가는 나의 아들
을 의심치 말며, 너희들 자신을 의심
치 말며,
13 자신 있고 용기 있는 백성으로서 내
뜻을 역사하도록 그리하라.
14 머지않아 너희들은 그와 같은 것을 알
게 될 것이며, 너희들이 의혹하는 것,

풀리지 않는 그 머릿속의 안개가 어느
날 모두 다 걷혀 광명천지를 볼 수 있
는 기회가 올 것이니라.
15 그때까지 너희들이 좀 더 노력하며 좀
더 희생하여 모두를 이루는 그 길을
가지 아니하면 아니 됨이니 그리 알라
전하라.

12,119 번째 하나님 말씀

2004년 7월 11일 07시 31분

1 사랑하는 나의 아들아!
2 "네, 아버님! 말씀하옵소서."
3 이 세상의 모든 나의 백성들이 쉬지도
아니하고 지옥의 벼랑으로 지금 떨어
져 가고 있음을 알고 있는가?
4 너희들은 그를 보지 못하니, 그를 모
를 것이니라.
5 너희들이 삶의 종착역에 도달해 심판
대에 서 보지도 못하고 사탄들에게 끌
려 지옥의 벼랑으로 떨어져 가는 백성
이 오늘도 수없이 그 길을 가고 있음
이니,
6 정녕 그들을 구할 수 있는 지도자가
세상에 없고 그를 구원할 수 있는 그
인도할 자가 없으며 의인이 없음이니
라.
7 나의 뜻을 거역하는 백성들만이 존재
하며, 나의 뜻을 거역하며 나를 능멸
하며 나를 욕되게 하는 그 모든 지도
자요, 그 백성들만이 지금 이 세상을
점령하고 있으며, 그 모두가 이 세상
을 지금 지배하고 있지 않으냐?
8 그들이 없어도 너희들이 이 세상을 구
원하는 것이 힘들거늘, 그들이 이 세
상을 지배하고 있으며 그 뿌리를 계속
내려 가고 있음이니,
9 이 세상의 모든 백성들의 마음이요,
세상의 흐름이요, 그 모든 것을 다 저
희들이 쥐고 흔들지 아니하느냐?
10 그러니 그와 같은 집단과 지도자 속에
서 그 백성들을 바로 오게 하기 위해
너희들이 어렵고 힘든 길을 역사하여
나에게 오르는 길로 인도한다는 것은
정녕 어려운 길임을 나 여호와가 알고
있음이니라.
11 그러나 너희들은 이 길을 가야 함이니
라.
12 그리고 너희들이 여기서 포기하고 좌
절해서는 아니 됨이니라.
13 그러니 그 백성들을 구원할 수 있는
가장 기본이요, 근본은 무엇이라 내가
말하였느냐?
14 너희들이 바로 가고 바로 서는 것이
요, 모범된 삶이요, 한 점의 부끄럼이
없는 천사와 같은 삶을 산다 그들이
인정하는 것, 그 길밖에 없음을 너희
들은 알아야 될 것이니라.

12,120 번째 하나님 말씀

2004년 7월 11일 07시 37분

1 사랑하는 나의 아들아!
2 "네, 아버님! 말씀하옵소서."
3 이제 세속적인 인간 너희들의 생각으
로 너희 손으로 지은 그 건축물이요,
그곳에 와 구원을 받으며 구제받는다
하여 나의 피조물 만백성에게 온갖 고
통을 다 주는 자, 믿음이라는 것은 고
통에서 풀리는 것이요, 고통 속에서

벗어나는 것이요, 자유를 얻는 것이나,
4 오늘의 인간이 지은 죄의 온상의 건축
물인 교회요, 성전이요, 성당이요, 회
막이요, 그 모두가 다 나의 피조물 만
백성을 구속하며 고통스러운 길로 가
게 하니, 이를 나 여호와가 더 이상 볼
수 없음이니라.
5 그리하여 그들을 다 부수며 그들을 문
을 닫게 하기 위하여 내가 새로운 성
경이라 하여 160권을 세상에 내려보
냄이니라.
6 너희들이 지금 구약과 신약의 성서를
가지고 이 세상에 나의 피조물 만백성
을 이끌어 오늘의 방대한 이 조직을
역사했음이니,
7 너희들이 새로운 성경이라는 것은 이
해할 수도 없으며 받아들일 수도 없으
며, 그리하여 이는 이단이요, 사탄이
라 그리 말하나,
8 구약과 신약은 오늘의 새로운 성경을
받침하기 위하여, 이를 존재하기 위하
여 역사함을 알라.
9 내가 예수가 세상에 나올 때도 예언을
미리 했으며, 나의 아들이 세상에 나
의 새로운 성경을 가지고 역사하는
것, 이 모두도 다 예언되었음이니라.
10 그러니 바로 구약과 신약의 그 역사는
제3의 시대에 새로운 성경이 나오는
것을 예언하며 그를 증거하기 위하여
존재했음을 알라.
11 이는 껍데기요, 이는 바로 몸통이요,
이파리요, 꽃이지, 결코 열매를 맺는
것은 아님이니라.
12 열매를 맺어 나 여호와가 추수할 수
있도록 모든 준비의 과정이라는 것을
너희들은 잊지 말라 내가 전하지 아니
하였던가?
13 그러니 이 귀하고 소중한 것을 받아들
이고 받아들이지 아니하는 그 차이가
얼마나 무서운 것인지 너희 스스로 알
게 될 것이니라.
14 사랑하는 나의 아들딸들아! 이 지상
에 성전이요, 교회요, 성당이라는 것
을 너희들의 손으로 짓고 짓고 아무리
크게 짓는다 해도 한 고을을 덮을 수
있는가?
15 나 여호와가 한 고을도 덮을 수 없는
것을 가지고 그것이 성당이요, 교회
요, 만백성을 구하는 집의 온상이라
그리 명하며, 그곳에서 나의 피조물
만백성을 구하도록 하겠는가?
16 너희들은 성전이요, 교회요, 성당이
요, 그 모두를 가슴속에 심으며 가슴
속에 지어 주도록 그리하라.
17 그리하여 이 세상의 모두를 다 가슴에
안고 수용할 수 있는 곳, 자연의 성전
을 이루도록 하는 것이 나 여호와의
뜻이요,
18 곧 내가 지상의 낙원이 모두 성전이라
한 그 의미를 깊이 깨우쳐 그 속에서
역사하는 백성이 되도록 그리하라.
19 손으로 지은 건축물이요, 손으로 지은
그 건물 안에서 나의 피조물 만백성을
인도하고 역사할 수는 없는 것이니라.

12,121 번째 하나님 말씀

2004년 7월 11일 11시 41분

1 사랑하는 나의 아들아!
2 **"네, 아버님! 말씀하옵소서."**

3 내가 백 명 중에 아흔아홉 명이 잘못
되었으며 한 명이 하얀 옷을 입고 만
백성에게 하얀 옷을 입히려 하니, 너
희들이 핍박받으며 너희를 인정하는
자가 없다 하였음이니,
4 너희들 자신도 그와 같은 은혜와 영광
을 받았는가 하는 의혹이요, 네 마음
이 불안할 것이니라.
5 그러나 너희들은 들어야 될 것이니라.
6 나에게 오르는 길은 이 새로운 성경이
요, 이를 접하지 아니하고 가슴에 가
지고 있지 않은 자 나에게 올 수 없다
했느니라.
7 너희들은 뜨거운 불길 앞에 있을 때
불길과 멀리 떨어진 사람이 그 불의
뜨거움을 느끼는가, 가까이 있는 자가
그 불의 뜨거움을 느끼는가?
8 이는 묻지 아니하여도 그 답을 알 것
이며, 묻는 나 여호와를 바보스러운
하나님이라 생각할 것이며, 나의 아들
을 바보라 생각할 것이니라.
9 그러나 너희들은 여기서 깨달으라.
10 나의 아들을 통하여 내리는 나의 새로
운 성경의 그 가르침을 듣고 너희들이
깨우치는 것은 곧 나에게 한 발짝 한
발짝 가까이 다가오는 백성들이니라.
11 창조주 나 여호와에게 너희들이 한 발
씩 다가온다는 것은 무엇이더냐?
12 내 뜻을 알게 되며, 내가 원하는 것을
알게 되며, 내가 역사하는 것을 깊이
알아 내 마음을 헤아려 역사할 수 있
는 것이 가까이 있는 너희들이 아니더
냐?
13 그것도 중단 없이 계속 나에게 한 발
씩 한 발씩 다가오니, 이 세상에 내가
이루고자 하는 것, 내 뜻을 아는 자가
누가 있는가?
14 나 여호와가 창조주라 하였음이니라.
15 그러니 너희들이 나에게 한 발짝 한
발짝 다가오는 것이 의심나거든, 네
마음을 한번 다스려 보도록 그리하라.
16 내가 나의 아들을 통하여 너희들에게
내리는 그 강론이 과연 하늘의 뜻에
한 발짝 다가오는 것인가, 물러나고
멀리 가는 것인가?
17 평생 재물을 거둬들여 그저 믿고 믿으
라, 울고불고 찾기만 하면 구원을 받
는다는 그것 하나로써 평생을 나의 백
성들을 우롱하는 자들과 다르게,
18 너희들이 한 시간의 강론을 들으며 나
에게 한 발짝 온다는 것을 너희들이
스스로 모르겠는가?
19 너희들의 답답했던 그 마음이 열리며
눈이 뜨이며 귀가 열리는 것을 스스로
알 것이니, 그것이 나에게 한 발짝 한
발짝 다가오는 것이니라.
20 지금은 기초적인 것이기 때문에 알지
못하느니라.
21 그러나 그 기초가 다져지고 성장하면
성장할수록 탄력이 붙는 그와 같은 현
상이 생길 것이니, 그때는 지도자로서
손색이 없을 것임을 너희들은 알라.
22 모든 종교 집단의 가장 큰 문제점이
무엇이며 그들이 벗어나지 못하는 것
이 무엇이더냐?
23 내가 그들을 쓰고자 이끌어 가고자 하
나, 그들이 기초적인 깨달음에서 벗어
나지 아니하려 하며, 거기에서 스스로
헤어나지 아니함이니, 내가 어찌 그들
을 다스릴 수가 있겠는가?

24 그것이 바로 너희들과의 차이점이니
라.
25 들으려 하지 아니하고 변화되려 하지
아니하고 기초적인 그 믿음에서 허덕
이고 있으니, 이를 어찌 가르친단 말
이더냐?
26 저능아요, 모자란 백성들이 그 무엇을
알아듣지 못하듯 그들이 알아듣지 못
하기에, 내가 그들을 쓰지 못하며 그
들을 다스리지 못함이니,
27 그게 바로 저희들이 작은 신이 된 것
처럼 착각하며, 저희들이 모두를 이루
고 역사하는 것처럼 오만과 교만에 젖
어 있기 때문에 그러하니라.
28 그러니 내가 그들을 기다린 것이 2천
년이요, 2천 년 동안 그들이 바로 서
기를 바라고 기다렸으나 그것이 역사
하지 못함이니,
29 내가 너희들을 선택하여 이 역사를 이
룬다 그리 생각하며 겸손한 마음으로
조용한 마음으로 내 뜻에 따라 행하는
데 전념하도록 그리하라.
30 뜨거운 불에 가까이 갈수록 그 불의
열기를 느끼듯이 너희들이 지금 나에
게 가까이 오고 있음이니, 그것은 바
로 너희들의 마음의 변화요, 깨달음이
요, 이해 못 했던 부분들을 하나하나
이해하고 얻는 것이 바로 나에게 가까
이 오는 것이니,
31 너희들보다 위대한 백성이 없다 하며,
너희들보다 소중한 자가 없으며, 너희
들이 모두를 역사한다는 것이 거기 있
음을 알라 그리 전하라.

12,122 번째 하나님 말씀

2004년 7월 11일 18시 10분

1 사랑하는 나의 아들아!
2 **"네, 아버님! 말씀하옵소서."**
3 지금 나의 피조물 만백성이요, 믿음의
길을 가는 그 백성들이 정확한 답을
보면서도 그들이 그를 인정하지 아니
할 만큼 잘못 흘러왔으며 그와 같이
굳어져 있느니라.
4 태양이 비추니 밝은 낮이 오는 것이
요, 달이 뜨니 어두운 밤이 되는 것이
아니더냐?
5 그와 같은 이치도 그들은 절대 받아들
이지 아니하며, 그를 인정하지 아니하
려는 그와 같이 잘못된 것이 오늘의
믿음의 길을 가는 백성들이니라.
6 그리하여 나 여호와가 이 세상에 새로
운 성경을 내려보내니, 구약의 시대
요, 신약의 시대는 이파리요, 꽃의 역
할을 했으며 줄기의 역할을 했으며,
7 그 열매를 맺는 것은 바로 제3의 시대
에 역사하는 것이라 내가 그리 손에
쥐여 주듯이 가르쳐도 그를 믿지 아니
함이니라.
8 나 여호와는 결실의 열매를 거둬들이
기 때문에 지금 제3의 시대에 새로운
성경을 내려보내 그걸 보고 깨우치고
깨우치지 못하는 자를 거둬들이고 거
둬들이지 아니한다 그리 말해도 그들
이 그를 믿지 아니함이니, 이는 바로
그들이 잘못 세뇌되었기 때문이니라.
9 지금의 모든 종교 집단의 지도자들이
존재하는 한 나의 뜻이요, 나의 새로
운 성경이 세상에 뿌리를 내리고 역사

하기는 정녕 어렵고 힘든 길이니라.
10 그리하여 내가 너희들에게 아름다운
모습으로써 그들을 보도록 하며, 또한
그들이 너희들의 아름다운 모습을 볼
수 있도록 천사와 같은 삶을 살라는
것이 나 여호와가 너희들에게 명하는
것이니라.
11 이 세상에 한 사람의 의인이 있을 때
내가 이 세상과 바꾸지 아니한다 하였
으니, 너희들 제자 중에 나의 새로운
성경을 읽고 가는 백성, 한 사람의 의
인이 나온다면 그것이 바로 무엇이더
냐?
12 이 세상에 무서운 역사가 이루어질 것
이며 변화가 이루어진다는 것을 너희
들은 알아야 될 것이니라.
13 그리하여 내가 너희들에게 그와 같은
삶을 살라 하는 것이요, 그리하여 내
가 너희들에게 강도 높은 훈련을 지금
시키고 있음을 알아야 될 것이니라.
14 사랑하는 나의 아들딸들아! 모든 백
성이 이단이요, 사탄이라 말하는 오늘
에 너희들이 나의 아들을 따르며 나의
새로운 성경을 읽고 깨우치며 하나하
나 전진하는 역사를 함이니,
15 너희들을 보는 내 마음이 기쁘냐, 내
가 인간을 세상에 창조한 그 보람이
요, 그 뜻을 느낀다면 알겠는가?
16 6천 년이라는 길고 긴 세월을 내가 사
랑하는 세상이요, 그리고 악의 뿌리가
없으며 이 세상은 모두가 사랑하는 백
성이요, 사랑하는 세상으로 만들고 이
루고자 하는 것이 나의 뜻이었느니라.
17 개개인이 다 사악하게 되었으며 세상
은 사악하게 되었음이니, 내가 이를
더 이상 볼 수 없어 이와 같이 역사를
함이니라.
18 그러니 여기에 동참하는 자, 여기에
부름을 받은 자, 너희들이 얼마나 책
임이 무거우며, 그만큼 또한 얼마나
귀중하고 소중한 나의 아들딸인가를
알아야 될 것이니라.
19 너희들은 이를 알아야 될 것이니라.
20 나의 아들이 세상에 있으니, 내가 이
새로운 성경을 세상에 내려보내며, 또
한 나의 아들을 따르는 너희들이 있기
때문에 새로운 성경을 만들며 이걸 만
백성이 읽는 그와 같은 역사를 이룸이
니라.
21 그러니 여기서 너희들이 얼마나 소중
하고 귀한 백성인 줄 알겠느냐?
22 바로 구원을 받았다는 그 백성은 뭐라
말했느냐?
23 나와 하나가 된 백성이요, 똑같은 백
성이요, 나와 같은 자격이 있는 백성
이라 하였으나, 그들은 그 모두를 갖
추지 아니한 자들이요, 세뇌되었기 때
문에 저 자신을 모르기 때문에 감히
구원을 받았다 함이니라.
24 이 세상의 모든 진리는 오로지 나의
아들을 통하여 내려보내며 나의 아들
을 통하여 거둬들인다 내가 너희들에
게 그리 말하지 아니하였더냐?
25 그 의미가 무엇이더냐?
26 하늘에는 창조주 나 여호와가 있어서
내가 나의 아들에게 나의 성령을 내려
보내니, 이게 나의 아들과 내가 교통
함이며,
27 그걸 받아들인 나의 아들이 너희들에
게 내리니, 너희들이 이를 가지고 새

로운 성경을 만들며 전하는 그 역사니,
28 이건 아래위가 한 줄로써 한 계통으로
이루어졌음이니, 바로 너희들이야말
로 나에게 오를 수 있는 백성이니라,
그리고 너희들이 나의 뜻을 역사할
수 있는 백성이니라.
29 이 세상에 어느 백성도 너희들보다 나
에게 앞에 오는 자가 없으며 먼저 오
는 자가 없음을 알라.
30 수천 년 동안 흘러오면서 의인이 한
사람도 없었다 하니, 바로 너희들이야
말로 의인의 길을 갈 수 있으며 그를
역사할 수 있다는 것을 알라.
31 하늘에는 나 여호와가 있으며, 지상에
서는 명을 받은 나의 아들이 있으며,
그 명을 받아 역사하는 너희들이니,
오늘의 너희와 나의 아들과 내가 하나
가 되어 있음을 알라.
32 그리하여 너희들에게 바로 서라는 것
은 무엇인 줄 알겠느냐?
33 이 선에서 이탈하지 말라 함이니라.
34 이 선에서 이탈하는 자는 결국 나에게
올 수 없음이니 그리 알라 전함이니라.
35 너희들은 나약하고 보잘것없다 그리
생각하지 말라.
36 단 한 명의 의인과 세상의 모두를 바
꾸지 아니하니, 너희들이 의인이 되지
말라는 법이 없느니라.
37 나와 너희들이 한 줄에 있어서 한 계
통에서 모두를 역사함이니, 너희들만
큼 나에게 가까이 와 있는 백성이 없
음이니라.
38 내가 일찍이 너희들에게 뭐라 말하였
느냐?
39 뜨거운 불은 가까울수록 그 불의 열기
를 느낀다 하지 아니하였더냐?
40 그와 마찬가지로 너희들이 나와 같이
흐르는 한줄기에 서 있으며, 나에게
한 발짝 한 발짝 다가오는 것은 너희
들이 나와 더불어 지금 되어 가고 있
다는 것을 알라 그리 전함이니,
41 실망하지 말며 두려워하지 말며 좌절
하지 말라.
42 모두는 너희들이 다 역사함이니라.
43 악이 세상을 지배하게 놔두지 아니하
며, 너희들이 쓰러지게 두지 아니하는
것이 나 여호와임을 알라 그리 전하라.

12,123 번째 하나님 말씀

2004년 7월 11일 21시 29분

1 사랑하는 나의 아들아!
2 "네, 아버님! 말씀하옵소서."
3 하늘에는 나 여호와가 존재하며 땅에
는 네가 있으며, 그리고 너를 따르는
제자들이 있으며, 그리고 나의 새로운
성경을 전하는 백성들이 있다 함이니,
4 이가 하나의 혈통으로써 이루어지는
단계적인 것이라 내가 그리하였느니
라.
5 창조주 나 여호와가 하늘에서 나의 아
들 너를 통해서 전함이니, 이 세상에
수많은 백성들이 수억의 백성들이 있
으며, 저희들이 종교 지도자라 그리
말하나,
6 나의 성령을 받아들일 수 있으며 내
뜻을 알아들을 수 있으며 내가 역사하
는 것은 오로지 나의 아들 너 하나뿐
이니,
7 그리하여 이 세상에 네가 나에게 가장

귀한 자식이요, 나에게 소중한 자식이
니, 이게 바로 나의 아들이요, 나의 혈
통을 받은 자요, 그리고 내 뜻을 행하
는 자이니라.
8 또한, 이 세상에서 내가 내리는 성령
을 네가 전함이니, 그걸 받아 가지고
전하는 그 제자들이 있으니, 이 세상
에 가장 귀하고 소중한 그 제자가 누
구이던가?
9 누가 뭐라 해도 너를 따르는 자가 아
무리 많다 해도, 나의 새로운 성경을
책으로 만들어 역사하는 그 제자가 가
장 우선이니라.
10 그러니 그와 같은 혈통의 흐름의 역사
를 알아야 될 것이니라.
11 아무리 너를 따르는 제자가 많이 있으
며 만백성이 깨우쳐 간다 해도, 나의
새로운 성경이 세상에 내려와야 되며,
그가 내려오지 아니하면 누구도 깨우
칠 수 없으며 전할 수가 없으니,
12 그러니 새로운 성경을 만드는 그와 같
은 명을 받아 역사하는 그 백성이요,
그 제자를 네가 사랑함이며, 너에게
가장 소중함을 너는 알고 있을 것이니
라.
13 그러나 너를 따르는 제자들이요, 만백
성은 그를 알지 못함이니, 너희들이
정녕 나를 돕고자 한다면,
14 인간인 너희들이 할 수 있는 것은, 나
의 새로운 성경을 만드는 나의 아들을
따르는 그 제자를 가장 아껴 줘야 되
며 소중히 생각해야 되며,
15 그에 대한 어렵고 힘든 그 모두를 도
와서 그가 그 길을 갈 수 있도록 하는
것이 곧 나의 아들을 따르는 길이요,
나를 기쁘게 하는 길이요, 또한 나의
새로운 성경을 그리 만듦이니,
16 그 성경을 가지고 세상에 전하는 백성
들이 수없이 많이 있으니, 그를 제 생
명처럼 아끼며 가장 많이 전하며 가장
많이 역사하는 자, 그를 또한 너는 사
랑하게 될 것이며,
17 그와 같이 혈통이 그리 흘러감이니,
이 혈통의 흐름이요, 이 중요함을 알
라 그리 전하라.
18 그와 같은 역사가 이루어지는 것이 하
나의 끈으로써 한 혈통으로써 이루어
짐이니, 그와 같이 혈통이 이루어지지
아니하면 나의 새로운 성경이 세상에
내려올 수 없지 않던가?
19 그러니 그와 같은 이치를 이제 모든
백성 너희들은 알아야 될 것이니라.
20 그러니 어떠한 백성도 너희들만큼 나
에게 가까이 온 백성이 없으며 내 뜻
을 아는 백성들이 없다 그리하지 않았
느냐?
21 다시 한 번 말함이니, 하늘의 창조주
나 여호와가 있어 내 성령을 내려보내
니, 세상에는 이를 받아 그 모두를 역
사할 수 있는 나의 아들이 있으니, 그
를 통하여 모두가 내려지며 그는 곧
무엇이더냐?
22 다른 백성들은 이를 알아듣지 아니하
며 들을 수가 없으며 볼 수가 없기 때
문이니, 너희들은 나의 아들의 소중함
을 알아야 될 것이며, 내가 아끼는 나
의 아들이요, 사랑하는 아들이라 함이
여기에 있음이니라.
23 내가 나의 아들을 부르기를 사랑하는
나의 아들이라 내가 명하여 모두를 내

림이니,
24 이는 바로 수십억 인구 중에서 오로지
나의 아들이 내 뜻을 받을 수 있으며,
내 성령을 들을 수 있으며, 내가 명하
는 것을 알 수 있기에, 소중한 나의 아
들이요, 사랑하는 아들이라 부름이니,
25 그가 없으면 지상에 새로운 성경이 내
려갈 수가 없음이니라.
26 나의 아들을 통하여 내리면 무엇하는
가?
27 너희들이 수없이 있으나 이를 책으로
바꾸어 내가 이루고자 하는 160권의
성경을 만들지 못하면 어찌한단 말이
더냐?
28 그를 만드는 제자들이 가장 소중하고
귀함이니라.
29 그들이 있기에 이것이 이루어지니, 나
의 아들은 그들을 위하여 모두를 다할
것이며, 모든 백성들은 또한 그들을
도와서 그를 만들도록 그리 최선을
다하지 아니하면 아니 되며,
30 이를 만들어 세상에 내보내니 이를 가
지고 전하는 그 백성은 최선을 다하
며, 그 백성도 내가 역사하여 그들에
게 지혜를 내렸으며,
31 그리고 너희들이 새로운 성경을 가지
고 전하는 것, 그것도 또한 내가 너희
들에게 그 지혜요, 너희들이 할 수 있
는 것을 내림이니,
32 이게 바로 내가 모두를 관장하는 것
이니, 그들이 다 소중함을 너희들은
알아야 될 것이니, 그와 같은 뜻과 이
치를 알도록 그리하라.

12,124 번째 하나님 말씀

2004년 7월 11일 21시 32분

1 사랑하는 나의 아들아!
2 "네, 아버님! 말씀하옵소서."
3 사랑하는 나의 아들과 거듭나고 깨우
침을 얻은 백성들은 과연 무엇이더냐?
4 거듭난 백성은 분리된 삶을 살아야 함
이니라.
5 너희들이 나의 새로운 성경을 읽었으
며, 나의 아들을 통하여 내리는 강론
을 들었으며, 깨우치고 깨달음의 길을
가는 그 백성들은 너희들의 삶 자체가
분리되어야 할 것이며, 확연히 차이가
있는 삶을 살지 아니하면 아니 됨이니
라.
6 깨우침의 길을 가면서 인간 세상의 생
각과 삶에서 헤어나지 못하고 계속 섞
여 그 속에서 그저 흘러간다면, 과연
너희들이 어찌하여 하늘의 뜻을 이룰
수 있다 그리 말할 수 있겠는가?
7 그와 같이 가는 너희들로서는 하늘의
뜻을 역사할 수 없음이니라.
8 그리하여 수많은 지도자요, 선지자요,
대제사장이요, 예언자들이 깨달음을
알았으며 하늘의 뜻을 알았으나,
9 인간 세상의 삶 속에서 헤어나지 못하
고 그들과 더불어 섞여 그저 흘러가는
세월 속에 살아가는 그와 같은 삶을
벗어나지 못했으며,
10 차별화된 삶이요, 분리된 삶을 살지
못하였기 때문에 그들의 모두가 중단
하고 무너져 갔음을 알아야 될 것이니
라.
11 지상과 하늘의 세상은 하나의 선이 그

어져 있으니, 그 선을 아무도 넘을 수
가 없음이니라.
12 그러니 그 선을 넘는 것은 인간 세상
에서 차원 높은 삶을 살지 아니하면
아니 됨이니라.
13 그러나 인간의 삶의 한계를 넘는 천사
처럼 아름다운 삶을 산다면, 결국 살
아서 그 선을 넘을 수 있을 것이요, 육
이 존재하는 속에서 너희들이 그 선을
넘을 것이니라.
14 그 선을 넘지 않은 자는 육의 세상의
한계를 벗어나지 못하며 다음의 세상
을 보지 못하기 때문에 차별화되는 삶
을 살 수가 없음이니라.
15 다만, 육의 세상의 삶의 차원을 넘는
것이 차별화된 삶이요, 분리된 삶이
니, 너희들이 어찌 살아가는 것이 분
리된 삶이요, 차별화된 삶을 사는 것
인가, 스스로 깨우쳐 깨닫도록 그리하
라.

12,125 번째 하나님 말씀

2004년 7월 11일 21시 36분

1 사랑하는 나의 아들아!
2 "네, 아버님! 말씀하옵소서."
3 너의 제자들이 무너지고 떨어져 나가
는 것, 그 모두는 너를 보고 그들이 그
리하니, 그는 곧 네가 잘못이요, 네가
잘못 가는 것이라 그와 같은 것을 너
는 깨닫고 또 알고 있을 것이니라.
4 그리고 너는 그것이 너의 죄요, 네가
잘못된 것이라 하여 마음 아파하고
있을 것이니라.
5 그러니 너를 다스리지 못하며 네가 바
로 서지 못하기에 그 모두는 다 그와
같은 불행한 일이 생긴다 네가 그리
생각하여 가슴 아파하나,
6 너는 그를 가슴 아파하고 너무 슬퍼하
지 말라.
7 그리고 그들을 네가 돌아오기를 바라
지 아니한다 하여 그들이 무엇이라 하
든, 네 제자들이 뭐라 하든, 그 모두는
너의 뜻이 아니니라.
8 나의 성전에 오고 못 오는 것, 떠나고
안 떠나는 것은 모두 저희들 자신에게
달렸으며,
9 저희들이 나의 성전에 와 새로운 성경
을 읽고 깨우쳤으며 그 강론을 수없이
들은 자가 떠나는 것은 사랑하는 나의
아들 너를 버리고 떠나는 것이 아니
요, 너 때문에 떠나는 것이 아니요,
10 그 모두는 말은 너 때문에 떠난다 하
나, 참진리를 받아들일 그릇이 못 되
며 받아들일 자격이 없으며 준비가 안
되어 있기 때문이니,
11 그들은 너를 버리는 것이 아니요, 나
여호와를 버리는 것이요, 나를 욕되게
하며 나를 등지고 가는 자들이니,
12 그것은 나의 책임이요, 나와 관계된
것이지, 사랑하는 나의 아들 너와의
관계요, 너 때문에 그런 것은 아니니
그리 알라.
13 다만, 그들이 떠나는 이유요, 떠나기
위한 하나의 변명에 지나지 않느니라.
14 창조주 나 여호와가 내리는 새로운 성
경이요, 그 가르침을 보고 그 속의 의
미를 안다면, 저희들은 내가 내린 것
을 보고 그 길을 가는 것이지, 나의 아
들이 내리는 것이 아니지 않더냐?

15 그들은 어찌하여 내가 나의 아들을 통
하여 내리는 것을 내 뜻이라 그리 생
각지 않는가?
16 그리하면서 저희들은 내가 내리는 것
을 나 여호와의 뜻이 아니요, 그것이
내 아들이 임의로 만들어 낸 것이라
그리 저희들이 생각하기에, 그와 같은
생각을 가질 수 있는 것이니라.
17 그러니 나의 아들의 그 삶이 점점 개
선되는 삶을 살며 변화되는 삶을 살
면, 나의 아들도 육을 가진 나의 아들
로서 그가 할 일을 다하는 것이며 직
분을 다함이니라.
18 그러니 저희들이 새로운 성경이 나의
아들이 내리는 것이라 생각하지 아니
한다면, 그리고 나 여호와가 역사하는
것이라 생각하면, 감히 어찌하여 저희
들이 무슨 이유든 떠나고 안 떠날 수
있는가?
19 나의 아들과 저희들이 감정이 있으며
나의 아들이 잘못한다 해서 그것이 떠
날 이유가 되는가?
20 그게 다 저희들의 욕심이요, 이 새로
운 길을 갈 수 없기 때문이니라.
21 그 백성들은 그러하니라. 스스로 제가
깨우친 자요, 제가 깨끗한 자라 저희
들이 말하고 그리 알았으나,
22 새로운 성경을 접하니 그대로 지키고
행하기가 너무나 힘들고 어려워 스스
로 포기하고 떠나는 자들이요,
23 그 한계에 도달할 수 없는 그와 같은
마음을 가진 자들이니, 나의 아들 너
는 떠나는 자를 보고 가슴 아파 울지
말며 괴로워하지 말라.
24 그 모두는 나와의 관계요, 나와 역사
하는 것이지, 너와 역사하고 너와의
관계가 아님이니, 편안한 마음으로써
최선의 노력을 다하여 나의 새로운 성
경을 만들어 내며, 그리고 네가 변하
는 삶에서 계속 전진하도록 그리하라.
25 그들이 떠나는 것은 너를 버리는 것이
아니요, 나를 버리는 것이니 그리 알
라 전하라.

12,126 번째 하나님 말씀

2004년 7월 11일 21시 41분

1 사랑하는 나의 아들아!
2 "네, 아버님! 말씀하옵소서."
3 나의 아들 예수가 너희들의 죄를 사해
주기 위하여 세상에 왔으며, 너희들의
죄를 대신 짊어지기 위하여 그 길을
왔으며 선택되어 세상에 왔다 너희들
이 그리 말하는 것이 아니더냐?
4 그러한 너희들이 영원토록 죄가 없는
백성이라, 그리고 나의 아들이 그와
같은 임무를 가지고 세상에 와 너희들
을 대신하여 그 고통스러운 죽음으로
써 그 길을 갔으니, 너희들은 영원토
록 죄가 없는 백성이라 그리 말하느니
라.
5 영원한 속죄함을 받았으니, 하늘에 오
르는 길밖에 없다 그리하니, 너희들은
그리 전하며 그와 같은 역사가 이루어
지는 것처럼 당연히 그리 말하느니라.
6 그러면 너희들에게 묻고자 하느니라.
7 내가 뭐라 전하였느냐? 영원한 죄 사
함을 받았으니, 너희가 마음대로 죄를
짓고 살아도 된다는 말이 아니더냐?
8 너희들이 지금까지 지은 죄도 다 용서

되었으며, 너희들 후손까지도 어떠한
죄를 짓든 그 모두는 다 용서를 하도
록 되었으며 속죄를 받았다 함이니,
9 짓지도 않은 죄까지 다 용서를 받았으
니, 그보다 더 좋은 형국이 어디 있더
냐?
10 그러니 너희들이 어떠한 사악한 짓을
하고 어떠한 죄를 지어도 너희들은 벌
을 받는 것이 아니요, 그 모두를 다 용
서받은 자요, 죄가 되지 아니한다 그
리 가르치는 것이 너희들이 아니더냐?
11 마음대로 죄를 짓고 살인을 하고 간음
을 하고 도적질을 해도 그것이 다 죄
가 되지 아니한다 그리 말하는 것이
아니더냐?
12 그러니 이 세상에서 그들을 도둑으로
만들며, 간음하는 자로 만들며, 사악
한 자로 만드는 것이 오늘의 종교 집
단의 지도자요, 공공연히 그리 가르치
고 있는 자요,
13 그리 살라 말을 하니, 사탄이요, 마귀
라 내가 함이요, 너희들을 용서할 수
없다 함을 알라.
14 너희들이 나의 새로운 성경을 열 권
이상 가지고 가 남에게 전하는 자, 내
가 그 머리 위에 손을 얹고 너희 죄를
용서해 준다 그리하였으며, 내가 그
모두를 사면해 준다 하였음이니라.
15 나 여호와가 그리 약속했으니, 그다음
에 거기에는 단서가 있으며 조건이
있음이니라.
16 네가 열 권을 가지고 열 사람을 깨우
치는 그 공을 세움이니, 너희들은 열
권을 가지고 나가 만백성에게 그와 같
이 열 사람을 깨우치는 그 역사를 하
니,
17 그것은 열 명이 아니라 살아서 돌아가
는 그 책은 수십 명을 살릴 수 있으며
수백 명을 살릴 수 있는 역사가 될 것
이니라.
18 그들의 공로도 내가 뭐라 했느냐?
19 단, 조건이 있다 했느니라.
20 그 후부터 너희들이 어린이와 같은 삶
을 살며, 아이와 같은 삶이요, 한 점의
부끄럼이 없는 삶을 살며, 죄를 절대
짓지 아니하고 앞으로 살아가야만 그
뜻은 이루어진다 내가 너희들에게 하
지 아니하였던가?
21 너희들은 알라. 너희가 속죄함을 받았
다 하여 마음껏 죄를 짓고 살아도 된
다는 말을 하고 있음이니, 이것이 얼
마나 세상에 잘못된 것이며 이 험악한
세상을 만들었는가?
22 인간이 인간을 보기를 두려워하는 종
말이요, 이미 형용할 수 없는 사악한
세상을 만든 것이 그들이 원흉이요,
또 울고불고하는 백성들이 그를 받쳐
주는 자들이요,
23 그걸 믿고 감히 지금 구원을 받았다,
하늘에 왔다 그리 말함이니, 너희들이
누구 말을 믿고 하늘에 왔다 하며 구
원을 받았다 말하는가?
24 너희들이 얼마나 불행한 백성들인가
를 알게 될 것이니라.
25 그 백성은 은혜를 입었다 하면서 하늘
을 향하여 한 점의 부끄럼이 없는 삶
을 살아야 하는 것이 너희들이니라.
26 너희들은 은혜 입었다는 소리를 하지
말라, 그리고 구원을 받았다는 그와
같은 짓을 하지 말라.

27 너희들은 하늘을 향하여 한 점의 부끄
럼이 없는 그와 같은 삶을 살며 그리
행하는 것이 하늘에 오르는 길이라는
걸 알라.
28 네가 나의 새로운 성경을 가지고 전해
만백성을 구한다 해도 그들이 어린아
이요, 하늘을 향하여 한 점의 부끄럼
이 없는 삶을 살지 아니할 때,
29 앞으로 그와 같은 삶을 사는 자가 나
로부터 모두를 용서받을 수 있는 자
격이 있는 자라 하였으니, 이 무서운
사실을 알도록 그리하라.
30 나의 아들의 보혈로써 구원을 받았다
며, 그와 똑같은 삶을 사는 것이 너희
들이 속죄받는 것이요, 나에게 오는
것이요, 나의 아들의 그 피로써 너희
들의 죄가 지워질 수 있을지언정,
31 그와 같은 삶을 살지 아니하고 그리
살지 못한다면, 너희들은 죄 사함을
받았다, 구원을 받았다 감히 말하지
말라.
32 너희들과는 아무런 관계도 없으며, 그
걸 찾을 만한 자격도 없는 자들이 너
희들이라는 것을 알도록 그리 깨우쳐
주라.

12,127 번째 하나님 말씀

2004년 7월 12일 08시 19분

1 사랑하는 나의 아들아!
2 "네, 아버님! 말씀하옵소서."
3 모든 백성들이요, 형제요, 그 모두를
대중적으로 같이 보라 내가 너에게 함
은 무슨 뜻인 줄 알겠느냐?
4 "네, 아버님! 그렇사옵나이다.
5 지도자란 정녕 모두가 굴곡이 없어야
되며, 높고 낮음이 없으며, 사랑하고
미운 자가 없어야 된다 생각하옵나이
다.
6 이와 같이 사랑하는 사람, 밉고 고운
사람, 높고 낮은 사람의 차별화를 둔
다면,
7 가장 가까운 사람부터 그 실망을 느
낄 것이며, 가장 가까운 사람부터 떠
날 수 있으며, 좀 더 나가서는 배신이
라는 것을 당할 수도 있으며, 등 돌림
을 당할 수 있는 것이기 때문에,
8 아버님께서 모든 백성을 대중적으로
보며, 똑같이 사랑하라는 그와 같은
뜻이 거기 있는 것이라 그리 생각되옵
나이다."
9 사랑하는 나의 아들아! 그러하니라.
10 인간은 모두가 주는 만큼 돌려주게 되
어 있으며, 그리고 받은 만큼 돌려주
고자 하는 것이니라.
11 그리고 인간은 자신도 모르는 그와 같
은 깨달음의 지혜가 있음이니, 신뢰하
며 신뢰하지 아니하며 불신하는 것,
그 모두를 그도 또한 다 알고 있는 것
이니라.
12 그러니 저를 믿어 줄 때, 저를 신뢰할
때, 그도 너희를 신뢰함이니라.
13 더욱이 지도자는 누군가에게 굴곡 있
는 마음을 주면 안 되니, 그들이 그 굴
곡 속에 자기가 높아졌다 낮아졌다 하
는 것을 알 수 있으며, 그들도 언젠가
는 버려질 수 있다는 것을 생각하기
때문이니라.
14 그리하여 가까운 사람부터 등을 돌리
며, 가까운 사람으로부터 버림을 받게

됨이니,
15 지도자는 그저 누구나 다 똑같이 대중
적으로 사랑하며, 굴곡이 없어야 한다
는 것을 너에게 내가 보여 줌이니라.
16 가장 가까이에 있는 사람부터, 가장
신뢰하는 사람부터, 가장 가까이 믿고
있는 사람으로부터 그들이 등을 돌려
떠나는 그와 같은 일이 있어서는,
17 아무리 네가 모두를 역사하고 가며 대
업을 역사한다 해도 그는 이룰 수가
없는 것이니라.
18 모두가 흐트러지며 모두가 무너지기
때문이니, 이는 네가 똑같이 사랑하지
못하며, 네가 차등을 두며, 상을 내리
되 더 내리고 적게 주는 그와 같은 곱
고 미운 자, 이와 같은 것을 행해서는
아니 됨이니라.
19 그러니 너를 따르는 제자들 또한 그와
같은 것이 있어서는 아니 된다는 것을
가르치도록 그리하라.
20 모두를 다 대중적으로 사랑하지 아니
하며, 똑같이 변함없이 사랑하는 마음
을 갖지 아니하면, 항상 가까이에 있
는 사람으로부터 너희들이 버림을 받
으며, 가까이 있는 사람으로부터 모두
가 다 균형을 잃게 된다는 것을 잊지
말도록 그리 깨우쳐 주라.

12,128 번째 하나님 말씀

2004년 7월 12일 08시 23분

1 사랑하는 나의 아들아!
2 "네, 아버님! 말씀하옵소서."
3 천사와 같은 삶이 무엇이더냐?
4 천사와 같이 사는 사람은 모두를 잃는
것 같으나, 천사와 같은 아름다운 마
음으로 사는 나의 백성은 결코 잃는
것이 없느니라.
5 어떠한 대가도 치르지 아니하며 비용
도 들어가지 아니하는 것이 아름답게
사는 삶이 아니더냐?
6 대가를 치르며 비용이 들어간다면 너
희들은 천사로 살며 천사와 같은 마음
으로 거듭나기 어려울 것이나, 너희는
결코 잃는 것이 하나도 없음이니라.
7 천사와 같은 마음으로 사는 너희들은
그와 같은 마음으로 삶으로 인하여 모
두를 얻을 수는 있어도, 너희들이 잃
는 것은 없다는 것을 알아야 될 것이
니라.
8 육의 보이는 세상에서 무엇을 잃는 것
같고 손해 보는 것 같으며 비용이 들
어가는 것 같으나, 천사와 같은 삶에
그와 같은 것이 들어가는 것이 무엇이
있느냐?
9 그리고 너희들은 다음의 세상에서 받
을 수 없는 크나큰 영광이요, 상을 받
게 되는 것이 아니더냐?
10 너희들이 세상에 살아가면서 폭력이
라는 것을 쓰고 또 그와 같은 과격한
힘으로써 모두를 나스리고 역사하는
것이 있느니라.
11 그러나 이와 같은 하나의 폭력이라는
것도 어디에 사용하느냐에 따라서 그
것이 다른 것처럼,
12 너희들이 이 세상에서 천사와 같은 삶
을 산다 하여 손해 보고 또한 잃는 것
이 없음이니라.
13 악으로 사는 마음이라 해서 너희들이
또 얻는 것이 그리 없으며, 그와 같이

변화없는 삶이요, 얻는 것이 없는 것
이니라.
14 그러니 너희들이 악을 행하는 자에게
그를 다스리기 위해 무력으로써 행사
한다면, 그들이 볼 때는 너희들이 폭
력이라 할지언정, 사탄이요, 마귀를
다스리는 데 너희들이 힘으로써 다스
리는 것은 폭력과 만용이 아니니라.
15 그러나 선한 행위를 하는 자, 선을 방
해하는 것, 이것을 너희들이 힘으로써
그를 방해하고 막는다면, 곧 이는 폭
력의 행위가 아니더냐?
16 새로운 진리요, 하늘의 뜻을 가지고
만백성을 구하고자 함이니, 지금의 모
든 종교 집단 지도자들이 이를 방해하
고 이를 역사하지 못하도록 하는 것,
그리고 사탄이요, 이단이라 그리하는
것, 반드시 이게 폭력이요, 무력으로
써 다스리는 자들의 행위이니라.
17 이와 같이 같은 것을 사용하더라도 어
찌하느냐에 달렸음이니라.
18 그러니 너희들이 선을 선택하는 것,
천사와 같은 삶을 사는 것, 사탄의 마
음으로 사는 것, 그것도 다 하나를 가
지고 생각하기에 달렸으니, 그것은 네
마음에 달렸지 않느냐?
19 내가 너희들에게 다시 한 번 말함이
니, 어떠한 재물도, 어떠한 명예도, 너
희들이 천사와 같은 삶을 산다 해서
그것이 잃는 것이 아니요, 더 역사함
이니라.
20 이와 같은 이치를 깨닫는다면, 너희들
이 어떠한 삶을 살아야 되는 것인가를
알아야 될 것이며,
21 그리고 너희들이 살아가되 어떠한 것
에 힘을 쓰며 어떠한 것으로써 용기
있는 삶을 사는가, 그 모두도 구분하
고 또 구분해서 써야 될 것이니라.
22 그러니 불의가 아닌 곳에 너희들이 쓰
는 것은 아름다운 힘이요, 아름다움을
역사하는 것이요, 너희들이 악한 것을
위해서 쓰는 것은 폭력이요, 악한 행
위의 근본이 된다는 그와 같은 인간의
삶의 이치를 깨우쳐,
23 너희들이 스스로 하늘에 오르는 백성
이 어찌 살아야 될 것인지 깨우치며,
천사와 의인과 같은 길을 가는 것이
결코 잃는 것이 아니요, 손해 보는 것
이 없으며 비용이 들어가는 것이 아니
라는 것을 깊이 깨우치도록 그리하라.

12,129 번째 하나님 말씀

2004년 7월 12일 08시 27분

1 사랑하는 나의 아들아!
2 "네, 아버님! 말씀하옵소서."
3 너희들은 작은 잘못된 것이라 해도 행
하지 말라 하였으며, 농담의 거짓말도
하지 말라 내가 그리 가르치지 아니하
였더냐?
4 그것이 무엇을 의미하는 것인지 알겠
는가?
5 "네, 아버님! 아버님께서 처음에 작은
농담의 거짓말도 하지 말며 작다 하여
악을 행하지 말라 그리 말씀을 주신
그 뜻을 이제야 제가 조금은 알 것 같
사옵나이다.
6 부질없는 농담의 거짓말을 함으로, 작
은 것을 알면서 실수함으로써 모든 것
을 잃게 되는 그와 같은 일이 생긴다

는 것을, 저는 이제야 그걸 깨달았사
옵나이다.
7 그것이 농담으로 던지는 말이요, 장난
기로 하는 짓이라 해도 그로 인하여
모두를 다 잃는다는 것, 그러하니 얼
마나 불행한 일이 이루어지는 것인가,
그리하여 그 불행한 일을 막고 그와
같은 불행을 당하지 아니하도록 아버
님께서 저희들에게 깨우쳐 주십이라
그리 생각하옵나이다."
8 사랑하는 나의 아들아! 부질없는 농
담이요, 작은 거짓말이요, 작은 악을
그저 장난삼아 행한다 하면 결국 무엇
이더냐?
9 너희들이 신뢰성을 잃게 되며 너희 자
신이 흔들리는 사람으로 보이게 됨이
니라.
10 그와 같은 신뢰를 잃는 것으로 하여
때로는 관계없는 사람으로부터 적대
적인 관계가 되며 돌이킬 수 없이 거
리가 벌어지는 그와 같은 인간관계를
갖게 되는 것이니라.
11 그와 같이 모든 것을 잃어버리는 방법
으로 발전할 수 있으며 그리 변할 수
있기 때문에, 내가 농담의 거짓말도
하지 말라 그와 같이 가르침이니,
12 이제 나의 아들을 따르는 제자들이요,
너희들은 이를 엄히 지키고 살아가야
됨을 잊지 말라.
13 그렇지 아니하면 너희들도 모르는 사
이에 작은 농담으로 작은 악을 행하는
것으로써, 장난으로써 행하는 것으로
써 모든 것을 잃게 만드는 우를 범하
게 되기 때문이니,
14 그와 같은 우를 범하여 너희들이 억울
한 일이요, 불행한 일을 당하지 않도
록, 그리고 사람으로부터 쌓아 온 모
두를 잃어버리는 그와 같은 삶을 살지
아니하도록 하기 위해 내가 너희들에
게 간곡히 간곡히 전함이니, 이를 명
심하도록 그리하라.

12,130 번째 하나님 말씀

2004년 7월 12일 08시 31분

1 사랑하는 나의 아들아!
2 "네, 아버님! 말씀하옵소서."
3 한 생명을 세상에 내보내니, 그 모두
를 너희들이 역사하고 살아갈 수 있는
것을 다 주었다 하지 않더냐?
4 그러니 너희들은 내가 이 세상에 모두
를, 각자에게 역사할 수 있는 재능과
능력을 주어 내보냈음을 알아야 될 것
이니라.
5 너희들이 세상에 나감이니, 취하고 다
스릴 것을 내가 모두 미리 같이 내보
냈다 하면, 모든 것이 갖추어진 나의
백성으로서, 나의 아들딸로서 세상에
태어난다는 것을 알라.
6 그러니 너희들이 스스로 살아가며 어
찌 다스려 가느냐가 가장 중요하니라.
7 같은 사람이 살아가되 저 자신의 가치
를 잃어버리고 낮은 자로서 자세가 흔
들리는 삶을 살며 남으로부터 저주받
는 삶을 사는가 하면, 자기 자신의 가
치를 최고 한도로 높여 사는 그와 같
은 백성들이 있지 않더냐?
8 그러니 너희들이 주어진 여건에서 어
떻게 노력하고 너희 자신을 어떻게 다
스리며 너희들이 세상사를 어찌 소화

시켜 살아가느냐가 가장 중요한 것이
니라.
9 너희들이 오류를 범하는 쪽으로 모두
를 소화시킨다면 너희들은 무너지는
자가 될 것이요,
10 정의로우며 참진리 쪽으로 받아들이
고 모두를 그리 소화시키고 간다면 너
희들은 네 가치를 높이는 그와 같은
삶을 사는 백성으로서 살아가게 될 것
이니라.
11 더욱이 내가 너희들에게 자신을 높이
며 자신을 저주하는 삶을 살지 말라는
그 이유가 무엇이더냐?
12 나의 사랑하는 백성 너희들에게 세상
의 모두를 다 주어 내보냈듯이, 너희
들은 환경이나 여건을 탓하지 아니하
고도 어떠한 어려움이나 고통이 있다
해도 스스로 극복할 수 있는 능력을
내가 너희들에게 다 주었으며 모두가
그와 같은 재능을 가지고 있음을 너희
들은 알아야 될 것이니라.
13 아무리 험악하고 어려운 환경에 처해
도, 거기서 그를 대처하는 능력과 또
한 그를 너희들의 주관으로 이끌어 가
는 그 모든 재능과 능력까지도 내가
너희들에게 주어서 세상에 내려보냈
으니,
14 재물이요, 물질만 평생 쓰고 다룰 수
있도록 내려 준 것이 아니라, 너희들
이 어떠한 여건에서도 대응하고 대처
하며 거기서 승자가 될 수 있는 능력
도 내가 주었음을 너희들은 알아야 될
것이니라.
15 그리하여 내가 너희들에게 영원히 거
듭나는 길을 다시 한 번 줌이 무엇이
더냐?
16 너희들이 지금 잘못 가고 잘못 흘러간
다 해도, 나의 새로운 성경을 읽고 깨
우쳤을 때 거듭나는 영광을 얻을 수
있으며, 영혼을 구원하는 그와 같은
삶을 살 수 있으며, 내 뜻에 의해 행할
수 있는 백성들이기 때문이니라.
17 다만, 너희들이 어찌 결정하며 어찌
마음을 먹느냐에 달렸느니라.
18 잘못 가르치는 종교 집단의 지도자의
사탕발림에 넘어가면 너희 자신이 그
저 가치없는 인간으로서 살게 될 것이
요,
19 나의 새로운 성경을 읽고 하늘의 뜻이
무엇인가 알아 거듭나는 삶을 산다면,
네 가치를 최고 한도로 높여 아름답게
사는 자요,
20 그와 같이 사는 자는 하늘의 이치를
알게 됨이니, 그는 곧 나의 나라에 올
수 있는 자가 된다는 것을 잊지 말고
전하라.

12,131 번째 하나님 말씀

2004년 7월 12일 08시 36분

1 사랑하는 나의 아들아!
2 "네, 아버님! 말씀하옵소서."
3 믿음의 길을 가는 사람과 믿음의 길을
가지 않는다 하여, 비진리의 길을 간
다 하여 그것을 가지고 사람을 평가하
지 말도록 그리하라.
4 너희들이 사람을 평가하는 것은 믿음
의 길을 가느냐, 믿음의 길을 같이 가
지 않느냐, 그리고 믿음의 생활을 얼
마나 했느냐, 하지 않았느냐 하는 것

으로써 모두를 평가하지 말도록 그리
하라.
5 너희들이 사람을 그러한 기준으로 마
음대로 평가한다는 것이 얼마나 어리
석은 백성이요, 오류를 범하는 백성인
줄 알겠느냐?
6 믿음의 참진리의 길을 가고 안 가는
것, 믿음의 길을 가느냐 가지 않느냐,
그리고 비진리의 길을 가느냐 참진리
의 길을 가느냐, 이것도 제대로 모르
는 자들이 믿음의 길을 간다 하여 그
것 하나 가지고 모두를 평가하지 말라.
7 너희들이 믿음으로 구분하지 말며 심
판하지 말라.
8 몇십 년을 종교 집단에 몸담고 있었다
해서 그 믿음이 위대하고 높은 자라
하여 그는 구원을 받았다는 그와 같은
말을 하지 말라.
9 너희들이 정녕 믿음의 길을 가는 것으
로써 진정한 믿음의 길을 가느냐 아니
냐 하는 것을 평가할 수 없음이니, 다
만 너희들은 알라.
10 사랑으로 충만한 마음을 가지고 사는
그와 같은 사람이 믿는 것, 그 믿음이
진정한 믿음이라는 것을 너희들은 알
아야 될 것이니라.
11 그러니 너희 자신도 모르고 사랑으로
써 충만된 삶을 살지도 못하면서, 너
희보다 더 위대한 사랑으로 충만된 삶
을 사는 백성을 가지고 너희들이 마음
대로 평가해서는 아니 되며, 그들은
너희들로부터 평가를 받아야 할 이유
가 없는 사람들이니라.
12 그러니 사랑을 얼마나 아름답게 행하
고 실천하느냐, 그것을 가지고 믿음의
강도를 평가하며, 나의 뜻에 의해 살
아가는 백성이 구원을 받고 못 받는
것이 거기에 있는 것이지,
13 너희들처럼 지금 인간적인 삶을 가지
고 나를 믿고 안 믿는 것으로써 평가
하지 말라.
14 그것이 얼마나 어리석고 불쌍한 백성
들인지 알겠느냐?
15 믿기만 하면 구원을 받으며, 믿기만
하면 하늘에 오르며, 믿기만 하면 나
에게 와 너희들이 바친 재물에 대한
상도 받으며 그와 같이 살아간다는 생
각을 저버리라.
16 그와 같은 믿음으로써 나에게 구원을
받는 것이 아니요, 아름답고 고운 사
랑을 얼마나 행하고 나누며 사느냐 하
는 것, 그것으로써 너희들이 나에게
구원을 받고 못 받는 기준이라는 것을
절대 잊지 말도록 그들을 깨우쳐 주라.

12,132 번째 하나님 말씀

2004년 7월 12일 08시 42분

1 사랑하는 나의 아들아!
2 "네, 아버님! 말씀하옵소서."
3 나로부터 명을 받은 자요, 선택된 백
성, 그들이 세상에 나와 나의 뜻을 전
하고자 했던 백성들이 수없이 있음이
니라.
4 그러나 그들은 진정한 믿음이라는 길
을 가며 나 여호와의 뜻에 의하여 살
아가고자 하나, 그들이 구원의 길에
올 수 없었던 것은 무엇인 줄 알겠느
냐?
5 그들은 믿음의 길을 가면서도 모두 무

너져 나에게 오를 수 없으며 모두가 중간에서 포기하고 쓰러진 그것은,

6 바로 그들 마음속에 의심하는 마음이 있으며, 의문을 가지고 있는 마음이 있으며, 확고한 믿음을 갖지 못했기 때문이니라.

7 그리하여 저희들이 의심과 의문과 확고한 믿음을 갖지 못하면, 저 자신의 마음이 정리가 되지 아니하며 곧바로 설 수 없는 자이니라.

8 그와 같은 자들이 나로부터 명을 받아 대명을 역사하려 해도 모두가 다 무너진 것이니라.

9 대제사장이요, 선지자라는 백성들도 바로 의문이요, 의심이요, 그리고 확고한 믿음을 갖지 못하기 때문에,

10 스스로 모두가 흔들려, 나에게 올 수 있는 그 모두를 잃어버린 자들이요, 버린 자라는 것을 너희들은 잊지 말아야 될 것이니라.

11 이제 나의 아들을 따르는 제자들이요, 그리고 만백성을 구하고자 하는 백성, 너희들은 마음속에 나의 새로운 성경이요, 나의 아들과 역사하는 것을 의문과 의심을 갖고 너희 마음이 흔들려서는 결코 아니 됨이니라.

12 너희들은 내가 기한을 정해 주지 아니했던가?

13 때가 되면 어찌 역사할 것이라 하며 그때까지 내가 너희들에게 가르쳐 주었으니, 구약과 신약 속에 너희들이 언제 어찌하면 어떻게 된다는 그와 같은 결과의 내용이 있느냐?

14 그리하여 그 모두는 중간 시대에서 이루어지는 것이요, 내가 직접 관여하는 것은 창조주 나만이 때를 정할 수 있으며 시간을 정할 수 있는 것이니라.

15 그러니 제3의 시대에 새로운 성경이 내가 직접 관여하는 것이요, 내 뜻이요, 내가 역사한다는 것을 너희들은 알아야 될 것이니라.

16 나의 아들과 더불어 역사하는 너희들이 이 세상에 죽기 전에 그 모두를 다 볼 것이며,

17 10년이라는 그 세월 속에 너희들이 역사하는 것을 볼 수 있다 내가 못을 박아 전하지 않았더냐?

18 그리고 나의 아들을 통하여 너희들에게 예언하여 가르치는 것이요, 너희들의 미래를 가르치는 것 또한 때를 정확히 가르쳐 너희들에게 전하지 않던냐?

19 그것이 바로 내가 직접 역사하는 것이니라.

20 모든 정답이요, 그 시기와 때와 결정권은 나 여호와만이 가지고 있는 것이요, 사탄도 그를 할 수 없으며 마귀도 그리할 수 없으며, 누구도 그와 같이 너희들에게 역사할 수 없을 것이니라.

21 내가 나의 아들을 통하여 너희들이 몇 살을 살며 몇 살까지 역사한다는 것, 작은 것부터 큰 것까지 그 모든 시기와 때를 정확하게 너희들에게 전해 줌이니, 이게 바로 하늘의 뜻이요, 나 여호와가 주관하는 것이니라.

22 너희들의 종착역은 나밖에 모르느니라.

23 그리고 결과는 나 여호와 외에는 아무도 모르고 있기 때문이니라.

24 이것이 사탄과 마귀와 나의 차이점이

니, 사탄과 마귀도 나 여호와와 대등 한 능력을 발휘하며 그 못지않은 기적을 이룬다는 부질없는 소리를 하지 말라.

25 그것은 결코 있을 수 없으며 그리될 수 없다는 것을 그리 전해 주라.

12,133 번째 하나님 말씀

2004년 7월 12일 09시 09분

1 사랑하는 나의 아들아!

2 "네, 아버님! 말씀하옵소서."

3 너희들에게 가장 소중하고 귀한 것이 무엇이더냐?

4 너희들은 개인적으로 말하기를, 구원 받는 것이라 그리 말할 것이니라.

5 너희들이 가장 귀하고 소중한 것은 너희들 자신이 구원받아 나에게 오르는 길이요,

6 또 너희들이 바라는 것이 있다면, 하늘에서 이루어진 것같이 지상의 낙원이 이루어지는 것, 그와 같은 변화의 역사를 바랄 것이니라.

7 그것이 너희들이 바라는 소원일 것이니라.

8 그러나 이 세상이 너무나 지금 험악해졌으며 사악하게 변화되어 있음이니라.

9 그리하여 지금의 믿음이요, 회개요, 그와 같은 방법으로써는 절대 구원을 받을 수 없으며 나에게 오를 수 없는 지경이 되어 있음이니라.

10 그러니 나의 뜻이 이루어질 수가 없으며 내가 역사하고자 하는 것은 찾아볼 수도 없으며, 그 모두는 짓밟아 뒷전에다 구겨 놓은 형국이 되었느니라.

11 참진리를 전하는 것, 나 여호와의 뜻에 의하여 새로운 시대를 열고자 했던 것, 구약과 신약이 지나면서 내가 이루고자 했던 그 모두는 다 너희들에게 짓밟히고 구겨져서, 너희가 그를 알 수도 없으며, 세상에서 그와 같은 것을 볼 수도 없는 험악한 세상이 되어 버렸느니라.

12 그러니 여기서 너희들이 어찌 구원을 받겠는가?

13 나는 지금 그것이 너희들에게 가장 걱정이요, 고민거리임을 알아야 될 것이니라.

14 나의 뜻이 이루어져 너희들이 역사하는 것은 하나도 없으며,

15 지금의 수많은 종파가 우후죽순으로 세상을 지배하며 서로가 대장이요, 서로가 제왕이요, 서로가 나로부터 기름 부음을 받은 자요, 명을 받은 자라 그리 지금 하고 있지 않은가?

16 그와 같이 수많은 종파들이 제 뜻대로, 제 의지대로 하고 있으며, 그와 같은 자들이 그대로 존재하면 새로운 세상이요, 구원의 길은 절대 올 수 없음이니라.

17 거기에 속해 있는 백성 너희들은 내가 말하니, 한 사람도 구원의 '구'자도 구경하지 못할 것이니라.

18 지금 살아서 구원을 받았다, 구원의 은혜를 입었다 몸부림치고 부르짖고 있으나, 정녕 심판대에 서서 그를 볼 때, 구원의 '구'자 근처에도 가지 못하는 것이 오늘의 종교 집단의 지도자요, 맹종 맹신하며 광분하는 신도 너

희들이니라.
19 너희들이야말로 내가 하지 말라는 것
을 얼마나 많이 거역하고 지켜 갔는가?
20 오랫동안 믿은 자로서 믿음의 길을 간
자는 내 뜻을 거역한 그 죄만이 더 쌓
이고 쌓인 것이 오늘의 신도 너희들이
라는 것을 알아야 될 것이니라.
21 그러니 그와 같이 온 종파요, 그 모두
를 다 문을 닫지 아니하고는 역사할
수 없기에, 내가 지금 그 문을 닫기 시
작하는 그와 같은 역사를 이루고 있음
이니라.
22 지금 너희들의 위험 수위가 어떠한 줄
알겠느냐?
23 이 세상에 너희들이 사탄에게 넘어져
나의 뜻이 이루어질 수 없는 그와 같
은 형국이 이루어지기에,
24 지금이 바로 위험수위에 와 있으며 위
험수위를 넘기기 직전이라는 것을 너
희들은 알아야 될 것이니라.
25 이 위험수위를 모두 넘어 버리면 너희
들을 다스릴 수도 없으며 거듭날 수
있는 기회가 없기에,
26 내가 그 많은 영혼들이요, 나의 백성
들이 구원의 길이 아니라 지옥으로 가
는 것을 더 이상 볼 수가 없어, 내가
나의 아들을 통하여 너희들에게 구원
의 기회를 다시 한 번 내렸음을 알아
야 될 것이니라.
27 나 여호와가 너희들을 구원하고자 했
던 구약의 시대요, 신약의 시대는 그
모두가 사탄들에게 악용되었으며, 지
금도 사탄들에게 너희들이 악용되고
있는 그와 같은 형국이 아니더냐?
28 진정한 나의 성경에 대한 그 깊은 뜻
이요, 내가 역사하는 것을 너희 것으
로 만들어 그대로 지키고 행하는 그와
같은 삶을 살지 아니하며, 인간의 교
리로써 그를 만들어 다 덮어 버렸으며,
29 나 여호와의 뜻이요, 참진리는 다 덮
어지고 인간 너희들의 교리로써 나의
피조물 만백성들을 이끌어 가니,
30 그리 가는 자들이 바로 우리 부자의
이름을 팔아 역사하니, 다 사탄이 된
자들이니라.
31 사탄이 된 종교 집단의 지도자들이 이
세상을 지배하니, 그 속에서 구원을
받겠다고 몸부림치는 백성 너희들이
다 악용당하는 자들이니라.
32 그러니 그보다 더한 시대는 없었음이
니라.
33 그러니 모두가 사탄에게 악용되었으
며 사탄이 세상을 지배하니, 나 여호
와가 이루고자 하는 그 위대한 뜻은
천대받으며 구박받아 지금 제구실을
하지 못하며, 제자리를 지키지 못하며,
34 어느 곳에 지금 박혀 있는지 찾아볼
수도 없을 정도로 그리 구박과 천대를
받는 것이 참진리요, 나 여호와의 뜻
이요, 나의 계명이니라.
35 그리하여 이를 더 볼 수 없어 내가 나
의 시대를 열어 가고자 함이니라.
36 나의 참진리요, 나의 계명이요, 그리
고 내 이름이 어찌 되었는가, 나의 아
들 예수는 또한 어찌 되었는가, 너희
들이 말하는 이방인들은 어찌하는가?
37 종교 집단의 지도자 너희들이 잘못 갔
기에 나 여호와와 나의 아들이 천대를
받으며,
38 우리 이름을 부르는 것 같으면 고개를

돌리는 이방인들이 세상에 살아가도
록 만든 것은 바로 너희들이 그 원흉
이 아니더냐?
39 더욱이 구원을 받았다며 믿음의 길을
간다는 백성 너희들은 어떠하던가?
40 너희들은 내 뜻을 거역하며 나를 능멸
하며 나를 욕되게 하는 행위를 하고
있음이니, 이와 같은 세상을 만들어
놓고도 너희들이 나에게 오르고자 한
다, 구원을 받았다 말하니,
41 너희들이 몰라도 너무 모르며 하늘의
뜻의 이치를 하나도 모르는 어리석은
백성들이라는 것을 알라.
42 그러니 너희들은 하늘의 지혜를 얻으
라.
43 그러기 위해서는 나의 십계명대로 지
키고 살며, 성서에 어찌 행하는 것이
하늘에 오르는 길이라 그리 명하여 기
록한 그 내용들을 그대로 행하고 지키
고 따르도록 하라.
44 그리하면 너희들이 구원의 길을 볼 것
이며, 그리해도 너희들이 정답을 찾을
수 없으며 성서의 의미를 알 수 없거
든, 나의 아들을 통하여 내리는 160권
의 새로운 성경을 단 몇 권이라도 읽
으라.
45 그러면 그 속에서 모든 답을 얻을 수
있으며 하늘의 지혜를 얻으며 하늘의
뜻이 무엇이며 내가 역사하는 것이 무
엇이요, 내가 너희들에게 바라는 것이
무엇인가를 다 알게 될 것이니라.
46 그를 읽지 아니하면 귀가 열리지 아니
하며 눈이 뜨이지 않으며 마음이 열리
지 아니하기 때문에, 나의 새로운 성
경을 접하지 아니하고는 심판대에 설
자격도 없는 너희들이라 그리 말함이
니라.

12,134 번째 하나님 말씀

2004년 7월 12일 09시 14분

1 사랑하는 나의 아들아!
2 "네, 아버님! 말씀하옵소서."
3 구원의 생명수를 갈구하는 백성들이
요, 그리고 거듭나기를 바라는 백성들
이요, 그리고 진정한 새로운 성령의
보혜사가 세상에 내려와 너희들을 구
원하기를 바라며,
4 또한 나의 아들 예수가 천군을 거느리
고 세상에 내려와 구원할 자와 구원하
지 아니할 자를 구분하는 세상이 오기
를 평생 바라고 원하며 갈구하는 것이
아니더냐?
5 그러나 너희들이 갈구하고 원하는 그
와 같은 것으로써 나의 아들이 세상에
내려오지 아니하며, 어떠한 뜻으로써
든 너희들을 구분하는 인간이 내려와
너희들에게 역사하는 것은 없음을 알
아야 될 것이니라.
6 인간의 형태로 내려와서 너희들을 직
접 다스리는 그와 같은 형국은 없느니
라.
7 다만, 나의 새로운 성경으로써 너희들
이 갈구하는 그 생명수가 될 것이며,
그 갈증을 채워 주는 보혜사요, 새로
운 성경이 세상에 내려온다는 것을 너
희들은 알아야 될 것이니라.
8 그리하여 그 누구도 와서 너희들을 구
원할 수 없으며, 하늘의 천사도, 나의
아들 예수도, 누구든 인간의 형태를

가지고 너희들에게 와 직접 구원하고
다스리는 그와 같은 형국은 두 번 다
시 없다 함이니라.
9 다만, 지금은 새로운 성경으로써 모두
를 역사함이니, 이는 내가 직접 관장
하는 것이요, 지금 나의 아들을 통하
여 새로운 성경을 내려보내 책으로 만
들어 너희들이 그를 보고 깨우치며,
내가 직접 통제하는 세상이 되어, 너
희들이 그리 갈구하고 원하는 생명수
를 지금 공급하고 내려보내고 있건만,
10 어찌하여 목마름의 갈증에 허덕이는
백성들이 그 귀하고 소중한 생명수를
마시고자 해도, 지금의 종교 집단의
지도자 그들이 앞을 가로막으며, 이는
죽음의 물이요, 썩은 물이요, 이를 공
급받으면 지옥으로 간다 하여,
11 그 백성들이 갈구하고 소원하는 그 생
명수요, 목마름을 채워 주고 그들이
하늘에 오르는 길을 보게 하기 위하여
내가 내려보내는 그 모두를,
12 썩은 것이요, 사탄의 것이니 공급받지
말라, 거기에 근접하지도 말라 하며
마시지도 못하게 종교 집단의 지도자
들이 지금 막고 있는 짓이 아니더냐?
13 그러니 종교 집단의 지도자 그들이 존
재하는 한 너희들이 그리 갈구하는 생
명수를 내가 내려보내도 나의 사랑하
는 백성들이 그를 마시지 못하며 접하
지 못함이니,
14 중간에서 모두가 이것이 둔갑되며 너
희들이 썩은 물이요, 죽은 물이라 그
리 전하니, 어리석고 불쌍한 나의 백
성들은 그 말을 믿으며 목마르고 갈증
에 허덕이나, 그래도 그를 마시지 못
하게 지금 전전긍긍하고 있는 것이 오
늘의 너희들이 아니더냐?
15 사랑하는 나의 아들딸들아! 내가 나
의 아들을 통하여 너희들을 구원하기
위해 내리는 생명수 160권의 새로운
성경을 단 한 권이라도 읽고, 이를 높
이 들고 너희들을 따르라 외칠 수 있
는 용기 있는 백성, 그와 같은 백성이
되지 아니하면 아무것도 이루어질 수
가 없음이니라.
16 나의 아들을 따르는 그 제자들, 창조
주 나의 성령을 받아 책으로 전하는
이 위대한 역사를 이루고 있는 나로부
터 선택된 백성들이 지금 역사하는 것
을, 지금의 종교 집단의 지도자들이
그를 대행하지 못하며 저희들에게 내
가 성령을 내리지 아니함이니,
17 그들은 온갖 모욕과 핍박과 터무니없
는 말로써 이단이요, 사탄이라 몰아붙
이는 그와 같은 형국을 하고 있음이니
라.
18 그러니 사랑하는 나의 아들을 따르는
제자들이요, 나의 새로운 성경을 읽고
깨우친 만백성 너희들은 그들로부터
온갖 모욕과 핍박과 터무니없는 모함
으로써 이단의 대우를 받으며,
19 이단의 이름이 대명사처럼 너희들 앞
에 붙어 있는 이와 같은 억울함과 분
함을 너희들이 벗고 다스릴 수 있는
길은 무엇인 줄 알겠느냐?
20 너희가 승자가 되어 그들을 굴복시키
며, 그들이 너희들을 보고 고개 숙여
구원해 달라 애걸복걸하는 그와 같은
역사를 이루는 것은 새로운 성경을 만
들어 이 세상을 덮는 것이니라.

21 이 세상을 덮어 모든 백성들이 이를
보고 깨우치는 대혁명을 이루었을 때,
너희들을 모욕하고 핍박했던 그들이
너희들에게 구원의 길이라 하여 구원
해 달라 매달리는 그와 같은 현상이
생길 것이니라.
22 그러니 나의 새로운 성경을 만들어 세
상에 전파하는 일에 최선을 다하라 함
이 여기에 있음이니라.

12,135 번째 하나님 말씀

2004년 7월 12일 09시 21분

1 사랑하는 나의 아들아!
2 "네, 아버님! 말씀하옵소서."
3 구원이라는 중병에 걸려 지금 무엇이
어떠한 것인지도 모르고 허덕이는 불
쌍하고 가련한 백성들, 거짓 종교 지
도자들의 세 치 혓바닥에 허덕이는
자, 짓지 말라는 교회를 지어 무덤과
같은 그 속에서 지금 구원을 받겠다
하지 않는가?
4 그리고 '주여, 주여!' 부르지 말며 구
세주라 부르지 말라 나의 아들이 그리
기록했으며,
5 그와 같은 행위를 하는 것으로써 구원
을 받는 것이 아니요, 나 여호와의 뜻
에 의해 역사하는 것이 구원의 길이라
나의 아들 예수가 성경에 기록하여 전
하고 또 전했거늘, 그를 거역하는 행
위만 수없이 하고 있는 것이 오늘의
백성들이 아니더냐?
6 너희들이 구원이라는 중병에 걸린 환
자가 되다 보니, 어떠한 것이 하늘에
오르는 길인지 죽음의 길인지, 내 뜻
에 의해 역사하는 것인지 내 뜻을 거
역하는 것인지, 그것을 구분하지 못하
는 중환자가 되어 있음을 너희들은 알
아야 될 것이니라.
7 그러니 허덕이는 백성을 구원의 길로
인도하는 것은 바로 무엇이더냐?
8 지금의 너희들이 어떠한 형태든지 이
세상에 존재하는 것으로써는 그들을
깨우쳐 인도할 수 없으며 변화시킬 수
없다 내가 수없이 기록하지 않더냐?
9 그러니 그들을 깨우치고 바로잡는 것
은 바로 나의 새로운 성경밖에 없음이
니라.
10 그러니, 이 성령을 받아서 내리는 나
의 아들이요, 그리고 이를 기록하여
만드는 자요, 전하는 백성 너희들이
얼마나 위대한 백성이요, 나 여호와의
뜻을 대행하는 것인가를 알아야 될 것
이니라.
11 나 여호와가 내리는 나의 성령인 새로
운 성경의 그 뜻을 알아 그대로 행하
는 삶을 사는 백성으로서 노력하지 아
니하면 아니 됨이니라.
12 너희들이 육을 구원하기를 원하는가,
영혼을 구원하기를 원하는가?
13 너희들은 육의 삶은 종착역이 있으며
모두가 끝난다는 것을 아느니라.
14 육은 죽어 한 줌의 흙으로 돌아가며
영혼은 심판대에 선다는 걸 아느니라.
15 그러니 너희들이 자신의 영혼을 거듭
나게 할 수 있는 길이 무엇인 줄 알겠
느냐?
16 나의 새로운 성경을 읽고 깨우치며,
또한 십계명을 지키고 그대로 행하고
사는 것, 그것만이 너희들의 영혼이

거듭나는 것이요,
17 그와 같이 영혼이 거듭나는 그 백성이
야말로 만백성의 영혼을 구하는 전사
요, 지도자요, 선생으로서 명을 받게
됨을 알며, 그들만이 나의 뜻에 따라
역사할 수 있다는 것을 알라.
18 그러니 너희 자신의 영혼을 구원받으
며 만백성의 영혼을 구하는 역사를 이
루는 것, 그것이 얼마나 크나큰 영광
이며 얼마나 위대한 축복을 받은 백성
들이더냐?
19 너희들이 하늘의 창고에 쌓아 놓는 것
이 축복이라 하여 모든 백성들이 재물
을 사탄에게 바치고 또 사탄은 거둬들
이고 그리하며,
20 너희들이 꿈에도 그리는 하늘의 창고
요, 죽기 아니면 살기로 하늘의 창고
에 재물을 쌓아 놓고자 지금 종교 집
단의 지도자요, 그 사탄들에게 너희들
이 재물을 갖다 바치니,
21 그 창고가 바로 무엇인 줄 알겠느냐?
22 너희들의 영혼을 구원받으며 만백성
의 영혼을 구하는 그와 같은 큰 영광
을 얻은 자요, 위대한 역사를 이루는
너희들의 행함이 바로 보물 창고에 쌓
이는 것이라는 것을 알라.
23 그 보물이 하늘에서 보물임을 알며,
그 보물의 대가만큼 너희들이 나로부
터 상을 받음이니라.
24 구약의 시대에 모세가 역사하며 십계
명을 받아들인 나의 백성들, 그리고
신약의 시대에 예수의 죽음에 대해 너
희들이 그와 같은 행위를 한 것, 그 모
두가 잘못된 것이 아니더냐?
25 나의 모세가 너희들을 구원하기 위하
여 온갖 것을 다했으며 십계명을 받아
너희들에게 지키라 하였으니, 그게 지
켜지지 아니하며 바로 역사하지 못했
고,
26 신약의 시대에 나의 아들 예수가 너희
들을 바로 깨우쳐 하늘에 오르는 길을
보이고자 했으나, 그를 너희들이 죽음
으로 몰았음이니라.
27 그러니 너희들이 보답이요, 인간이 나
로부터 생명을 받아 나간 나의 아들딸
로서 그 은혜에 감사하며,
28 그들이 원했고 그들이 전하고자 했던
내 뜻을 행하고 살아가는 삶을 살아
지금의 모든 잘못됨을 속죄할 수 있는
삶을 살도록 그리하라.
29 너희들이 지금 나의 새로운 성경을 읽
고 거듭나는 삶을 살지 아니하고는 모
세요, 예수가 역사했던 그 모두에 대
한 은혜에 보답하는 그 길도 가지 못
하는 자들이요,
30 제3의 시대에 새로운 성경을 내려 너
희들을 구원하고자 하는 그 은혜에 보
답하지 못하는 어리석은 백성들이요,
스스로 구원이요, 구원받았다 몸부림
치다 그 중병에 걸려 죽어 감이니, 그
영혼이 바로 지옥으로 간다는 것을 잊
지 말도록 그리하라.

12,136 번째 하나님 말씀

2004년 7월 12일 09시 32분

1 사랑하는 나의 아들아!
2 "네, 아버님! 말씀하옵소서."
3 지금의 종교 집단과 그 신도들, 너희
가 어떠한 형국의 믿음으로 가고 있는

지 아는가?
4 너희들이 신앙생활을 지금 어떠한 형
태에서 하는 줄 알겠느냐?
5 하늘에 오르는 길이요, 구원을 받았다
하는 백성 너희들이 오늘 하고 있는
짓을 말함이니, 너희들은 이를 명심하
도록 하라.
6 모든 종교 집단의 지도자요, 그리고
광분하는 신도들, 맹종 맹신하는 너희
들이 하늘에 오른다 하면서 하고 있는
짓이 무엇이더냐?
7 빙벽이요, 얼음으로 된 벽을 오르겠다
고 지금 거기에 붙어 있는 자들의 모
습이 바로 오늘의 믿음의 길을 가는
신도요, 그 지도자라 하는 것을 너희
들은 알라.
8 절대 오를 수 없는 빙벽 앞에 서서 하
늘에 오르겠다고 그저 오르고 또 오르
고 하여 또 미끄러지는 형국이 바로
너희들의 오늘의 믿음의 길이니,
9 결코 그 믿음으로써는 하늘에 오를 수
없다는 것을 너희들은 알아야 될 것이
니라.
10 아무리 너희들이 빙벽을 오른다고 매
달리고 몸부림을 쳐도 결코 너희들은
거기를 오를 수 없느니라.
11 한 발짝도 오를 수 없으며 네 키만큼
도 오를 수 없는 것이 너희들이거늘,
어찌하여 그 빙벽에서 빙벽을 타고 하
늘에 오른다는 어리석은 짓을 한단 말
이더냐?
12 오를 수 없는 빙벽 앞에 서서 오르겠
다고 지금 하고 있는 것이 오늘의 너
희들의 불쌍하고 초라한 모습이라는
것을 명심하도록 그리하라.
13 절대 오를 수 없는 빙벽에 서 있는 것
처럼 그보다 더하게 앞이 막혀 있는
것, 그리고 오를 수 없는 길을 오른다
고 지금 하고 있는 것이니, 이를 깊이
깨우쳐 깨닫도록 하여 너희들 자신을
보도록 하라.
14 오늘의 너희들의 믿음이요, 회개하는
방법이요, 기도하는 방법이 어떠한 형
태든 너희들은 빙벽 앞에서 하늘에 오
르겠다고 지금 기어오르는 자들이니,
한 발짝이요, 제 키만큼도 얼씬 못하
는 자들이 너희들이니라.
15 그러니 내가 너희들에게 뭐라 나의 새
로운 성경을 세상에 내보내며 전했더
냐?
16 비 오는 날 개구리라는 것이 하늘을
오르겠다고 계속 뛰고 또 뛰고 뛰는
그와 같은 형국이며, 아무리 제가 뛰
어오르고 또 뛰어올라도 오를 수 없는
것이 개구리의 운명이요, 신세이니라.
17 아무리 비가 내린다 해도 그 빗줄기를
타고 제가 오를 수 있단 말이더냐?
18 비가 내린다 하여 그 빗줄기를 타고
하늘에 오를 수 있다 뛰는 개구리 형
국이요, 개구리 모양이니라.
19 아무리 제가 뛰고 또 뛰고 뛰어오른다
해도 그 개구리는 빗줄기를 타고 하늘
에 오를 수 없는 것이 엄연한 사실이
아니더냐?
20 바로 오늘의 종교 집단의 지도자요,
그 광분하는 신도들 너희들이 바로 개
구리와 같은 짓을 하고 있는 것이니라.
21 내가 보는 너희들이 개구리 형국이요,
빙벽을 오르려고 몸부림치는 자라면
그것이 맞느니라.

22 너희들은 그를 모르고 있기 때문이니
라.
23 그러니 나 여호와가 너희들에게 그리
가르침이니, 이와 같은 것을 깨우쳐
오늘의 가는 길을 한번 들여다보도록
그리하라.
24 창조주 너희들의 아버지가 아니요, 지
나가는 사람이 너희들에게 말을 해도
너희들이 하고 있는 짓이 잘못되었다
면, 한 번 정도는 들여다볼 가치가 있
지 않은가?
25 보는 사람이 다름이니라.
26 직접 경기를 하는 사람보다도 관전하
는 사람들이 전반적으로 더 잘 파악하
고 있는 것처럼, 너희들은 모르나 너
희들 옆에서 보는 사람들은 정확히 알
고 있음이니,
27 더욱이 창조주 나 여호와가 너희들을
보고 있는 것이 빙벽을 오르려고 몸부
림치는 자요, 그리고 개구리가 빗줄기
를 타고 하늘에 뛰어오르겠다고 대드
는 형국이라 하면,
28 너희들은 이를 한번 들여다보고 생각
해 볼만한 그와 같은 가치가 있음을
알라 그리 내가 전하느니라.
29 나 여호와가 아니어도 좋으니라.
30 지나가는 사람들이 너희들에게 그리
말했다 해도 한 번쯤 들여다보는 현명
함을 얻도록 그리하라.
31 그와 같은 백성들이 나에게 오를 수
있으며 구원의 길을 오를 수 있다는
것을 너희들은 알아야 될 것이니라.
32 아무리 뛰어오르고 또 뛰어오르고 아
무리 기어오르고 올라도 오르지 못하
는 그와 같은 것으로써 너희들의 인생
의 전부를 다 바치지 말라.
33 너희들이 육의 세상에 살아 있을 때만
이 그와 같은 용기를 가질 수 있으며,
그와 같은 역사를 할 수 있으며, 나를
아버지라 부를 수 있는 것이라 하였
음이니,
34 너희들이 인생의 종착역에 와 심판대
에 설 때는 아무것도 이룰 수 없으며
할 수도 없으며 역사할 수 없다는 것
을 명심하도록 그리하라.
35 너희들이 지금 구원을 받고자 한다면
나의 새로운 성경을 정독하여 읽고 깨
우쳐 거기에 내가 기록한 그 내용대로
살아가는 현명한 길을 찾으라.
36 그렇지 않으면 너희들은 나에게 오를
수 없음이니라.

12,137 번째 하나님 말씀

2004년 7월 12일 20시 16분

1 "너는 나 외에는 다른 신들을 네게 있
게 말지니라.
2 너를 위하여 새긴 우상을 만들지 말
고, 또 위로 하늘에 있는 것이나 아래
로 땅에 있는 것이나 땅 아래 물속에
있는 것의 아무 형상이든지 만들지 말
며, 그것들에게 절하지 말며 그것들을
섬기지 말라.
3 너는 너의 하나님 여호와의 이름을 망
령되이 일컫지 말라.
4 안식일을 기억하여 거룩히 지키라.
5 네 부모를 공경하라.
6 살인하지 말지니라.
7 간음하지 말지니라.
8 도적질하지 말지니라.

9 네 이웃에 대하여 거짓 증거하지 말지
니라.
10 네 이웃의 집을 탐내지 말지니라.
11 나 여호와가 존재함을 믿는 그 자체가
구원의 길에 들어서는 기본이요 근본
이며, 나의 법전을 가슴에 안고 정독
하는 자, 반석 위에 서서 하늘에 오르
는 찬란한 빛을 보게 되는 영광을 얻
게 됨이니라."
12 사랑하는 나의 아들아!
13 "네, 아버님! 말씀하옵소서."
14 이 세상의 나의 피조물 만백성 너희들
은 나의 아들딸로서 세상에 태어나지
아니한 사람이 없느니라.
15 그러니 너희들은 같은 형제요, '우리'
라는 개념을 가지고 살라 그리하지 아
니하였더냐?
16 너희들이 한 형제요, '우리'라 생각한
다면, 너희 형제가 무엇을 역사하든
간에 비평이요, 비방을 하지 말며, 그
를 잘 도와주고 이끌어 주는 것이 너
희들이 해야 할 일이 아니던가?
17 그러니 지금 너희들이 이 세상에 태어
난 그 이치요, 순리를 한번 내가 너희
들에게 깨우쳐 주고자 함이니라.
18 이 세상에 나로부터 생명을 가지고 태
어난 백성 너희들은 나로부터 은혜를
받아 나감이니, 너희들은 쓰임이 있으
며 이유 없이 이 세상에 태어난 백성
이 아니라는 것을 알라.
19 나의 피조물 만백성 너희들이 세상에
태어난 것은 첫째는 나로부터 은혜를
받아 선택된 자요,
20 두 번째는 너희들이 세상에 나가서 할
일이 있으며, 그 할 일에 대한 결과에
따라 상을 받고 못 받는 것이 정해져
있는 나의 백성들이니,
21 남이 무엇을 어찌하든, 남이 무엇인가
를 이루든 그와 같은 것에 관여하지
말며, 시시비비하는 마음을 갖지 않도
록 그리하여야 될 것이니라.
22 오로지 그 모두를 다스릴 수 있으며
그 모두를 시시비비할 수 있는 것은
창조주 나 여호와만이 너희들에게 직
접 내릴 수 있음을 알아야 될 것이니
라.
23 그러니 너희들이 지금 가는 길이 남이
어떠한 뜻에 따라서 어떠한 것으로써
역사하는지 모르지 않더냐?
24 그러니 나 여호와가 개인에게 명을 내
린 자가 있으며, 개인에게 임무를 준
자가 있으며, 개인으로서 어떠한 터를
다져 가는 그와 같은 것이 이 세상에
수없이 있다 하였느니라.
25 그러니 그와 같이 역사하는 것을 가지
고 시시비비하며 탓하지 말라.
26 너희들이 보는 것으로 잘못되었다 잘
되었다 이와 같이 시시비비하는 것이
바로 너희들이 육의 한계를 벗어나지
못했기 때문이니라.
27 내가 너희들에게 말하지 아니했느냐?
28 아무리 애벌레가 유능하다 하고 제가
힘이 있고 능력이 있다 해도, 애벌레
는 애벌레로서 나비가 되어 세상을 날
며 모두를 느끼고 취하는 것을 절대
할 수가 없듯이,
29 너희가 육의 세상에서 육을 가지고 모
두를 생각하며 판단한다는 것은 다음
의 세상에 이루어지는 것, 그 세상에
진입되어 있는 사람들의 그것을 결코

알 수 없는 것이니라.
30 그러니 남들이 하는 것을 시시비비하
며 탓하는 그 마음부터 다스려 나가야
될 것이니라.
31 그 모두가 다 욕심이요, 너희들의 생
각 속에 시기심이요, 질투심이요, 그
와 같은 마음으로 행동을 하게 됨이
니, 너희 스스로 들여다보도록 그리하
지 아니하면 아니 될 것이니라.
32 너희들이 지금까지 제대로 살아왔으
며 제대로 역사했다면, 나는 지금과
같은 제3의 시대를 열지 아니한다 아
니하였느니라.
33 너희들이 잘못 가고 잘못 역사하기 때
문에 이와 같은 것이 이루어지며, 오
늘에 또한 그와 같은 역사가 이루어짐
이니라.
34 그러니 이제는 잘잘못을 시비하는 것
을 너희들이 중단하라.
35 그리고 내가 무엇을 명했다 하며 너희
들이 대명을 받았다 하나, 그 모두는
부분적인 것이요, 하나의 작은 것을
역사하는 것이지, 너희들이 지배하는
지도자가 아니라는 것을 또한 깨달을
것이며,
36 성서에 기록하여 완전한 것이 왔을 때
부분적인 것은 모두 내가 폐한다 했듯
이, 내가 새로운 내 뜻으로 새로운 성
경을 내려보냄이니,
37 너희들이 나로부터 명받은 것이 이
160권에 기록된 내용 속에 있다면, 그
를 벗어나지 못하고 있다면, 이게 완
전한 것이요, 모두를 역사하는 것이라
는 걸 첫째 알고 깨달아야 될 것이니
라.
38 그리하여 자기 자리에서 조용히 기다
리는 그와 같은 자세로 가지 아니하면
아니 될 것이며,
39 너희들이 대장이요, 명을 받은 자라
그리 말해서는 아니 될 것이며, 그 생
각을 버리지 아니하면 아니 될 것이니
라.
40 그리고 모든 종파요, 너희들은 그것부
터 먼저 깨달으라.
41 너희들이 아닌 것은 아니라는 그 생각
부터 지워 버리지 아니하면 아니 될
것이니,
42 그것부터 지우고 세상을 보면 세상의
이치를 알게 될 것이니라.
43 너희들이 한 가지에 세뇌되었으며 그
고집으로써 네 마음이 굳혀졌을 때,
그 마음을 돌이키지 아니하고 그 생각
을 바꾸지 아니하면 절대 그것을 알
수가 없는 것이니라.
44 하나 더하기 하나는 둘이라는 그 엄연
한 수를, 하나 더하기 하나는 셋이라
고 네 생각이 그리 굳혀졌으며 네 마
음이 그리 결정이 되어 버렸다면, 그
것은 끝까지 네가 그리 보기 때문에
그게 맞는다 고집을 세울 것이니라.
45 그러니 너희가 생각과 깨달음을 바꾸
지 아니하면 하나 더하기 하나는 둘이
라는 것, 옆에서 너를 바보요, 천치요,
잘못된 사람이요, 오답이라 그리 말해
도 듣지 못하는 것이니, 네 마음을 바
꿔야 알 것이니라.
46 이것이 지금 인간이 가지고 있는 가장
큰 병폐요, 너희들이 거듭날 수 있는
모든 은혜와 영광을 잃는 것이니라.
47 그보다 더 세뇌되었으며 그보다 더 깊

이 빠져 있어 너희들이 지금 잘못 가
르치고 잘못 인도하는 종교 집단들이
가는 길을 모르고 있으며 네가 가고
있는 것을 모르기에, 지금 이 세상은
더욱 험악해지며 계속 타락의 길을 가
고 있음이니라.
48 그러니 이제 너희들은 남을 탓하기 전
에 저 자신을 들여다보는 그와 같은
깨달음을 얻으며,
49 너희들이 이 세상에 존재하는 그 모두
를 적대시하며 적으로 생각하고 보지
말고, 필요로 하여 세상에 존재한다는
그 마음 하나만 가지고 그를 들여다보
면 너희들이 지혜가 열리게 될 것이
니, 그와 같은 마음으로 거듭나는 영
광을 얻도록 그리하라.
50 그리고 남들이 가는 것을 시시비비하
지 말며 그를 걸고넘어지는 행위부터
중단하도록 그리 전하라.

12,138 번째 하나님 말씀

2004년 7월 12일 20시 19분

1 사랑하는 나의 아들아!
2 "네, 아버님! 말씀하옵소서."
3 오늘의 믿음의 길을 가는 모든 백성이
요, 너희들이 지금 믿고 오는 그 신앙
을 내가 뭐라 말하였느냐?
4 너희들이 오를 수 없는 빙벽을 오르겠
다고 거기에 모두를 다 바치고 몸부림
치는 자들이니라.
5 그리하여 오늘의 종교 집단의 지도자
너희들이 나의 피조물 만백성에게 빙
벽을 올라와야만 구원을 받을 수 있으
며 오를 수 있다 그리 충동질하여,
6 그들이 한 발짝도 못 오르는 그 빙벽
을 오르겠다고 대드는 어리석은 백성
처럼, 나에게 오르는 길이요, 하늘에
오르는 길이 아닌 그 길을 지금 달려
가고 있다 하지 않았더냐?
7 그리하여 그 모두는 잘못된 종교 집단
의 지도자들에게 너희들이 세뇌되었
음이니, 거기서 풀려나지 아니하면 아
니 된다 하였느니라.
8 그와 같이 세뇌되어 있는 백성을 다스
리고 이끌어 갈 수 있는 방법이 없어,
내가 하늘에 오르는 길을 안내하고
정도의 길로써 올 수 있는 깨우침을
주기 위하여, 내가 나의 아들을 통하
여 새로운 성경을 세상에 내려보낸다
수십 번 기록하여 전했음이니,
9 너희들은 나의 새로운 성경을 읽고 깨
우치는 백성으로서 거듭나지 아니하
면 아니 되느니라.
10 그러니 새로운 성경을 읽고 깨우치는
백성들에게는 큰 축복과 은혜와 영광
이 있을 것이요, 거듭나는 은혜까지
얻을 수 있는 것이니라.
11 지금 너희들이 새로운 성경을 보고 깨
우치고 거듭나는 것이 없으면 절대
나에게 오를 수 없음이니라.
12 너희들 스스로 잘 알고 있을 것이니라.
13 모든 믿음의 길을 가는 백성들이 지금
불안과 초조와 공포에 젖어 있으며,
이것은 정녕 하늘에 오르는 길이 아니
라 지금 불안해하는 백성들이 수없이
있음이니라.
14 그러나 너희들이 거기서 뛰쳐나오지
못하며 헤어나지 못하는 것은 깊게 세
뇌되었기 때문이니,

15 너희들이 그 세뇌된 것을 풀 수 있는
자, 풀어 버리는 자, 스스로 그 고리를
끊는 자만이 나에게 오를 수 있으며
구원을 받을 수 있음이니라.
16 모든 믿음이요, 종교 집단에 가는 백
성 너희들이 빙벽을 오르려고 지금 대
들고 있으며 그 앞에서 몸부림치고 있
다는 나의 뜻을 깊이 깨우쳐 한번 들
여다보도록 하라.
17 그렇지 아니하면 결국 너희들은 나에
게 오를 수 없음이니, 이것을 두 번의
연습할 기회가 있으며 세 번의 연습을
반복하여 너희들이 나에게 오르는 기
회가 주어진다면 나는 말하지 아니할
것이니라.
18 그러나 너희들은 단 한 번으로써 끝나
며 두 번의 기회가 없다는 것, 그리하
여 심판이 무서운 것이며 심판의 그
결과가 무섭다 함을 알아야 될 것이니
라.

12,139 번째 하나님 말씀

2004년 7월 12일 20시 26분

1 사랑하는 나의 아들아!
2 "네, 아버님! 말씀하옵소서."
3 너의 제자들이 지금 나의 새로운 성경
을 접하니, 한 가정이요, 한 사람이 이
를 접했을 때, 그 가정에 불화가 연속
됨이니라.
4 그리고 그 불화는 너희들이 고통스러
울 만큼 치닫는 그와 같은 형국이 되
니,
5 아내가 남편을 인정하지 아니하고, 남
편은 아내를 인정하지 않는 이와 같은
형국으로써 극에 달하는 가정 불화가
연속됨이니,
6 남편이 나의 새로운 성경을 공부하고
깨우쳐서 그가 가는 길을 아내가 목숨
을 바쳐 그를 반대하며 그를 용납하지
아니하여 가정 불화가 생기는가 하면,
7 아내가 나의 새로운 성경을 읽고 깨우
쳐 공부하는 그 길을 남편이 죽기 아
니면 살기로 그 모두를 막아 버리는
험악한 형국이 되어 버렸으니,
8 이 모두가 어디에서 이루어지는 것인
줄 알겠느냐?
9 사랑하는 나의 아들아!
10 "네, 아버님! 말씀하옵소서."
11 너는 그 의미를 아는가?
12 "네, 아버님! 그와 같은 것을 조금은
깨닫고 있사옵나이다."
13 그러면서 너는 왜 그것을 너의 제자들
에게 깨우쳐 주지 아니하느냐?
14 "네, 아버님! 스스로 그들이 깨우치는
것이 값진 것이라 생각하며, 그리하여
제가 느끼고 제가 알고 있는 것을 깨
우쳐 주지 아니하며 전해 주지 아니하
였사옵나이다."
15 아들아 그리해서는 아니 되는 것이니
라.
16 그들을 깨우쳐 주며 그,들을 인도해야
되는 것이니라.
17 스승이요, 선생이 무엇이더냐?
18 풀지 못하는 답안의 고리를 풀어 주는
것이며, 보지 못하는 것을 볼 수 있도
록 해 주는 것이 스승이 가야 할 길이
니,
19 너는 그 가정의 불화에서 둘 다 무너
지는 그와 같은 형국이 되기 전에, 그

들이 왜 극에서 극으로 달리며, 서로
가 사랑하는 가족이요, 사랑하는 너희
들이 왜 목숨을 걸고 반대하며, 목숨
을 걸고 이 길을 가고자 하는 것인가?
20 그 의미의 뜻을 너는 아는 대로 가르
쳐 주도록 그리하라.
21 너는 정녕 어찌 생각하느냐?
22 "네, 아버님! 저는 그리 생각되옵나이
다.
23 이 모두는 인간의 한계에서 벗어나지
못하는 상황과, 영적인 아버님의 세상
의 품 안에 한 발짝을 들여 놓은 사람
의 깨우침의 그것이 육과 영혼이 교
차되는 것이기에 그는 결코 하나가
될 수 없는 것이라 저는 그리 생각되
옵나이다.
24 인간의 욕심이요, 인간의 생각으로써
깨닫지 못하는 자, 그러니 인간의 욕
심을 앞세우기에 그는 그리 공격하는
것이요,
25 그리하여 영의 세계에 한 발짝 깨달아
있는 영적으로 성장한 그를 보지 못하
기 때문이며,
26 그리하여 영적인 그 깨달음과 육의 욕
심과 극에서 극으로 부닥치는 형국이
라 저는 그리 생각되옵나이다.
27 영적인 깨우침에 대하여, 그가 깨우치
고 있는 것을 알지 못하기에 그 육이
영을 공격하며 영적인 자를 핍박하게
되어 있음이니, 그리하여 그와 같은
역사라 저는 그리 생각되옵나이다."
28 사랑하는 나의 아들아! 그러하니라.
29 지금의 나의 아들을 따라 이 길을 가
고자 하는 자를 핍박하는 자, 그건 육
의 한계요, 그 욕심의 한계요, 그를 벗
어나지 못했기 때문에,
30 육의 상태에서 공격을 하며 육의 상태
에서 보기 때문이니라.
31 그러니 그와 같은 의미를 그들에게 깨
우쳐 주도록 그리하라.
32 너희들이 육과 영혼의 극에서 극에 달
하는 그와 같은 싸움을 하는 것은 바
로 그 차이점임을 알아야 될 것이니라.
33 육을 가지고 있는 백성이 인간적인 욕
심에 사로잡혀 거기서 벗어나지 못하
기 때문에, 앞으로 가는 영적인 세상
에 한 발을 들여놓고 가는 그를 이해
할 수 없으며, 그를 받아들일 수 없는
것이며,
34 그는 극에서 극으로 달려가게 되어 있
는 것이니라.
35 그리하여 새로운 성경을 읽고 깨우치
는 너희들은 영적으로 성장해 있음이
니라.
36 그러니 너희들이 가는 것을 알 수 없
으며 너희를 이해할 수 없는 것이니라.
37 지금 네가 너의 제자들에게 그와 같은
이치를 깨우쳐 그를 잘 조화하여 다스
리라 하는 것이 무엇인 줄 알겠느냐?
38 육을 가지고 있는 그 육의 마음에 사
탄의 사악한 마음이 거기에 같이 있음
이니,
39 영적으로 깨달은 자가 육의 욕심에 육
의 사악한 자들의 그 공격에 견디지
못하고 무너지도록 되어 있는 것이 너
희들임을 알아야 될 것이니라.
40 그리하여 육과 영혼의 극에서 극인 그
싸움을 너희들이 잘 다스려 나가도록
하며, 헤어날 수 있는 길을 거기서 찾
으라 하여 그를 깨우쳐 주라 함이니

그리 알라, 사랑하는 나의 아들아!
41 육과 영혼은 그 한계가 엄연하니, 그
는 너희들이 지금 서로가 이해하지 못
하는 것이요, 서로가 하나로 되고자
할 때는 그는 아름다운 것을 역사하지
만, 극에서 극으로 달리면 그게 아니
됨이니라, 사랑하는 나의 아들아!
42 내가 너희들에게 뭐라 말하였느냐?
43 너희들이 편안하게 쓸 수 있는 모든
도구도 그를 악하게 쓰면 그것이 살인
의 무기요, 공격적인 무기가 되나,
44 너희들이 편의를 위해 쓰면 끝없이
편리한 것이라 하지 않았더냐?
45 너희들이 손으로써 아름다운 모습으
로 남을 보듬어 주면 그는 사랑의 손
이요, 네가 그것을 주먹으로써 공격하
면 살인의 무기로 돌변한다 하지 않았
더냐?
46 바로 그와 같은 이치이니라.
47 육의 깨달음과 영의 깨달음이 하나가
되었을 때는 거기에서 위대한 것이 탄
생할 수 있으나,
48 육이 영을 이해하지 못하며 그 영을
공격하고자 대들 때 그는 하나가 되지
못함이니, 극에서 극으로 불꽃이 튀는
그와 같은 형국이 되어 있으니,
49 거기에서 너희들이 육의 사탄이 조종
하는 그 욕심의 마음 때문에 결국은
깨달은 하늘의 뜻의 정의로움이 무너
지게 된다는 것이니,
50 그리하여 무너지지 않도록 네가 그를
잘 깨우쳐 전해서 슬기롭게 넘으라 하
는 것을 가르쳐 주라.
51 그를 가르쳐 주지 아니하면 그들은 그
뜻을 모르기 때문에 방황하며, 왜 그
와 같은 원인이요, 이와 같은 것이 있
어서 제가 왜 이와 같이 가정과 모든
가족끼리 불화함을 가지고 이 길을 가
야 되는가 하는 것을 이해하지 못함이
니,
52 결국 무너지고 중단하고 포기되는 원
인이니, 그들을 잡아 두도록 그리하라.
53 내가 하늘의 뜻을 전함이니라.

12,140 번째 하나님 말씀

2004년 7월 12일 20시 33분

1 사랑하는 나의 아들아!
2 "네, 아버님! 말씀하옵소서."
3 너는 그리 생각하고 있을 것이니라.
4 모든 믿음의 길을 가는 그 백성들이
그들과 네가 하나가 되었고 한뜻으로
하나가 이루어져 모든 것이 평화롭게
이루어지면 안 될 것인가, 너는 그를
바라고 그리 생각하며,
5 그들이 구원이요, 고통이라는 것을 겪
지 아니하며, 바로 그대로 그 자리에
서 변화되는 백성들로서 너희들과 하
나로 더불어 가기를 원하며 그와 같은
역사가 이루어지기를 너는 바라고 있
는 것이니라.
6 그러나 그것이 그리될 수 없음이니 그
리 알라.
7 너희가 예수의 보혈로써 구원을 받았
다 하는 것, 그리고 너희들이 나에게
그리되었다 생각하는 것, 물론 그러하
니라.
8 너희들이 나의 아들 예수의 보혈로써
구원을 받았으며, 그가 구세주요, 너
희들의 모두를 다 인도하는 자라 그리

생각하고 지금 부르짖으며, 그로 하여
너희들이 속죄되어 표백된 것같이 하
얀 백성이라 말하니,
9 그리하여 그와 같은 것을 나의 아들이
너희들이 말하는 대로 그대로 전하고
그대로 역사한다면, 모두는 다 하나가
될 수 있을 것이니라.
10 더욱이 각종 헌금을 거둬들이는 것에
하나를 더 얹어 헌금을 거둬들이는 그
와 같은 행위를 한다면, 너희들은 그
들과 하나가 되어서 갈 수 있는 것이
니라.
11 내가 그와 같이 너희에게 가라 하며
내가 너희들의 손을 들어주며 그리 가
라 하면, 너희들을 사탄이요, 이단이
라 시비할 일이 없이 무난히 갈 수 있
으며, 너희들은 그저 육의 세상에서
편안한 길을 갈 수 있을 것이니라.
12 그러나 그리할 수는 없는 것이 아니더
냐?
13 이는 진정한 나의 뜻이 아니요, 참진
리의 길이 아니기에 너희들이 그와 같
이 갈 수 없는 것이며, 그들이 가는 길
에 너희들로 하여금 손을 들어주며 그
들에게 박수하는 그와 같은 행위를 해
서는 아니 되며, 그리하도록 할 수는
없는 것이니라.
14 그들은 나의 뜻을 거역하고 가고 있음
을 네가 잘 알고 있지 않은가?
15 너희들이 십자가의 공로로 나의 자식
으로 거듭난다면, 너희들은 그 죄를
피할 수 없으며 더 많은 죄를 지으며
영영 나와 관계없는 백성으로 일찍이
전락되며 많은 백성들이 무너지기 때
문이니라.
16 만일 너희들이 나의 아들 예수의 보혈
로써 구원을 받으며, 그를 '주여, 주
여!' 부르고 찬양함으로써 구원을 받
으며, 너희들의 죄가 모두 다 속죄되
었다 하여 내가 너와 너를 따르는 제
자들이요, 나의 새로운 성경에 그리
기록하여 전한다면,
17 너희들은 나의 피조물 만백성들이 자
손 대대에 영원히 구원받을 수 없으
며, 하늘에서 이루어진 것같이 지상의
낙원이 이루어질 수 없기 때문이니,
18 이는 있어서도 아니 되며, 그와 같이
가도록 내가 너희들을 허락할 수도 없
으며, 너희들의 손을 그리 들어줄 수
도 없는 것이니, 이는 너는 생각지도
말라.
19 그 길이 아니면 아니 됨이니라.
20 네가 생각하듯이 서로가 대화하며, 진
리가 무엇인가, 옳고 그른 것을 찾아
좋은 길을 선택하여 좋은 것이 많은
쪽으로 타협하면 그와 같이 하나가 될
수 있는 것이 아닌가 하는 네 속마음
도 아나, 절대 그들은 그리되지 아니
하느니라.
21 저희들이 밀리고 질 때 그들은 수단과
방법을 가리지 아니하며, 사탄이요,
이단이요, 너희들을 이용하여 이탈하
는 저희 종교 집단을 결속시키는 것으
로 악용할 것이니라.
22 너희들이 지금 2천 년 전에 나의 아들
예수를 죽게 한 것도 무엇이더냐?
23 저희들의 추한 모습이요, 잘못되는 것
이 드러날까, 그리고 이완되어 떠나는
백성들이요, 떠나는 신도들을 그들이
긁어모으기 위하여 아예 그 뿌리를 뽑

아 버렸으며, 그렇게 사악한 자를 만
들어 그를 죽였음이니라.
24 지금은 그들보다 더욱 악랄한 것이
오늘의 종교 집단의 지도자니, 그와
같은 방법으로써 악용하는 건 두말할
것도 없음을 너희들은 알아야 될 것이
니라.
25 사랑하는 나의 아들딸들아! 예수의
죽음으로 구원을 받고 속죄되었다면,
너희들은 무엇으로써 그것이 표현이
되는 줄 알겠느냐?
26 나의 아들 예수의 고통스러운 죽음으
로써 너희들이 표백된 백성이요, 속죄
가 되었으며 죄가 없는 백성이라면,
27 그 순간부터 너희들은 죄를 짓는 행위
를 해서는 아니 되며, 죄를 짓는 삶을
사는 백성이 되어서는 아니 되는 것이
니라.
28 그것이 바로 어떠한 방법이든지 구원
은 받은 백성들이니라.
29 구원을 받은 자는 천사와 같으니, 죄
를 지을 수도 없으며 죄를 지어서도
아니 되는 것이니라.
30 그러나 지금 나의 피조물 만백성 너희
들이 구원을 받았다 하면서 너희들의
마음속 깊은 곳에 악한 성품이 존재해
있다면,
31 너희는 예수의 죽음과 그 보혈로써 표
백된 백성도 아니요, 구원을 받은 백
성도 아니라는 것을 알아야 될 것이니
라.
32 구원이라는 것이 무엇이며 너희들이
표백되었다는 것이 무엇이더냐?
33 죄가 없는 백성이라면 내가 뭐라 했느
냐?
34 나와 같은 자요, 내가 된 자라 그리하
지 않았더냐?
35 그러니 나 여호와가 죄를 지으며 내가
불의를 행하는가, 그리고 천사들이 그
리하는가?
36 그러니 너희들이 지금 마음속에 악한
성품의 잔재가 남아 있으며, 너희들이
육의 세상에서 남에게 해서는 안 되는
죄를 짓는 그와 같은 행위를 한다면,
37 너희들은 표백된 자도 아니요, 죄 사
함을 받은 자도 아니요, 속죄가 된 백
성도 아니요, 구원을 받은 백성도 아
니라는 것을 그것으로써 증거함이니
라.
38 그러니 너희들이 죄를 짓지 아니하며
나의 아들 예수의 보혈로써 구원을 받
았다 하는 그 순간에 죄를 짓지 아니
하고 산다면,
39 너희들은 그 보혈로써 구원의 자격을
받을 수 있는 백성들이 되는 것이니,
그것은 스스로 나의 뜻대로 너희들이
살아왔기 때문이니라.

12,141 번째 하나님 말씀

2004년 7월 12일 20시 39분

1 사랑하는 나의 아들아!
2 "네, 아버님! 말씀하옵소서."
3 너희들이 감히 죄 사함을 받았다 하
며, 구원을 받으며 나에게 오를 수 있
는 백성이라 그리 말하느니라.
4 그러나 너희들이 구원을 받았다면 천
사와 같은 백성이기에, 그렇지 못하면
잘못된 것이니라.
5 너희들이 속죄의 은혜를 받았으며 구

원의 은혜를 받았다는 것, 너희들은
속죄의 은혜를 받은 것도 아니요, 구
원의 은혜도 받지 못한 백성이라는 걸
알아야 될 것이니라.
6 너희는 그리 볼 것이니라.
7 너희들이 보기에 믿음이 투철하며 모
범적인 신앙생활을 하며 너희들이 존
경하고 따르는 선배요, 종교 지도자
요, 집단에서 돈을 주고 명함을 산 자
들, 그와 같은 백성들이 신앙이 모범
적이며 철두철미한 믿음 속에서 가며
주일을 지키며 기도하는 것,
8 그리고 새로운 역사하는 것을 반대하
며, 오로지 한 길을 가며, 헌금이요,
모두를 다 바쳐 가기에 하나도 손색이
없으며 하나도 나무랄 것 없는 오늘의
믿음의 세계에서 모범적인 신앙생활
을 하는 백성들, 너희들은 그들에게서
가끔 환멸을 느낄 것이니라.
9 믿음이 투철하며 그를 따라갈 수 없으
며 모범적인 신앙생활을 하며 간다는
백성들이 작고 큰 이해관계에 걸렸을
때 그들이 어찌 변하는가?
10 세상 속의 사람들보다도 더 욕심이 많
고 교만하고 오만한 모습으로써 너희
들을 몰라라 하며 돌변하는 그들을 보
고 실망을 느낀 백성들이 이루 말할
수 없이 많을 것이니라.
11 그와 같은 것이 바로 깨달음이 없는
것이요, 속죄받은 자가 아니요, 구원
을 받은 자가 아니라는 것을 너희들은
알아야 될 것이니라.
12 평소의 믿음이 모범적이요, 그를 따르
고자 했던 자들이 이해관계 앞에서 변
하는 것을 보고 너희들이 얼마나 실망
을 느끼겠는가?
13 그러니 그와 같은 백성들은 절대 구원
을 받은 자가 아니요, 구원받았다 하
는 말을 할 자격도 없는 백성들이니라.
14 더욱이 어떠하던가?
15 너희들을 인도하는 자, 하늘로부터 기
름 부음을 받은 자요, 목자라는 종교
지도자들이 생활하는 그 속에서 이중
적이고 위선적인 모습에 교회를 떠나
는 자가 수없이 많으며, 그리하여 갈
곳이 없어 방황하는 그 백성들이 헤아
릴 수가 없음을 너희들은 알고 있지
않으냐?
16 그러니 그와 같은 지도자 또한 나와
관계없는 자요, 나의 백성을 인도하지
못하는 백성들임을 알라.
17 성경의 뜻을 제대로 알지 못하며 나의
뜻을 모르기 때문에, 가르치는 자요,
배우는 자가 다 똑같이 지옥의 길을
가는 것이요, 내 뜻을 거역하는 일들
만 하고 있으니,
18 세상에 나 여호와의 뜻을 위하여 모두
를 역사하는 것이 아니요, 사탄이요,
마귀를 위하여 너희들이 역사하는 일
만 만들며, 그 길에 모두를 다 바치고
있는 어리석은 백성들의 길이라 내가
그리 말하였느니라.
19 너희 스스로 죄 사함과 구원을 받을
수 없음을 절감하며 잘 알 것이니라.
20 그날이 머지않았을 것이니라.
21 지금의 믿음의 길을 가는 백성 너희들
이 정녕 믿었던 신앙이 모범적이요,
그 사람과 같은 모습으로써 믿음의 길
을 갔다는 그 백성도, 그들이 이해관
계에서 돌변하는 모습에 당황할 것이

며, 그리하여 너희들이 마음의 상처를
받으며 방황하는 그와 같은 형국이 되
는 오늘의 이 현실이 아니더냐?
22 그러니 어디 그와 같은 백성들이 나의
아들 예수로 속죄의 은혜를 받았으며
구원의 은혜를 받았다 그리 말할 수
있으며, 그와 같은 백성으로서 할 수
있는 행동이더냐?
23 그게 천사가 하는 행동이며, 나 여호
와와 하나가 되었다는 백성이 할 수
있는 행동이라 생각하느냐?
24 그걸 보면 너희들이 알 것이니라.
25 구원받은 자가 없으며, 구원받을 자격
이 없으니, 구원받았다는 소리를 하지
말라는 내가 새로운 성경에 기록하는
그 뜻을 너희들은 깨닫고 알게 될 것
이니라.

12,142 번째 하나님 말씀

2004년 7월 12일 20시 46분

1 사랑하는 나의 아들아!
2 "네, 아버님! 말씀하옵소서."
3 나 여호와가 너를 통하여 그 제자들이
요, 만백성에게 전했느니라.
4 나의 사랑하는 아들딸이 육의 세상에
서 살아가면서 하루에도 지옥과 천국
을 수없이 넘나드는 그와 같은 삶을
산다 하지 않았더냐?
5 너희들이 선한 일을 행하는 것은 천국
의 삶이요, 악한 일이요, 죄짓는 행위
를 하는 것은 지옥에 사는 것이니, 하
루에도 지옥과 천국을 수없이 왔다 갔
다 하는 그와 같은 삶을 사는 것이 너
희들이라 하였음이니라.
6 그 의미가 무엇이더냐?
7 너희들이 하루의 삶에 있어 천국에서
얼마나 머물러 살았느냐, 너희들이 지
옥에서 얼마나 머물러 살았느냐, 그걸
내가 너희들에게 깨우쳐 줌이니,
8 지옥에서 머무는 삶을 살지 말며, 천
국에서 사는 삶을 살라 하는 그 의미
로써 가르쳐 준 것이니라.
9 하루하루 너희들의 삶을 천국에서 사
는 시간을 갖도록 그리하지 아니하면
아니 됨을 내가 너희들에게 깨우쳐 주
었으니,
10 그 뜻을 너의 제자들과 깨닫지 못하는
자에게 이를 상세히 깨우쳐 주도록 그
리하라, 나의 아들아!
11 이것은 너희가 선과 악과 같이하고 있
다 함을 말함이니라.
12 나의 사랑하는 백성 너희들이 한 사람
도 여기서 벗어나지 못하며, 모든 백
성 너희들은 결국 지옥과 천국을 하루
에 수십 번씩 왔다 갔다 한다는 것은
악한 마음과 선한 마음의 그 두마음이
모든 백성 너희들의 가슴속에 자리 잡
고 있다는 것이 아니더냐?
13 그러니 너희들이 나에게 오르고 못 오
르는 것은 결국 무엇이더냐?
14 선한 마음을 얼마나 가지고 있느냐,
악한 마음을 얼마나 많이 가지고 있느
냐, 그것뿐이지 않더냐?
15 그러니 믿고 안 믿는 모든 백성을 시
시비비하며 구분하지 말라.
16 너희들이 어떤 마음을 많이 가지고 있
느냐가 중요하니라.
17 사랑하는 나의 아들아!
18 너희들이 나를 찾으며 울고불고하는

백성이 선한 마음을 가지고 있으면 나
로부터 상을 받으며, 믿지 않는다는
그 백성들이 착하고 아름다움을 너희
들보다 더 많이 가지고 있으면 그들은
상이 없으며 지옥으로 간다 그와 같은
어리석은 생각을 하지 말라.
19 모두는 다 나의 아들딸이요, 내가 주
관하여 세상에 나갔으니, 내 아들딸들
이니라.
20 그러니 내 자식이 선한 마음을 누가
더 많이 가지고 있느냐 그것으로써 상
을 받는 것은 당연한 것이니,
21 너희들이 그와 같은 어리석은 생각으
로써 나의 피조물 만백성을 서로 분류
하지 말며 벌레처럼 보지 말며 무시하
지 말라.
22 누구나 지금 다 악과 선의 마음을 갖
고 있다 하지 않았느냐?
23 너희는 나를 믿고 예수를 믿고 안 믿
고 울고불고 광란의 짓을 하는 것, 종
교 집단의 지도자에게 재물을 갖다 바
치는 것, 그걸로써 모두를 종결지으려
하지 말라, 어리석은 백성들아!
24 지금 믿음의 길을 가는 백성 너희가
얼마나 어리석은 생각 속에서 살아가
며, 너희 자신의 깨달음이 부족하기에
스스로 판 무덤에 너희들이 빠지는 행
위를 하고 있는지 알겠느냐?
25 너희들은 네가 판 무덤에 빠지는 어리
석은 행위를 중단하도록 그리하라.
26 그리하여 불쌍하고 가련한 너희들을
구원하기 위해 내가 오늘의 이 역사를
이루고 있지 않더냐?
27 너희가 믿지 않는 사람은 사탄이 모두
를 지배하며 사탄이 주관한다 그리 생
각하느니라.
28 나 여호와가 너희들에게 일찌이 뭐라
가르쳤느냐?
29 사탄이라는 것은 선한 마음이요, 착한
마음을 가진 자를 다스릴 수 없으며
그를 통제할 수 없는 것이 사탄의 한
계라 그리하지 아니하였더냐?
30 그러니 믿지 않는 자는 무조건 사탄의
지배하에 사탄이 관장하며 주관한다
그리 생각하지 말라 내가 다시 한 번
전함이니,
31 그들이 얼마나 아름다운 마음을 가지
고 있느냐 하여, 사탄이 그들을 얼마
나 조종하며 그들을 다스리느냐 하는
것으로써 평가해야 된다는 것을 잊지
말라.
32 나의 아들 예수를 믿고 나를 찾고 울
고불고하며 가는 백성들, 찬송을 부르
며 격렬한 춤을 추며 재물을 수없이
갖다 바치는 짓을 하는 너희들은 사탄
과는 전혀 관계없는 백성이라 그리 자
부하지 않느냐?
33 그리고 너희들은 나의 아들딸로서 나
여호와의 다스림으로써 내 품에 와 있
는 백성이요, 내 품 안에 있는 것이라
그리하며,
34 나 여호와로부터 완벽하게 보호를 받
고 은혜를 받고 있는 백성이라 그리
생각하며, 너희들이 그와 같은 백성이
되어 있는 것처럼 착각하고 있지 않으
냐?
35 나는 나의 아들을 통하여 너희들에게
전함이니라.
36 너희들이 하루에도 수없이 지옥과 천
국을 넘나드니, 천국에서 많이 사는

삶을 살라 했던 그 뜻처럼,
37 악한 마음과 선한 마음의 비중이 어떠
하냐는 것이 가장 중요한 것이요, 믿
는 자와 믿지 않는 자라 하는 것으로
써 적용되는 것이 아니니라.
38 너희들이 믿든 안 믿든, 선한 마음을
얼마나 가지고 있느냐에 따라서 선한
마음으로 그득히 차 있는 자는 바로
내 뜻대로 산 자니, 상을 받을 것이요,
39 아무리 울고불고 믿음의 길을 가며
광란의 짓을 해도 너희들이 선한 마음
이 없고 악한 마음을 가지고 있으면
악한 마음대로 그 대가를 치름이니,
40 너희들이 믿고 안 믿는 것, 그 하나로
써 특권을 가진 양 내세우지 말며, 그
것으로써 모든 창칼을 막아 주는 방패
라 그리 생각하지 말라, 이 어리석은
백성들아!
41 너희들이 얼마나 선한 마음을 가지고
있느냐, 악한 마음을 가지고 있느냐,
그 비중에 따라서 나는 모두를 심판하
는 것이니, 똑같이 적용된다는 그 엄
연한 사실을 잊지 말라.

12,143 번째 하나님 말씀

2004년 7월 12일 20시 51분

1 사랑하는 나의 아들아!
2 "네, 아버님! 말씀하옵소서."
3 내가 말하기를, 모두는 다 너희들이
어떠한 마음을 가지고 있느냐에 따라
서 나에게 상을 받고 안 받는 것은 똑
같다 하였음이니라.
4 그 의미가 무엇이더냐?
5 내가 너희들에게 모두를 대중적으로
보고 모두를 다 사랑하라 하지 아니하
였더냐?
6 잡신을 믿는 자, 그리고 우상을 숭배
하는 자, 그저 돌무덤 앞에 고개 숙이
고 절하는 자, 그리고 흐르는 강물에
절하는 자, 산의 바위에 가서 절하는
자, 어떤 행위를 하든, 그리고 구원을
받았다 울고불고하는 그 백성들이든,
너를 따르는 백성들이든 그 모두를 대
중적으로 똑같이 보고 사랑하라는 것
은 무엇이더냐?
7 너는 그 의미를 아는가?
8 "네, 아버님! 그 모두는 다 아버님이
관심을 가지고 계시며, 아버님의 관심
밖에 있는 백성이 아니기 때문이라 그
리 생각되옵나이다.
9 아버님께서 육의 삶으로 천사 같은 저
희들을 세상에 내보내 그와 같은 삶
을 살다 아버님께 오라 하여 세상에
내보내셨으니,
10 저희가 육의 종말을 맞아 육은 흙으로
돌아가며, 영혼은 아버님께 가 심판을
받는 그때까지 모두는 다 아버님의 사
랑이요, 아버님의 은혜 속에서, 아버
님의 관심 속에서, 아버님의 가슴속에
서 모두가 다 같이 존재하는 것이라
그리 생각되옵나이다.
11 그러기 때문에 아버님께서 모두를 대
중적으로 보며 모두를 사랑하라 하시
는 것이라 그리 생각되옵나이다.
12 그리고 아버님께서 그러하기에 종파
를 갖지 말라 엄히 명하신 것이라 생
각되옵나이다.
13 어떠한 종파든, 어떤 것에 속해 있든
그 모두를 가슴에 안으며 하나로 이루

어 가라는 뜻이라 그리 생각되옵나이
다.
14 정녕 아버님께서 말씀하시는 것은, 믿
음의 길을 가는 자들이 저희들은 우
상을 섬기지 않는다면서, 저희들이
기복 신앙의 대표자요, 기복 신앙을
위해서 가는 줄 모르는 것이니,
15 울고불고 소원하는 그들이 기복 신앙
이며, 돼지머리 놓고 절하고 춤추는
것도 기복 신앙이요,
16 무엇을 얻고자 저희들이 부족하니 능
력 있는 자로부터 무엇을 이루고자 하
는 것이니, 그 모두가 다 우상 숭배하
는 것이요, 기복 신앙의 대표요,
17 그러기에 모두를 다 하나로 감싸고 사
랑하라 하시는 것이며, 모두는 아버님
의 아들딸이기 때문에 그들이 심판을
받기 전까지는 아버님의 관심사 속에
있으며 품 안에 존재하기 때문에, 아
버님이 그와 같이 가라 하시는 것이라
생각되옵나이다."
18 사랑하는 나의 아들아! 그러하니라.
19 그러니 내 관심 속에 사는 너희들이
어떠한 마음을 가지고 사느냐 그것이
가장 중요한 것이지, 어떠한 믿음이
요, 어떠한 신앙을 따라가는가 그것은
아무것도 아님이니라.
20 내가 너에게 그와 같은 것을 뭐라 하
여 만백성에게 전하라 하였더냐?
21 "네, 아버님! 아버님께서 그리 말씀을
주셨사옵나이다.
22 믿음의 길을 가는 것, 그리고 종파에
가서 매달리는 것, 그 모두는 아버님
의 자식들이 잠깐 옷을 갈아입으며,
색깔에 따라서 그 색깔을 선택해 입은
것이지, 그 몸체가 검고 파랗게 변한
것은 아니라 하셨으며,
23 그 몸체는 영원히 아버님의 아들딸이
며, 아버님의 피가 흐르며 아버님이
주신 생명이 흐르기 때문에, 그 육의
살이요, 변하지 않는 그 몸체가 중요
한 것이지, 옷의 색깔에 따라서 그것
이 중요한 건 아니라 그리 주신 말씀
을 기억하고 있사옵나이다.
24 사람이 파란 옷을 입고 검정 옷을 입
었다 하여 그들의 본래의 살색이 변하
는 것은 아니요,
25 그를 벗어부치고 아버님 앞으로 올
수 있는 자식이요, 그 기회는 얼마든
지 있기 때문에 저희들에게 몸통이요,
살색이 아버님이 주신 그 본체를 사랑
하며 그를 보고 가라 하시며,
26 잠깐 옷을 갈아입고 외출하고 외박하
는 것에 대해서 구박하지 말며 그를
탓하지 말라, 모두를 감싸라 하신 아
버님의 그 뜻을, 저는 그리 가르치심
을 알고 있사옵나이다."
27 사랑하는 나의 아들아! 그러니 내가
뭐라 하였느냐?
28 나의 아들딸이요, 내 관심 속에 있으
니, 너희들은 똑같은 나의 아들딸이
요, 너희들을 재 본들 뭐라 했느냐?
29 내가 똑같으며 좁쌀 알만큼도 높고 낮
은 차이가 없다 하지 아니하였더냐?
30 그러니 모두는 나의 관심 속에 있는
너희들이기에 지금 바른 마음이요, 선
한 마음을 많이 가지고 살라 하는 것
이요,
31 악한 마음속에 너희들이 있으면 믿음
의 길을 가든 안 가든 모든 백성이 그

대가를 치른다는 하늘의 법도를 알라
함이니, 이를 상세히 깨우쳐 주도록
그리하라, 사랑하는 나의 아들아!
32 "네, 아버님! 알겠사옵나이다."

12,144 번째 하나님 말씀

2004년 7월 12일 20시 57분

1 사랑하는 나의 아들아!
2 "네, 아버님! 말씀하옵소서."
3 내가 너희들에게 믿음이요, 신앙의 길
을 잘못 간다 하지 아니하였더냐?
4 믿음이요, 신앙의 길을 가는 백성들은
깨우친 백성들이 아니요, 울고불고하
는 그와 같은 백성들이니,
5 창조주 나 여호와가 창조한 그 뜻을
아는 것이 너희들이 가야 할 길이지,
작은 저 자신의 구원을 위하여 몸부림
치고 울고불고하는 것은 잘못된 신앙
이요, 잘못된 믿음이요, 나 여호와의
뜻을 모르는 백성들이 하는 짓이라 내
가 엄히 기록하여 전하지 않았더냐?
6 또한, 내가 너희들에게 이리 명하는
것이 무엇인 줄 알겠느냐?
7 그와 같은 이치를 너희들이 깨닫고 내
뜻을 안다면, 너희들이 지금 어떠한
것을 믿고 안 믿는 것은 중요한 것이
아니니라.
8 너희들이 어떤 종파에 속하고 아니 속
한 것은 아무런 관계가 없으며 그 의
미가 없음이니라.
9 곧 이는 창조주 나 여호와의 뜻이요,
내가 주관하고자 하는 것이 중요한 것
처럼,
10 너희들이 너 자신을 구원하기 위하여
몸부림치고 애원하는 것, 그것은 다
부질없는 것이라는 것과 똑같지 않더
냐?
11 그러니 믿고 안 믿는 것을 따지는 것
은 너희들이 내 뜻을 모르고 지금 우
왕좌왕하는 백성들이 하는 짓이니라.
12 다만, 너희들은 창조주 나 여호와의
뜻에 위대함이 있듯이, 너희들이 나의
아들딸로서 세상에 태어난 것, 생명을
가지고 세상에 나온 것이 더 소중하고
귀한 것이요, 그보다 더 위대하고 소
중한 것이 없으니, 그것이 귀하고 소
중하다는 것을 먼저 알라 그리 전하라.
13 그 모든 바탕 위에서 너희들이 모두를
역사해야지, 그것부터 흔들어 놓고 믿
음이 어떻고 믿음이 이러고저러고 잠
깐 옷을 갈아입은 것으로써 모두를 평
가하지 말라, 어리석은 행위를 하지
말라 함을 깨우쳐야 될 것이니라.
14 나의 아들딸로서 태어난 것은 똑같은
아버지와 자식의 관계로서 태어났으
니, 나는 아버지로서 너희들을 다스리
고 보호할 것이 있으며,
15 너희들은 나에게서 받고 누릴 권리가
있으며, 너희들이 행해야 될 사랑을
실천하는 것이 또 있으며, 내 사랑이
요, 내가 가지고 있는 유업이요, 유산
을 받을 수 있는 것이 너희들이라는
것을 잊지 말도록 그리하라.
16 지금 하늘에 오르는 길에 믿음의 길을
간다는 백성 너희들만이 특별히 유산
을 받는 것이 아니요, 내 유업을 받아
역사하는 것이 아니니라.
17 너희들이 내 뜻대로 얼마만큼 순종하
며 내 뜻에 가까이 와 있느냐 하는 것

이 중요한 것이니라.
18 나의 아들을 따르는 지금의 변화된 백성 너희들이 구원을 받고 안 받는 그와 같은 것을 역사하는 것이 아니라,
19 너희들이 나에게 얼마나 가까이 오는가, 너희들은 매일매일 한 발짝씩 다가오고 있기 때문에 내 뜻을 많이 보며, 내가 원하는 것을 많이 알며, 내가 이루는 것을 아는 것이 너희들이 해야 할 일이고 가야 할 길이지, 너희들이 구원에 얽매이는 것은 아니라 하지 아니하였더냐?
20 그러니 그와 마찬가지로 믿음의 길을 어떠한 것을 가느냐 하는 것은 중요하지 않느니라.
21 너희들이 나의 뜻에 의해 얼마만큼 살아가느냐 그 삶이 중요한 것이요, 모든 심판의 결과는 그것으로써 결정 난다는 것을 다시 한 번 너희들에게 전함이니라.
22 나의 아들로서 태어난 것이 똑같은 자격이 있으며, 그것은 너희들이 나로부터 똑같은 사랑을 받을 수 있으며, 내가 내리는 모든 권리를 주장하고 받을 수 있는 것도 똑같다는 것을 먼저 생각하도록 그리 전하라.
23 다만, 나의 뜻을 얼마나 행하고 순종하며 사느냐, 그것이 가장 중대한 것이며,
24 악한 마음을 가지고 악한 생각을 얼마나 가슴에 안고 살아가느냐, 그리고 선한 마음이요, 선한 생각을 얼마나 가슴에 안고 살아가며 그것을 행동으로 옮겨 실천하는 삶을 어찌 사느냐, 그것이 가장 중요한 것이라는 것을 잊지 말라 그리 전함이니라.
25 사랑하는 나의 아들딸들아! 그것으로써 모두가 결정 나며 그것으로써 모든 것을 심판함이니라.
26 그러니 너희들의 마음속에 어떠한 마음을 가지고 사느냐에 따라, 악의 뿌리를 뽑아내는 삶을 사는 백성만이 나를 볼 수 있을 것이며,
27 악의 뿌리를 가슴에 가지고 거짓된 행위, 위장된 행위로써 너희들이 나에게 오를 수 없다는 것, 나를 볼 수 없다는 것을 알라 그리 전하라.

12,145 번째 하나님 말씀

2004년 7월 12일 21시 05분

1 사랑하는 나의 아들아!
2 "네, 아버님! 말씀하옵소서."
3 나의 백성으로 나의 나라에 올 수 있는 것은 너희들이 살아가면서 얼마나 어떠한 삶을 살았느냐, 그것이 가장 중요하다 하지 않았더냐?
4 너희들을 지배하고 있는 악의 뿌리를 얼마나 뽑아냈느냐, 그리고 네 가슴속에 자리 잡은 그 욕심을 얼마나 많이 지워 버렸으며 뽑아냈느냐 하는 것이 중요하다 하지 않았더냐?
5 그것으로써 너희들이 심판대에 섬이라 내가 그리 말하였느니라.
6 너희들이 선한 마음으로 가슴에 그득히 차 있으며, 악의 심보를 얼마나 지워 버리고 뽑아 버렸느냐, 그것이 가장 중요하다 하였느니라.
7 너희들이 악의 심보가 뽑아지는 것만큼 선한 마음이 그 자리를 채우니, 그

것은 바로 나의 성령이 너희들 가슴에
임하는 것이요, 그리하여 그것이 가장
중요한 것이라 내가 너희들에게 수없
이 전한 의미를 깊이 깨우치라.
8 나의 자식으로 태어난 너희들이 성장
하면서 지금 그 길을 그대로 지키고
왔으면, 오늘에 이와 같은 고통이 없
을 것이니라.
9 나 여호와가 사랑하는 아들딸들을 세
상에 내보내니, 천사와 같은 마음으로
내가 세상에 내보냈느니라.
10 천사와 같은 마음을 가슴에 그득히 안
고 세상에 태어난 나의 아들딸들이 살
아가면서 죄의 굴레에 빠지기 시작함
이니,
11 너희들이 태어났을 때는 모두 나 여호
와가 소유하며 나의 아들딸이었음이
니라.
12 그러나 너희들이 성장하면서 이게 어
찌 된 결과가 되었는지 알겠느냐?
13 나의 사랑하는 나의 아들딸들을 내가
사탄에게 반을 뺏겨 버렸으니, 반은
사탄이 주인이요, 반은 나 여호와가
지금 아버지로서 존재하는 이와 같은
슬픈 형국이 되었느니라.
14 사탄의 마음이 50퍼센트 이상 너희들
에게 차지하고 있다면 그는 사탄의 자
식으로서 넘어간 것이요, 그래도 50
퍼센트 이상 선을 지키고 있는 것은
아직도 나의 아들딸로서 너희들이 내
앞에 있는 것이나 마찬가지니,
15 어찌하여 사랑하는 나의 아들딸을 사
탄과 창조주 나 여호와가 같이 공유하
는 슬픈 형국이 되었단 말이더냐?
16 나의 아픔을 너희들이 알겠느냐?
17 사랑하는 아들딸을 내가 세상에 내보
내어 천사와 같이 살다 나에게 오라
하였거늘, 너희들이 살아가면서 욕심
과 욕망이요, 잘못된 마음 때문에 반
이상을 8·90퍼센트까지 사탄에게 공
유를 당하고 있는 나의 백성들이 되어
버렸으니, 내 마음이 얼마나 아프겠느
냐?
18 그리하여 지금 내가 나의 아들을 통하
여 모두를 역사하는 것은 무엇이더냐?
19 나의 사랑하는 아들딸 너희들은 나의
귀중한 소유물이요, 내 창조물인 너희
들이 나에게 돌아올 수 있는 그와 같
은 역사를 이루고자 하는 것이 나의
뜻이니라.
20 그리하여 너희들을 돌려놓는 것이 나
의 소원이요, 내가 역사하는 것이요,
그리하여 오늘의 이 어렵고 힘든 길을
감이니라.
21 사랑하는 나의 아들딸들아! 너희들이
여기에 동참하여 스스로 악의 뿌리를
뽑아내며 악의 껍질을 하나씩 뽑아 던
졌을 때, 나 여호와의 힘이 덜 들며 내
가 어렵지 않지 않겠느냐?
22 그러니 너희들이 나를 도우라.
23 나를 돕는 것은 너희들의 구원이요,
너를 돕는 것이요, 너희들이 하늘에
올 수 있는 그 은혜를 받는 것이니 그
리 알라.
24 사랑하는 나의 아들딸들아! 너희들이
귀하고 귀한 보물을 가졌음이니, 아무
런 이해관계도 없는 사람이 대들어 그
반 이상을 가져갔으며 전부를 다 뺏어
가려 한다면 얼마나 억울하고 분통이
터지겠느냐?

25 그보다 천만 배 더 억울하고 분한 것
이 나이니라.
26 나 여호와가 그리하여 사랑하는 너희
들을 바라보면서 피눈물을 흘리고 있
으며, 그리하여 내가 분하고 속이 상
한 마음으로써 그저 일시에 재앙으로
써 너희들을 다스리고 싶으나, 사랑하
는 나의 아들딸이니 내가 그리할 수도
없음이니라.
27 너희들에게 자식들이 태어나니, 그 어
리고 예쁜 눈망울을 보고 거기에 재앙
을 내릴 수 있겠느냐?
28 나는 너희들을 그리 보니, 소중하게
갓 태어난 아이가 방실방실 웃는 그
얼굴에 어찌 재앙의 뿌리를 내릴 수
있으며 재앙으로써 덮을 수 있느냐,
그리 못 하지 않더냐?
29 나 여호와가 너희들을 보는 마음이 그
러하니라.
30 그러니 내 마음이 얼마나 아픈가를 너
희들은 알겠느냐?
31 나 여호와는 욕심의 하나님이 아니니
라.
32 내가 세상에 내보낸 그 아름답고 예쁜
나의 아들딸들이 지금 성장하면서 사
탄에게 다 빼앗겨 내가 오른팔을 잡고
있으면 그가 왼팔을 잡고 있으며, 너
희들이 한쪽에는 사탄에게 한쪽은 나
에게 팔을 벌리고 있는 그와 같은 형
국이 되니, 내가 얼마나 분하고 가슴
아프며 속상한 일이 지금 되어 있더냐?
33 그리하여 내가 너희들을 내 소유로 돌
아오게 하며 내 자식을 내 품으로 안
고자 하는 것이 내가 바라는 역사요,
이루고자 함이니,
34 너희들이 어찌하여 내 쪽에 힘을 실어
주지 아니하고 아버지를 버리고 사탄
에게 힘을 실어 주는가?
35 그와 같은 어리석고 불쌍한 백성들이
지금 그리 행하고 있으니, 그를 보는
내 마음이 어떻겠는가?
36 너희들의 자식을 보자.
37 전혀 모르는 자가 사탕을 주었다 하여
서 그 품으로 가려고 하는 네 자식을
붙잡고, '그리 가면 죽음이니, 네 아비
는 나니, 이리 오라.' 할 때,
38 사탕을 주지 아니하고 매로 다스린 그
아버지가 밉고 섭섭하다 하여 네 손에
있는 그 팔을 빼고 모르는 자요, 사탕
을 주고 잠깐 그저 이용하려는 자 앞
으로 달려가려 한다면, 그 부모의 심
정이 얼마나 아프겠느냐?
39 그보다 더 저리고 아픈 것이 지금 하
늘에서 보는 내 마음이라는 것을 너희
들은 알라.
40 나의 아들을 따르는 사랑하는 너희들
은 바로 그를 내가 차단하고자 하며,
너희들이 힘을 내어 나를 받들며, 도
망가려는 자, 빠져나가려는 자를 나가
지 못하도록 그리 막고 힘을 합치라
함이니라.
41 사랑하는 나의 아들딸들아! 너희들을
한쪽은 사탄이 잡아당기며 한쪽은 내
가 당기니, '사탄아, 물러가라. 나는 내
아버지 품으로 가겠다.' 하여 너희들
스스로 내 가슴에 안기는 자식이 있을
때 나의 기쁨이 어떠하겠느냐?
42 그리되라는 것이며, 그리 만들라는 것
이며, 그리 역사하라는 것이 선택된
나의 아들딸이요, 새로운 성경 160권

을 만들고 전하는 너희들의 대명이니
라.

12,146 번째 하나님 말씀

2004년 7월 13일 06시 30분

1 사랑하는 나의 아들아!
2 "네, 아버님! 말씀하옵소서."
3 나의 피조물 만백성들이 살아가는 마
음 자세요, 그 삶이 어떠해야 되는가?
4 "네, 아버님! 그렇사옵나이다.
5 진심으로 아버님께 감사하며 진심으
로 아버님께 경배드리는 마음, 그리고
정녕 아버님의 그 은혜가 얼마나 위대
하고 소중한 것인가를 진심으로 깨닫
는 백성이요,
6 아버님을 부르되 진심으로 부르며, 기
도를 하되 진심으로 기도를 드리며,
아버님을 생각할 때 진심으로 생각하
는 그와 같은 마음으로 살아가는 것이
저희들이 가야 할 길인 줄 알고 있사
옵나이다.
7 얼마만큼 아버님을 경외하며 얼마만
큼 아버님의 은혜에 감사하는 마음으
로 살아가는가,
8 눈물로 앞을 가리고 살아가는 그와 같
은 삶을 살아도 아버님의 은혜에 다
감사할 수 없으며 아버님이 내려 주신
그 은혜에 보답할 길이 없사옵나이다.
9 그러니 아버님의 이름을 부르는 것,
아버님을 향하여 기도하는 것, 예수님
의 이름을 부르는 것, 예수님을 부르
며 기도하는 것, 그것이 얼마나 소중
하고 귀한 자세로써, 경건한 자세로써
행동을 해야 되는 것인지,
10 그 속에서 아버님을 찾으면서 경배를
하며 위대함을 느끼는 마음, 그리하여
스스로 낮은 자가 되는 그와 같은 삶
을 살아가야 될 것이라 생각되옵나이
다.
11 아버님을 찾음에 그 은혜에 감사의 눈
물이 흐르며, 예수님을 찾음에 그 은
혜에 감사의 눈물을 흘리는 것, 진심
으로 마음속에서 존경하며 마음속에
서 감사하는 마음, 그와 같은 경배하
는 마음으로 살아가는 것이 저희들이
해야 할 도리요,
12 그와 같은 깨달음이요, 그와 같은 마
음으로써 살아갈 때, 저희들의 마음이
가장 낮은 자요, 천사와 같이 변할 수
있다는 것,
13 은혜에 감사하는 마음, 그것 하나로써
모두가 다 역사할 수 있다는 것을 깨
달아야 될 것이라 그리 생각되옵나이
다."
14 사랑하는 나의 아들아! 제 부모를 공
경하며 스승을 공경하는 자, '스승의
그림자도 밟지 말라.'는 말이 있지 않
더냐?
15 그와 같은 마음으로 온갖 정성을 다하
여 부모를 공경하고 스승을 따를 때,
너희들의 인품이요, 인격이 다스려짐
이니,
16 너희들이 나 여호와를 생각하며 나에
게 기도하고 경배하는 그 마음이 피보
다 진한 땀방울을 흘리는 마음 자세로
써,
17 한마디 나를 찾더라도 그리 찾고, 한
번의 절을 할 때도 그와 같은 마음으
로 절을 하며, 계명을 외울 때도 그러

한 마음으로 계명을 외우며, 성경을
읽을 때도 그와 같은 마음으로 읽으며,
18 새로운 나의 성경을 읽을 때도 감사한
은혜에 눈물을 흘리며, 뼈를 깎는 마
음으로 은혜에 감사하며 그 깊은 마음
으로 읽고 보라.
19 그러면 너희들이 모두가 변할 수 있는
것이니라.

12,147 번째 하나님 말씀

2004년 7월 13일 06시 37분

1 사랑하는 나의 아들아!
2 "네, 아버님! 말씀하옵소서."
3 네 마음이요, 네 생각은 과연 어디에
와 있는가, 그리고 너는 어찌 살아가
야 된다 생각하는가?
4 나 여호와가 너에게 바라는 그 마음이
요, 그것을 어찌 생각하는가?
5 "네, 아버님! 그렇사옵나이다.
6 아버님께서 한 장의 그림으로 이 죄
많은 자식을 깨우쳐 주심이니, 이 세
상에서 가장 큰 별이 되어야 하는 것,
그리고 가장 가슴이 넓은 사람이 되어
야 하는 것, 그리고 이 세상에서 가장
인자한 사람이 되는 것, 그 길이 제가
가야 할 길이며 제가 앞으로 행하여야
할 길이옵나이다.
7 세상에서 가장 큰 별이 되어 만백성에
게 비추는 그와 같은 아름다운 자세가
되어야 할 것이며,
8 모두를 다 가슴에 끌어안으니 모든 것
을 안는 바다보다도 더 넓은 마음이
요, 모든 것이 풍요로운 마음이요, 모
두를 용서하고 모두를 사랑하는 그와
같은 마음으로 살아가야 되는 것이 제
자세이며,
9 이 세상에 저보다 더 인자하고 더 곱
고 아름다운 마음을 가지고 사는 사람
이 없는 그와 같은 백성으로서, 그와
같은 사람으로서 살아가는 것이 제
도리이며,
10 그리하여도 아버님께 그 은혜를 다
갚을 수 없으며, 그 감사한 은혜를 갚
을 수 없사오며, 그와 같은 것이 제가
가야 할 길이옵나이다."
11 사랑하는 나의 아들아! 너는 나의 아
들이니라.
12 그리하여 새로운 성경을 세상에 내려
보내 만백성을 구하는 대명을 함이니,
나 여호와가 이 세상의 모두를 창조하
였으며, 그 모두를 다 사랑하며, 나에
게 귀하고 소중하지 아니한 것이 없느
니라.
13 인간 세상에서도 잘났든 못났든 네 자
식이 가장 소중하고 귀한 것이 아니더
냐?
14 그것은 네 자식이요, 너희들이 그를
세상에 태어나게 했기 때문이니라.
15 너희들이 하나의 조각품을 만들며 남
들이 볼 때는 가치 없는 조각품이라
해도 너희들이 열과 정성을 다하여 만
든 그 조각품은 너희들에게 소중하고
귀한 것이 아니더냐?
16 그러니 이 세상에 나 여호와가 모두를
창조했으며 세상에 내보냈음이니, 얼
마나 그들이 소중하고 귀한 나의 아들
딸이요, 미물이요, 자연의 움직이는
생명체를 가진 것들이더냐?
17 너는 나의 아들이니라.

18 그러니 내가 그 모두를 사랑하는 것처
럼 네가 그 모두를 사랑해야 됨이니,
그리 사랑하는 것은 네가 이 세상에
가장 큰 별이 되어야 하며, 네가 가장
큰 가슴을 가져야 되며,
19 모두를 웃음으로써 대하며 웃음으로
써 반겨 줄 수 있는 그와 같은 그릇이
되어야 하는 것이니라.
20 그것이 나의 아들의 증표요, 나의 아
들로서 만백성을 다스리는 대명을 받
은 너이니라.
21 이제 160권의 새로운 성경이 세상에
나올 날이 머지않았으며, 너를 찾는
자들이 줄을 이을 때가 머지아니하였
으니, 네가 아직도 인간의 작은 고리
요, 그 탈에서 벗어나지 못한다면 어
찌 되겠는가?
22 네가 내가 되어야 하며, 네가 내 마음
이 되어야 하느니라.
23 그러니 나 여호와가 세상에 만들어 낸
그 모두가 다 귀하고 소중한 것처럼,
너도 그리 소중하고 귀하게 생각하며,
네 가슴에 모두를 다 안아야 될 것이
니라.
24 네가 내가 보여 준 그 그림을 보고 깨
달았음이니, 바로 네가 그리하라.
25 세상에 가장 큰 별이요, 가장 가슴이
넓은 사람이요, 그리고 모두가 사랑의
샘으로써 이루어진 너요,
26 아무리 세상에 보내고 보내도 끝이 없
는 사랑의 샘이 넘쳐 흐르는 나의 아
들이 되어야 할 것이며, 네가 또 그리
될 것이라 각오를 하고 있음이니, 그
리 살아가라, 사랑하는 나의 아들아!
아무것도 아님이니라. 그리 사는 것이
네가 내 마음을 아는 길이며,
27 세상을 다 네가 창조했으며 네가 만들
어 냈다 그리 생각하고 그 모두를 바
라보라.
28 모든 인간이요, 동식물이요, 그리고
미물에 이르기까지 그게 다 나의 아들
네가 창조했으며, 네 손으로 만들었으
며, 네 구상으로써 그들을 만들었으며,
29 그들이 또 그 자리에 있어야 되기 때
문에 그들이 존재한다 생각하며 그리
보라, 사랑하는 나의 아들아!
30 모든 인간은 육의 세상에 살아가면서
자기 자식은 귀하고 소중하게 생각하
지 않느냐?
31 그러니 그보다도 더 귀하고 소중한 것
으로써, 나이를 따지지 말며, 살아가
는 환경을 따지지 말며, 모든 동식물
을 구분하지 말고, 모두를 그리 사랑
하는 마음으로 살아가라, 사랑하는 나
의 아들아!
32 네가 이 세상의 모두를 다 창조한 자
이니라, 그리고 세상의 모두를 만들어
놓은 너이니라, 그리고 네가 만든 작
품들이니라.
33 그러니 그것이 얼마나 소중하고 귀한
것이더냐?
34 그 마음을 가지고 살아가라.
35 네가 오만하고 교만함이 아니라, 너는
나의 아들이니라.
36 그러니 세상 것을 다 너희들이 만든
것처럼 그리 가라 하라, 너의 제자들
도 그리 깨우치라 그리하라.
37 너희들이 만든 것이요, 너희들이 창작
한 것이니, 모두를 다 너희들이 가슴
에 안고 사랑하며, 가장 큰 별이 되며,

가장 가슴이 넓은 사람이 되며, 가장
사랑할 수 있는 사람이 되며, 진실된
마음만을 가지고 살아가는 사람이 되
라 그리 전하거라.
38 내가 너를 사랑하며 너의 제자들도 사
랑함이니, 네가 변하듯이 너의 제자들
도 그리 변해 갈 수 있기 때문이니라.

12,148 번째 하나님 말씀

2004년 7월 13일 06시 44분

1 사랑하는 나의 아들아!
2 "네, 아버님! 말씀하옵소서."
3 나의 피조물 만백성 너희들이 가장 귀
하고 소중한 것이 무엇이 있느냐?
4 나 여호와가 이 세상을 건설하며 지상
의 낙원을 건설함에 있어서 사랑하는
너희들을 불러 쓰느냐 불러 쓰지 아니
하느냐, 그리고 너희들이 거기에 동참
하느냐 안 하느냐, 이것이 귀중한 것
을 너희들은 알아야 될 것이니라.
5 나 여호와가 이루고자, 내가 주관하고
자 하는 지상의 낙원을 건설하는 데
사랑하는 나의 아들딸 너희들이 거기
에 참여하여 내 뜻에 따라 같이 역사
하는 것,
6 거기에 너희들이 부름을 받는 백성이
되느냐 부름을 받지 못하는 백성이 되
느냐, 이것이 가장 중요한 것임을 알
라, 사랑하는 나의 아들딸들아!
7 나 여호와가 지상의 낙원을 건설함에
있어서 사랑하는 나의 아들딸들을 불
러 쓰고 안 쓰는 그 기준이 무엇인 줄
알겠느냐?
8 너희들이 재물을 가지고 있는 것, 권
력을 가지고 있는 것, 너희들이 똑똑
하고 유능한 것, 인간의 상식이 많은
것, 그와 같은 것으로써 비중을 두고
내가 너희들을 골라 쓴다 그리 생각하
고 불러 쓴다 생각하느냐?
9 그 모두는 인간 세상의 한계요, 인간
세상에서 이루어지는 것이니라.
10 나 여호와는 하늘의 백성이 되느냐 하
늘의 백성이 되지 못하느냐, 이것을
기준으로 하여 너희들을 불러 쓰는 것
이니,
11 인간 세상에서 유능한 사람을 불러 쓰
는 것과 나 여호와가 사람을 불러서
쓰는 선택하는 그 방법이 다름이니라.
12 내가 지상에서 하늘의 낙원을 이루는
데 동참시켜 불러 쓸 수 있는 백성은
가슴속에 악한 마음을 얼마나 가지고
있느냐, 그리고 선한 마음을 얼마나
가지고 있느냐, 그 비중에 의하여 내
가 그 백성들을 불러 쓴다는 것을 너
희들은 알아야 될 것이니라.
13 악한 마음을 가지고 있는 백성은 내가
불러 쓰지 아니할 것이요, 선한 마음
을 가지고 있는 그 백성을 내가 불러
쓰게 됨이니,
14 너희들이 세상사 살아가면서 선한 백
성으로 변하는 모습으로 살아가도록
그리하라.
15 그것이 너희들이 나와 더불어 모두를
역사하는 데 불러 쓰임이니라.
16 선택된 여러 가지 조건이 있음이니라.
17 그러나 수많은 조건 중에서 바로 무엇
인 줄 알겠느냐?
18 너희들이 악한 마음을 버리고 선한 마
음이 비중을 차지하고 있는 것, 그것

이 내가 불러 쓸 수 있는 백성이라는
것을 너희들은 알라.
19 사랑하는 나의 아들딸들아! 내가 너
희들을 불러 쓰는 것이 스스로 모두
가 끝난다 생각하느냐?
20 내가 너희들을 불러 쓰는 그 백성이
요, 너희들이 죽어 나에게 와 심판을
받는 것, 거듭나는 은혜를 입느냐 못
입느냐, 그것 또한 선과 악의 마음의
비중을 가지고 모두가 심판되는 것이
니,
21 지금 여기서 쓰임을 받는 자는 바로
나에게 와 쓰임을 받을 수 있는 백성
이요, 여기서 쓰임을 받지 못하는 백
성이라면 바로 무엇이더냐?
22 너희들이 나에게 올 수 있고 올 수 없
는 심판의 기준이 거기에서 판결남이
니라.
23 너희들이 선한 마음을 가지고 이미 여
기서 내게 역사함을 불러 쓰는 선택을
받은 백성이라면 너희들은 죽어 나에
게 올 수 있는 백성이요,
24 이는 육에서 너희들은 내가 불러 쓰고
안 불러 쓰는 것은 육의 행동이요, 육
의 삶을 어찌 살았는가 그것을 기준으
로써 내가 선택하는 것이요,
25 나 여호와를 아버지라 부르고 안 부르
는 것, 그리고 나를 믿고 안 믿는 그것
을 기준으로써 너희를 내가 불러 쓰지
아니함을 알라.
26 이미 너희는 나의 아들딸로서 세상에
태어났으니, 너희가 나를 믿고 안 믿
는 것은 중요한 것이 아니니라.
27 나의 아들딸로서 너희들이 어떠한 삶
을 사느냐가 중요하니라.
28 인간 세상에서 여러 자식을 둠이니,
그 자식이 좀 더 잘못되며 방탕한 길
을 간다 해서, 아버지 품을 떠난다 해
서 그게 육의 부모의 자식이 아니요,
부모와 자식 간에 인연을 끊을 수 있
는가?
29 그러니 그가 탕자로 간다고 해서 그를
자식이 아니라 내칠 수 있는가?
30 그와 같은 것이니라.
31 탕자가 돌아와 자식의 도리를 다하며
효성스러운 자식이 될 수 있는 것이
아니더냐?
32 그와 마찬가지로 너희들은 나의 자식
들이니라.
33 이미 나의 자식이니, 나를 믿고 나를
따르는 건 당연한 것이요,
34 가장 중요한 것은 너희들이 내 뜻에
따라 사느냐 안 사느냐 그것으로써 나
에게 쓰이고 못 쓰임이니, 이것이 가
장 귀하고 소중한 하늘의 이치임을 알
도록 그리하라, 사랑하는 나의 아들딸
들아!

12,149 번째 하나님 말씀

2004년 7월 13일 06시 53분

1 사랑하는 나의 아들아!
2 "네, 아버님! 말씀하옵소서."
3 나의 피조물 만백성 너희들이 세상에
살아감에 가장 자애로운 자요, 가장
사랑을 실천하는 자요, 인자한 모습으
로써 살아가는 데 최선을 다하며,
4 그리고 주어진 직분에 정의로운 삶으
로써 모두를 살아가는 충실한 백성의
삶을 살지 아니하면 아니 됨이니라.

5 내가 너희들에게 뭐라 말하였느냐?
6 하늘을 향하여 한 점의 부끄럼이 없이
사는 그 백성이 나에게 오를 수 있는
백성이요,
7 육의 세상에서 부끄러운 죄를 그득히
끌어안고 살면서도 죄가 얼마나 무섭
고 두려운 것인 줄을 모르며,
8 그것은 너희들이 나에게 오를 수 있는
길에 걸림돌이 되지 아니하며, 너희들
이 지상의 낙원이요, 나의 나라에 들
어오는 데 아무런 문제가 되지 않는
것이라 그리 생각하는 백성,
9 너희들이 이것이 가장 무서운 것이며
가장 잘못 가고 있는 길이라 내가 수
십 번 기록하여 전하지 아니하였더냐?
10 그러니 한 점의 부끄럼이 없는 삶을
사는 것이 가장 중요하고, 너희들이
육의 삶을 살아가는 기본이요, 근본이
되어야 한다는 것을 잊지 말라, 사랑
하는 나의 아들딸들아!
11 너희가 육의 행동에 대한 책임은 구원
에 걸림돌이 되지 않는다는 그것으로
써 나의 피조물 만백성들이 하늘에 오
를 수 있는 길을 보지 못하며 지옥의
벼랑으로 떨어지는 이 아픈 세상에 살
아감을 보며 내 마음이 얼마나 아프며
가슴이 저려 오겠는가?
12 모든 종교 집단의 지도자 너희들은 들
으라.
13 너희들이 한 점의 부끄럼이 없는 육의
세상의 삶을 살지 못한다 해서, 너희
들을 따르고 무엇인가를 깨우치고자
성서를 들고 찾아오는 사랑하는 나의
아들딸들에게,
14 너희가 지키고 행하지 못한다 해서 그
들도 지키고 행해서는 아니 된다는 사
악한 마음으로써 그와 같은 말을 하지
말라.
15 너희들이 지키지 못했기에 너희 신도
들이요, 성도들이 지키는 것이 있다
하면, 너희들 자신이 설 자리가 없으
며, 네가 흔들리며,
16 너와 그를 놓고 평가할 때 너를 따르
는 자 없을 것이며, 한 점의 부끄럼이
없이 사는 그 백성을 따르는 것이 두
렵고 무서워,
17 너희들이 그와 같은 방법으로써 다른
백성까지도 선하고 아름답게 사는 것
을 가지고는 하늘에 오르고 안 오르는
것에 걸림돌이 되지 아니한다 하며,
18 그저 악하게 살든, 나쁜 짓을 하든 나
여호와만 찾고 나를 부르짖으면 너희
들이 구원을 받는다,
19 그러니 종교 지도자는 어떠한 짓을 하
더라도, 오로지 나로부터 선택된 자
요, 나로부터 명받은 자이기 때문에
위대한 자요,
20 그리하여 실수를 하고 잘못해도 그를
탓하지 말며, 그를 들여다보지 말며,
그를 단죄하지 말며, 그저 존경하는
것이요, 그저 신처럼 받들라 너희들이
그리 가는 것이 아니더냐?
21 그와 같은 대우를 받을 자격이 없는
자들이 그와 같은 대우를 받으려 하기
때문에,
22 '인간이 하는 것은 잘못하는 것이요,
나는 너희들보다 기도를 많이 하며,
나는 너희들보다 아버지를 더 많이 찾
으며, 나는 너희들보다 성경 공부를
더 많이 하니,

23 나처럼 기도를 많이 하지 아니하며,
성경을 많이 읽지 아니하며, 아버지를
많이 부르지 않는 백성 너희들은 내가
잘못하고 사악한 짓을 하더라도, 내가
너희들보다 착한 자요, 위대한 자이기
때문에 내가 하는 것을 탓하지 말라.
24 그리고 너희들도 살아가면서 죄를 짓
는 것은 구원을 받는 데 걸림돌이 되
지 아니하니, 죄를 짓고 살더라도 하
나님을 찾으며 예수를 찾으며 그리고
헌금 잘 내며 주일을 지키며 울고불고
찬송이요, 회개하고 기도하면 구원을
받는다.' 그리 가르침이니,
25 이것이 나의 피조물 만백성들을 다 무
너트린 기본이요, 너희들이 원흉이 된
것이라는 것을 이제라도 깨우쳐, 바로
나고 거듭나지 아니하면 아니 됨이니
라.
26 사랑하는 나의 아들딸 너희들은 직접
듣고 깨우치라.
27 육이 존재하는 한 너희들은 육의 행동
에 의하여 모두를 심판받는다는 것을
알아야 될 것이니라.
28 육의 세상에 살면서 육의 행동이 관계
없다 말하지 말라.
29 육의 세상에서 육이 존재하며 숨을 쉬
고 사는 세상은 그 행동에 대한 모든
것을 책임을 져야 되며, 그 행동의 결
과 여하에 따라서 너희들이 나에게 오
르고 못 오르는 그와 같은 역사가 이
루어짐이니라.
30 너희가 삶을 다 마쳐 인간의 종착역에
도착하여 너희들이 나에게 와 심판을
받는 그 순간까지 너희들이 육에서 어
찌 사느냐 하는 것과 관계가 있음이니
라.
31 그것으로써 너희가 살아온 모든 삶의
결과에 심판을 받기 때문이니라.
32 그러니 너희들의 육이 살아 존재하는
한은 육의 행위에 대해서 그것이 관계
없다는 그와 같은 어리석은 자의 말을
듣지 말라.
33 너희들이 죽어 나에게 심판을 받는 순
간까지, 그 후로는 관계가 없으나, 그
전까지는 너희들이 어떠한 것으로써
역사하느냐 거기에 달린 것이니라.
34 너희들이 나에게 오는 관문을 넘을 때
까지는 육의 모든 행동이요, 그 책임
을 가지고 심판을 하며, 그 결과로써
너희들이 그 대가를 치르는 것이니,
그를 잊지 말라.
35 그러니 너희들이 나의 관문을 통과한
다음의 육의 삶은 관계없다 해도, 그
전까지는 모두가 그것으로써 심판하
며, 그것의 결과에 따라서 너희들이
나에게 오느냐, 지옥의 길을 가느냐,
그것이 결정되는 것이니,
36 육의 세상에 사는 것이 너희에게 걸림
돌이 되지 아니한다는 어리석은 소리
를 하지 말라.
37 그 모두가 그것으로써 결정 남이니라,
사랑하는 나의 아들딸들아!

12,150 번째 하나님 말씀

2004년 7월 13일 06시 58분

1 사랑하는 나의 아들아!
2 "네, 아버님! 말씀하옵소서."
3 개인적으로 너희들이 마음에 가지고
있는 그 악한 마음이요, 욕심의 뿌리

를 다 제거하라 하였으며, 그리고 욕
심이 없는 아름다운 세상을 만들어야
된다 내가 너희들에게 수없이 말하지
않더냐?
4 사랑하는 나의 아들아! 이 세상에 사
탄이 먹고살고 존재하는 것은 무엇인
줄 알겠느냐?
5 너희들의 악한 마음을 먹고 그들이 존
재하고 힘을 쓰며, 너희들의 욕심스러
운 마음을 먹고 살며, 남을 시기하고
질투하는 너희들의 마음을 가지고 살
며, 남을 음해하며 남이 잘되는 것을
배 아파하는 너희들의 잘못된 심성을
그들이 먹고산다 그리 생각하도록 하
라, 사랑하는 나의 아들딸들아!
6 그러니 너희들이 남을 시기하고 질투
하며 미워하며 욕심을 부리며 악한 행
위를 하는 것은 너희들이 사탄에게 먹
이를 주는 것이요, 사탄을 길러 내는
행위를 함이니, 너희들이 사탄을 길러
내는 원흉이 된다는 것을 잊지 말라,
사랑하는 나의 아들딸들아!
7 너희들이 악한 생각을 하지 아니하며,
너희들이 질투하고 시기하는 마음과
그 욕심의 뿌리를 다 뽑아낸다면, 사
탄은 스스로 먹이가 없으니 세상에 살
수 없으며 존재할 수 없는 것이라는
것을 알라, 사랑하는 나의 아들딸들아!
8 그리하여 지금의 모든 종교 집단 지도
자요, 잘못 가르치는 자들이 사탄의
종이요, 사탄의 노예가 되었다 함은
무엇인 줄 아느냐?
9 나의 피조물 만백성들에게 가르치는
자들이 하늘의 뜻이요, 성경의 참진리
를 가르치지 못하고, 너희들이 사악한
자요, 그리고 진실한 믿음을 믿지 못
하며 하늘의 뜻을 알지 못하도록 그들
을 육성하니,
10 너희들로 하여금 그 먹이를 사탄이 차
지해서 먹고살며, 그로 하여금 먹이가
넘치니, 그가 지금 힘을 쓰고 있다는
것을 알라, 사랑하는 나의 아들딸들아!
11 악이 세상에 존재하지 못하도록 그리
하라.
12 너희들이 욕심이 세상에 존재하지 못
하도록 그리하라.
13 시기하고 질투하고 남을 미워하는 마
음을 너희들 가슴에서 다 지우라.
14 그러면 너희들이 사탄의 밥이 되지 아
니하며, 사탄이 발붙이고 살 수 있는
곳이 없음이니, 그는 먹고살 것이 없
기 때문이니라.
15 사랑하는 나의 아들딸들아! 사탄이
존재하지 못하는 것은 그 길밖에 없느
니라.
16 선이 지배하는 세상은 무엇이더냐?
17 선이 세상을 지배할 때 그를 천사들이
먹고산다 그리 생각하라.
18 그리하면 너희들이 선한 마음으로 세
상을 지배할 때, 천사는 힘을 얻어 이
세상은 천사와 같이 된다는 그 간단한
이치를 너희들은 깨우쳐야 될 것이니
라.
19 선이 없다면 천사가 견디지 못하며,
나의 뜻이 세상에 내려오지 못한다면
너희들은 어찌하겠느냐?
20 그러니 선한 백성이요, 욕심을 버리고
아름다운 모습으로 살아가는 나의 아
들딸, 너희들이 천사가 세상에 내려올
수 있도록 기반을 닦는 것이요,

21 나 여호와의 성령이 세상에 내려와 그
위대한 역사를 이룰 수 있는 기반을
닦고 만드는 것이라는 것을 잊지 말라.
22 사랑하는 나의 아들딸들아! 너희들
마음속에 악한 마음이요, 선한 마음,
그것이 바로 그와 같은 역사를 하느니
라.
23 너희들이 악한 행위를 하는 것은 너희
마음속에 있는 사탄을 키우는 것이요,
너희들이 남을 시기하는 마음을 가지
고 있다면 너희 자신의 마음속에 있는
사탄에게 먹이를 주어 그를 강하게 기
르는 것이니라.
24 그러면서 너희들은 천사를 죽이고자
하는 것이니라.
25 내가 너희들에게 처음에 준 인간의 본
성인 천사와 같은 마음을 선함으로써
공급하여야 네 마음속에 그가 살아갈
수 있는데,
26 천사에게는 양식이요, 양분을 주지 아
니하니, 그 천사들이 다 메말라 죽어
간다면, 너희들이 과연 어찌하여 천사
와 같은 백성으로 거듭날 수 있겠느냐?
27 그러니 네 마음속에 악한 마음이요,
사악한 마음이요, 욕심의 마음을 다
뽑아 네 마음속에서 사탄이 자라나지
못하도록 하며,
28 사탄에게 영양을 공급하지 못하도록,
천사에게 영양을 공급하며 천사에게
먹이를 주는 개인의 삶을 살도록 그리
하라.
29 그리하면 너희들이 나에게 오를 수 있
으며 모두를 얻을 수 있음이니, 세상
이치의 살아가는 것이 여기에 있음을
알라 그리 전하거라.

12,151 번째 하나님 말씀

2004년 7월 13일 08시 39분

1 사랑하는 나의 아들아!
2 "네, 아버님! 말씀하옵소서."
3 나의 피조물 만백성 너희들이 살아가
는 그 삶이 무엇이며, 기도는 또한 무
엇이며, 어찌 기도를 드려야 된다 생
각하는가?
4 수많은 나의 피조물 만백성들이요, 종
교 집단의 지도자요, 그리고 구원을
받았다는 그 백성들이 울고불고 수없
이 나에게 기도하며 소원을 말함이니,
너는 과연 나의 백성들의 기도는 어찌
해야 된다 생각하는가?
5 "네, 아버님! 저희들은 모든 삶을 마
지막 기도를 위하여 살아야 되며, 기
도는 단 한 번의 마지막 기도로써 모
두가 다 이루어져야 된다 그리 생각하
옵나이다, 아버님!
6 아버님께서 사랑하는 저희 백성들을
세상에 내보내 주시니, 저희들이 살아
갈 수 있는 능력을 다 주신 것처럼,
7 아버지는 저희들이 소원하는 기도를
단 한 번은 들어주시는 것이요, 꼭 들
어주고자 하는 것이 아버님이라 저는
그리 생각되옵나이다.
8 그러니 아버님께서 저희들이 드리는
기도를 한 번은 들어주시니, 그 한 번
드리는 기도가 얼마나 귀하고 소중한
기도를 드려야 되는 것인가 그를 생각
해 본다면,
9 저희들이 그 마지막 기도를 위하여 마
지막의 그 하나의 기도를 위해서 저희
모두를 바치고 살아가야 된다는 것,

그리 살라는 아버님의 그 뜻을 이제야
깨닫고 있사옵나이다.
10 아버님! 저희들이 아버님의 품에 가
며 구원을 받는 것보다 더 소중하고
귀한 것이 없으니,
11 이 세상에 살아 있는 동안에 육의 삶
을 위해서 울고불고 그 기도를 함으로
인하여 단 한 가지 아버님이 소원을
들어주시는 그 기도를 다 비리고 날리
는 어리석은 백성들의 삶을 사는 것,
그보다 더 불행하고 불쌍한 백성이 없
다 생각하옵나이다.
12 그러니 육의 세상에서 아무리 힘들고
어렵다 해도 예수님이 그 고통스러운
죽음을 참고 인내하면서도 아버님께
아무것도 원하지 아니하며, '아버님
뜻대로 하옵소서.' 하는 그 기도가 얼
마나 위대한 기도이며, 그것이 마지막
기도인가를,
13 정녕 예수님께서 그 마지막 기도가
'아버님 뜻대로 하옵소서.' 그 기도가
아니고, '아버님, 저를 이 고통에서 꺼
내도록 하여 주옵소서.' 그리 기도를
했다면,
14 아버님께서는 그 기도 하나를 들어줌
으로 인하여 예수님은 아버님 곁으로
결코 갈 수 없었다는 것, 그리하여 예
수님의 마지막 그 기도의 의미를 알아
야 되며,
15 저희의 단 한 번의 소원을 들어주시는
아버님께 바치는 그 기도가 얼마나 귀
하고 소중한 것인가를, 그리하여 그
마지막 한 번의 기도를 위하여 삶을
살아야 된다는 것을 이제야 깨달았사
옵나이다."
16 사랑하는 나의 아들아! 네가 그를 정
녕 깨달았다면, 이제 너의 제자들에게
오늘부터 그리 전하라.
17 네가 이 강론을 한 그 후부터 너희들
이 나에게 어떤 것이든 원하는 기도를
드리지 말라 그리 전하라.
18 마음속으로 소원하는 걸 가져도 안 됨
이니라.
19 그러면 과연 마지막 기도는 너는 언제
나에게 해야 된다 생각하느냐?
20 "네, 아버님! 심판대에 섰으니, 저희
들의 죄가 많으며, 그리고 아버님께
갈 수 없으며 지옥으로 가게 되었을
때,
21 아버님께 마지막으로 '아버님! 저를
기억하여 주옵소서.' 그 소원의 그 기
도를 드리면, 저희는 구원을 받을 수
있는 영광의 면죄부를 받을 수 있는
기회가 있다는 것,
22 그 마지막 기도 한마디가 그리 소중
하고 귀함이니, 그 기도는 마지막에
드려야 된다 그리 생각하며,
23 그것 외에는 절대 기도를 드려서는 안
되며, 소원하고 바라는 기도를 해서는
아니 된 것이라 그리 생각되옵나이다,
아버님!
24 세상 것을 다 얻는 기도를 드릴 수 있
는 것을 그저 좁쌀 알 하나 얻는 것으
로써 그 기도의 대가를 다 쓰고 난다
면, 얼마나 억울하고 분하겠사옵나이
까?
25 아버님! 정녕 그리 알았사옵나이다.
26 그리고 아버님께서 저를 따르는 제자
들이요, 아버님! 이 새로운 성경을 읽
고 깨우친 백성들에게 그 면죄부의 사

랑과 은혜를 내려 주심을 감사드리옵
나이다.
27 모두 엎드려 아버님께 경배를 드리옵
나이다.
28 지금서부터 아버님께 바라는 기도, 소
원의 기도를 하지 말라 하시오며, 그
리하여 마지막 한 번 있는 그 기도를
살려 주심이니,
29 그 기도를 마지막 가장 귀하고 소중할
때 쓰라는 아버님의 그 은혜에 모두
감사드리오며, 그리고 기도가 얼마나
귀하고 소중한 것인가를 이제야 깨달
았사옵나이다.
30 예수님께서 마지막 그 고통의 시련을
겪으면서 '저들을 벌하여 주옵소서,
그리고 저를 고통에서 면해 주옵소
서.' 그 기도를 했더라면,
31 예수님은 그것으로써 받을 것을 모두
다 받았으며, 한 번 드릴 수 있는 그
기도를 다 드렸음이니, 그것으로 끝나
며 구원의 길은 결코 갈 수 없는 그와
같은 것이었사옵나이다.
32 그러나 예수님은 알고 계셨기에 '아버
님 뜻대로 하여 주옵소서.' 그 기도를
드린 것이니,
33 그리하여 아버님 곁에 갈 수 있었으
며, 그것이 바로 마지막에 드릴 수 있
는 기도라는 것을 저희가 알지 못하며
그를 깨닫지 못하였사옵나이다.
34 아버님! 정녕 저희들은 아무것도 원
하지 아니하며, 소원하지 아니하며,
오로지 마지막 심판대에 서서 저희들
이 미달될 때 '아버님! 저를 기억하여
주옵소서.' 그 기도를 위하여 아무것
도 육의 세상에서 바라는 것이 없으며
소원하는 것이 없는 그와 같은 백성으
로 가도록 같이 노력하며 깨우치고 전
하겠사옵나이다."
35 사랑하는 나의 아들아! 네가 160권의
새로운 성경을 이루어 가며, 네가 이
세상에 가장 큰 별이 되고자 하며, 네
가 가장 인자한 사람이 되고자 하며,
모두를 받아들이는 바다처럼 네가 그
넓은 마음으로 모두를 사랑하며,
36 이 세상의 땅도 내가 내린 땅이니 네
가 발길을 조심스럽게 밟겠다 생각하
며, 걸어가는 네 팔다리 또한 내가 내
려 준 것이니, 그것이 바르고 곱게 쓰
며, 헛된 길을 가지 아니하겠다는 네
가 그 굳은 결의로 마음속으로 변함이
니,
37 내가 너를 따르는 제자들에게 상을 주
며 은혜를 내림이니, 이와 같은 은혜
의 영광을 내리는 너의 제자들에게 기
쁨을 같이하라 그리 전하라.
38 그리하여 너희는 마지막까지 원하고
소원하는 기도를 하지 아니하고, 마음
속으로 무엇을 이룰까 생각하지 말며,
너희들의 노력으로써 모두를 다 이루
며, 소원을 원하지 말라.
39 마지막 나에게 와 심판을 받을 때 너
희들의 죄가 많음이니, 너희들이 나를
볼 수 없고 나에게 올 수 없을 때, '아
버님! 저를 기억하여 주옵소서.' 하는
그 마지막 기도 한마디로 내가 너희를
구원해 줄 것이니,
40 그전에 너희들이 무엇을 이루어 달라,
무엇을 해 달라, 인간 세상의 욕심의
기도를 단 한 번이라도 했다면, 그것
으로써 모두를 다 받고 얻은 것이니,

41 나에게 받을 상이 없으며 나에게 드릴
한 번의 기도의 기회를 잃은 것이니라.
42 그 의미를 너의 제자들에게 가르쳐 주
며, 네가 변하며 네가 역사하기에 너
의 제자들에게 내가 모두를 사해 주
니, 지금서부터 그와 같은 마음을 갖
지 아니하고 마지막 때 기도드릴 수
있는 그 기도를 위하여 살아가는 백성
이 되어 너희들이 구원을 받도록 하라
그리 전하라.
43 이것이 내가 너를 따르는 제자들에게
주는 상이요, 은혜니라.

12,152 번째 하나님 말씀

2004년 7월 13일 08시 44분

1 사랑하는 나의 아들아!
2 "네, 아버님! 말씀하옵소서."
3 기도의 의미를 정녕 네가 알았느냐?
4 네가 그 기도의 의미를 알았다면 너의
제자들에게 그리 전하라.
5 기도는 마지막 기도요, 마지막 기도의
의미를 알지 못하면 아니 된다, 너희
마음대로 짜깁기하여 중언부언하는
것은 기도가 아니며, 내가 개구리 울
음소리만도 못한 짓을 하고 있다 한
그 의미를 알겠느냐?
6 단 한 번 너희들이 소원의 기도를 드
릴 수 있음이니, 그것을 어느 때 사용
하며 어느 때 기도를 해야 되는 것인
가 그 의미를 모르고 중언부언하는 자
들은 저희가 받을 것을 다 받았음이니,
7 저희들이 죄를 짓고 나로부터 사면을
받을 수 있는 그 귀하고 소중한 것을
좁쌀 하나 얻는 것으로써 그저 다 사
용한 백성들이니, 그리하여 구원을 받
을 수 없다 함이니라.
8 그러니 내가 나의 아들을 통하여 새로
운 성경을 만들며 어렵고 힘든 길을
가는 너희들이 오늘에 잘 인내했기에,
9 내가 너희에게 내리는 그 상은 사탄도
마귀도 아무도 감히 너희에게 거부하
지 못하며 그 이유를 달지 못함이니라.
10 그리하여 내가 너희들에게 크나큰 은
혜의 영광을 내렸음이니라.
11 그러니 너희들은 오늘부터 마지막 기
도의 그 역사를 알며, 이 세상의 모든
것은 내가 내린 귀하고 소중한 것이
요, 내 것이라는 생각을 잊지 말라 그
리하라.
12 그러니 나와 관계되지 아니한 것이 없
음이니, 너희들이 모두 활동하고 행하
는 것, 앉아 있는 자세도 나와 관계된
것이요, 너희들이 먹고 쓰고 자는 것
도 모두가 다 나와 관계된 것이니라.
13 그러니 모두를 너희들이 행할 때는 나
여호와와 관계된 것이며, 나의 것을
가지고 너희들이 행동하며 내가 가지
고 있는 것을 너희들이 씀이라 생각하
라.
14 그와 같은 마음 자세로써 세상을 보며
세상을 살아갈 때 너희들은 하나의 오
차도 없을 것이니라.
15 사랑하는 나의 아들딸들아! 너희들은
모든 백성들과 차별화가 되어야 하느
니라.
16 너희들이 앉아 있는 모습도, 걸어가는
그 모습도, 움직이는 모습도 다 다른
백성들과 차별화되어야 하는 것은 당
연한 것이 아니더냐?

17 너희들이 차별화되고 싶어서 차별화
를 하고 차별화된 관계를 이루고 싶어
서 차별화를 이루는 것이 아니라,
18 모두는 나 여호와의 것이요, 나와 관
계된 것이라는 것, 나와 너희들이 직
접 거래하는 것이라는 생각을 하고 행
동을 하도록 그리하라.
19 그러면 너희들이 차별화되지 아니하
려 해도 차별화되는 사람으로서 거듭
날 것이며 그와 같은 삶을 살게 될 것
이니라.
20 모두가 나와 직결되는 것이며 내 뜻을
대신하며 나와 관계되지 아니한 것이
없으며, 너희들이 쓰고 입고 잠잘 때
쓰는 것까지 모두가 다 나와 관계된
것이니,
21 나와 관계된 것을 너희들이 쓰고 활용
하면서 그걸 더럽고 추한 곳에 쓸 수
있고 그리 사용할 수 있는 것인가?
22 너희 자신을 들여다보며 돌이켜 보도
록 그리하라, 사랑하는 나의 아들딸들
아!
23 한 송이의 꽃잎이요, 떨어지는 꽃잎까
지도, 낙엽까지도 모두가 다 나와 관
계된 것이니, 그 모두가 소중하고 귀
하고 아름다움을 너희들이 알아야 될
것이니라.
24 그러니 이 세상의 모두가 다 나의 것
이며 나와 관계되었다는 생각을 절대
버리지 말고 행동하고 그리 살아가도
록 그리하라.
25 그러면 만백성과 너희들이 차별화되
는 삶을 사는 백성으로 거듭나 있는
네 자리를 알게 될 것이며 너를 보게
될 것이니라.

12,153 번째 하나님 말씀

2004년 7월 13일 08시 48분

1 사랑하는 나의 아들아!
2 "네, 아버님! 말씀하옵소서."
3 지금의 살아가는 모든 백성들이 얼마
나 잘못되었으며 길을 모르고 가는지,
너희들은 이제 알겠느냐?
4 믿음의 길을 가는 종교 집단의 지도자
요, 구원을 받았다는 그 백성들이 구
원이라는 것에 얽매어 아무것도 보지
못함이니라.
5 구원을 받는 그 백성이요, 구원을 받
았다는 그 무서운 말을 감히 함부로
하기 전에, 너희들이 이 세상을 다 끌
어안고 가슴에 안을 수 있는 충만한
사랑의 상태로써 살아가도록 하여야
하는 것이 먼저 급선무임을 알라 그리
전하라.
6 너희들이 나로부터 받은 생명이요, 나
로부터 받아 가지고 나간 것이 얼마나
귀하고 소중하며 그 은혜가 얼마나 위
대한 것인가를 알아야 될 것이며, 그
와 같은 것을 먼저 깨우치고 행하는
삶을 살도록 그리하라.
7 모두를 용서하는 마음, 모두를 웃음으
로써 대할 수 있는 것, 모두를 사랑으
로써 받아들일 수 있고 사랑을 베풀며
살아갈 수 있는 그와 같은 모습으로
변하는 삶으로 가야 되는 것이니라.
8 너희들이 나에게 기도드릴 때, 그저
'아버지여, 주여, 주여! 은혜를 받았나
이다, 주십시오, 주셔서 감사합니다.'
그런 기도가 아니라,
9 제가 세상에 태어나 오늘 아버님께 기

도할 수 있고 경배할 수 있는 이 시간을 주신 것, 아버님의 말씀을 경청할 수 있는 이 시간을 주신 것이 너무 감사하고 고마워 뼛속에서부터 우러나오는 감사함을 느끼는 마음 자세로 살아야 될 것이니라.

10 나 여호와요, 아버지를 찾을 때 아버지를 찾을 수 있는 그 영광이 얼마나 귀하고 소중한 것인가, 거기서 피보다 진한 진지한 눈물이 흐르는 마음으로 나를 찾고 나를 부르는 것이 우선 급선무며 너희들이 행해야 할 길이라는 것을 알라.

11 나를 지나가는 강아지 이름 부르듯이 부르며, 흐트러진 자세요, 마음이 정립되지 않은 자세에서 울고불고 나를 찾고 은혜를 받았다, 구원을 받았다, 무엇을 이루어 달라 그와 같은 부질없는 행동,

12 그것이 무슨 값어치가 있으며 그것이 무슨 가치가 있으며 거기에 무슨 진실이 있고 아름다움이 있단 말이더냐?

13 그러니 나의 아들을 따르는 제자 너희들은 나를 부르는 한마디를 할 때, 피보다 진한 눈물이요, 피보다 진하게 가슴에 곱고 아름다우며 감사하는 애절한 마음으로써 나를 찾으라, 그리고 나에게 경배하라, 나에게 기도하는 마음을 가지라.

14 그와 같은 마음으로 너희들이 세상을 살아갈 때 이 세상의 모두가 다 귀하고 소중한 것을 알 것이며,

15 너희 것이 아니요, 나 여호와의 것이요, 그리고 너희들은 남남이 아니요, 하나라는 그것을 알아야 될 것이니라.

16 지금 나의 아들이 가슴속에 무엇을 가지고 있는지 아느냐?

17 이 세상에서 가장 크고 아름다운 별이요, 가장 큰 가슴이요, 그리고 저를 던져서라도, 자신을 죽여서라도 남을 용서하고 남을 구하고 사는 것이 도리요, 그와 같이 살겠다는 마음이 지금 계속 굳어져 가고 자리를 잡아 가고 있음이니,

18 그와 같이 나의 아들이 행할 때 과연 너희들이 나의 아들이 오는 그 길을 바로 따라올 수 있겠느냐?

19 나의 아들이 지나온 그 발자취를 바로 밟는 자가 없으면, 나의 아들을 오게 하여 내가 내려 준 그 길을 거둬들인다 하였음이니,

20 사랑하는 나의 아들을 따르는 제자 너희들은 나의 아들의 행함을 보고 그가 살아가는 마음을 보며 그 행동을 보며, 너희들이 그 못지않게 변하는 그와 같은 삶을 살아야 됨이니라.

21 그리하여 내가 너희들에게 그리 살라 직접 내리니, 이를 한쪽 귀로 듣고 흘려보내지 말며 명심하여 이를 행하는 삶으로 살도록 그리하라.

22 가장 큰 가슴을 가진 자요, 어떠한 태풍이요, 비바람이 와도 흔들리지 않는 넓고 넓은 마음으로써 모든 백성을 사랑하고자 하는 나의 아들의 마음보다 앞에 가도록 그리하라.

12,154 번째 하나님 말씀

2004년 7월 13일 08시 52분

1 사랑하는 나의 아들아!

2 "네, 아버님! 말씀하옵소서."
3 나의 새로운 성경 160권이 세상에 내
려오니 지금까지 강론을 듣고 변한 제
자 너희들이 무섭게 변해야 되느니라.
4 너희들이 지금 무서우리만큼 너희 자
신이 놀랄 만큼 너희들이 변화되는 삶
을 살지 아니하면 아니 됨이니라.
5 나의 새로운 성경에 기록된 내용들을
너희들이 다시 한 번 생각해 보며, 나
의 아들을 통하여 내린 그 강론을 다
시 듣고 또 깨우쳐 너희들 자신도 무
서우리만큼 지금 변화되지 아니하면
아니 됨이니라.
6 너희들이 그저 쏟아지는 소낙비처럼
천둥 번개가 몰아치는 것보다도 더 무
섭게 변화되며 거듭나는 삶을 살지 아
니하면 아니 됨이니라.
7 160권이라는 새로운 성경이 세상에
나옴이니, 이를 보고 깨우쳐 인산인해
를 이루는 백성들이 누구를 본다 했느
냐?
8 나의 아들을 보며 그 제자들을 본다
하지 아니하였더냐?
9 너희들 제자를 바라봄이니라.
10 이제는 머지않았음이니라.
11 그리하여 지금은 소낙비가 쏟아지는
그 폭우보다도 무섭게 너희들이 변해
져야 되며, 홍수가 나 내리는 그 물살
보다도 무섭게 변하는 쪽으로 흘러내
려 가야 될 것이니라.
12 그리하여 너희들이 세상을 이루기 위
해서, 내가 역사하고자 하는 그 세상
의 기틀을 닦기 위해서 무서운 물살처
럼 지금 몰고 헤치고 나가야 될 것이
니라.
13 그리하여 너희들이 하나가 되어 흘러
내리는 그 물살에 더럽고 추하고 썩은
것들이 감히 근접하지 못하여 그들이
스스로 물러나며, 그들이 제자리를 찾
으며 저 자신이 물러나며,
14 저 자신이 얼마나 잘못된 것인가를 깨
달을 수 있도록 너희들이 무서우리만
큼 하나의 힘이 되어 홍수가 밀리는
그 물처럼 이 세상을 가르고 지나가야
될 것이니라.
15 그러니 너희들이 그리 가고자 하면 무
섭게 변해야 될 것이니라.
16 추하고 더러운 것을 생각하지도 아니
하며 타협하지도 아니하며 그들을 그
저 무조건 쓸어버리는 그와 같은 무서
운 자가 되어야 할 것이니라.
17 모두는 다 너희들이 역사하는 것이니
라.
18 내가 불칼로써 세상을 다스리고 너희
들을 다시 태어나도록 하며 다른 세상
을 만들며, 그리고 다시 태어나는 그
백성들이 천 년에 걸쳐서 나에게 오르
는 그 역사를 이루며, 지상의 낙원을
이루기 위해서는 너희들 손에 내가 불
칼을 쥐여 주는 것이요,
19 내가 불칼로 가르고 직접 가는 것이
아니니, 너희들이 그 칼을 잡을 수 있
는 자, 그 칼을 휘두를 수 있는 자가
되어야 할 것이니,
20 그 칼에는 사탄도 마귀도 어떠한 부정
도, 타협도 절대 견디지 못하며 모두
를 쓸어버리는 그와 같은 자가 되어야
할 것이니라.
21 불칼을 들고 있는 너희들이 타협하고
물러서며 합의하며, 그리고 베지 못하

며 인정에 치우쳐 치지 못하며 나약해
서 치지 못하는 그와 같은 자가 되어
서는 아니 되느라.
22 모두가 죄를 범하는 자, 죄 속에 있는
자, 내 뜻을 거역한 자, 그와 같은 자
들을 너희들은 사정없이 베고 치고 나
가야 되는 것이 너희들이기에,
23 무서우리만큼 나가는 그 힘을 이루기
위해서 너희들이 무섭게 변화되지 아
니하면 아니 되느니라.
24 무섭게 변해서 거듭나야만 됨을 알라.
25 사랑하는 나의 아들을 따르는 제자 너
희들은 그를 들어야 될 것이며, 그를
들었으면 그리 행하도록 하라.
26 그렇지 아니하면 모두가 역사할 수 없
으며 모두가 존재할 수 없음이니라.
27 이제 머지않았음이니라. 무섭게 변하
라.
28 나의 아들이 무섭게 변해 가고 있음이
니, 그 뒤를 따르는 자가 없었을 때 모
두는 역사할 수 없는 것이라는 것을
너희들은 알아야 될 것이니라.

12,155 번째 하나님 말씀

2004년 7월 13일 08시 57분

1 사랑하는 나의 아들아!
2 "네, 아버님! 말씀하옵소서."
3 너희들이 인간 세상에서 살아감이니,
남에게 폐를 끼치고 인간 세상의 법도
에서 그 법에 저촉되는 죄를 짓는 행
위를 했을 때, 너희들은 형으로써 그
대가를 치르지 않는가?
4 그리고 그 대가를 반드시 치르게 되어
있으며, 그리하여 그 죄의 사면을 받
은 자는 사회에 나가 살 수 있는 것이
인간 세상의 법도가 아니더냐?
5 그러니 너희들이 하늘에 죄를 지은
자, 나의 뜻을 거역하는 자, 너희들이
하늘의 법도를 어겨서 지은 죄를 가지
고 있는 자는 그 죄를 탕감받지 아니
하고는 나에게 오를 수 없으며 나를
볼 수 없다는 것을 너희들은 알아야
될 것이니라.
6 그 죄에 대한 탕감의 원리를 무시하고
그를 부정한다면, 결국 너희들은 나와
관계없는 백성이 된다는 것을 알아야
될 것이니라.
7 육의 세상에서 너희들이 지은 죄는 죽
어 나에게 와 심판대에서 심판을 받기
전에 너희들이 지은 죄의 모든 문제를
탕감을 하지 아니하고 나에게 왔을 때
는 너희들은 아무것도 이루어지는 것
이 없으며 소원함이 없다는 것을 알라.
8 너희들이 육에서 지은 죄를 사면받지
아니하며 탕감받지 않은 백성은 거듭
나는 세상에 올 수 없음을 알라.
9 이를 반드시 깨달으라, 이는 반드시
지켜지는 것이며, 여기에서는 어떠한
타협도 용서함도 없음을 너희들은 알
라.
10 나 여호와가 너희들을 가장 사랑하며
내가 너희들을 귀히 여기는 것이 무엇
이며, 너희들에게 모두를 다 주었으
며, 하늘에 올 수 있는 그 기회를 또
준 것이 무엇인 줄 알겠느냐?
11 육의 세상에서 너희들이 살아가면서
누구나 다 지은 죄의 탕감을 받을 수
있는 기회를 준 것이요, 탕감의 기회
가 있음을 알라.

12 하나를 잘못했을 때 열로써 갚으라 내
가 그리하지 아니하였더냐?
13 너희들이 그와 같이 열로 행하고 갚았
을 때 지상의 세상에서 지은 그 죄를
탕감받을 수 있는 그 기회를 주지 아
니하였더냐?
14 이것이 바로 나 여호와가 너희들에게
내린 가장 큰 사랑이요, 은혜라는 것
을 알라.
15 그와 같은 것을 주었거늘, 너희들이
그리 알면서 행하지 아니하며, 육의
세상에서 짓는 죄는 하늘에 오르는 길
에 걸림돌이 되지 아니하며 방해가 되
지 아니한다 하여 너희들이 탕감하는
기회를 잃어버리며 탕감하는 데 게을
리하는 삶을 사는 너희들이 과연 나에
게 오를 수 있겠느냐?
16 육의 세상의 법도에서도 죄를 지은 자
는 그 죄의 대가를 치르지 아니하면
밝은 세상에서 살아갈 수 없다는 것을
알거늘,
17 하늘의 뜻이요, 하늘에 죄를 범하고
그와 같이 구원의 길이요, 광명의 세
상이요, 광명의 천지에 와 살 수 있다
그리 생각하는가?
18 그것처럼 어리석고 불쌍한 백성이 없
음을 너희들은 알아야 될 것이니라,
사랑하는 나의 아들딸들아!
19 나는 새로운 성경에 나의 아들을 통하
여 너희들에게 증거하여 책으로 전했
느니라.
20 육의 세상에서 지은 죄는 너희들이 육
의 세상에 탕감을 다 받아 그 죄를 씻
지 아니하고는 나에게 오를 수 없으며
나를 볼 수 없다는 것,
21 그러면서도 너희들이 탕감할 수 있는
방법과 탕감할 수 있는 기회를 내가
너희들에게 준 것이 이 세상과 바꾸는
것보다도 더 은혜요, 영광을 내가 너
희들에게 내렸다는 것, 그를 감사할
줄 아는 백성으로 살라.
22 그렇지 아니하면 아니 됨이니 그리 알
라 전하라.

12,156 번째 하나님 말씀

2004년 7월 13일 12시 55분

1 "너는 나 외에는 다른 신들을 네게 있
게 말지니라.
2 너를 위하여 새긴 우상을 만들지 말
고, 또 위로 하늘에 있는 것이나 아래
로 땅에 있는 것이나 땅 아래 물속에
있는 것의 아무 형상이든지 만들지 말
며, 그것들에게 절하지 말며 그것들을
섬기지 말라.
3 너는 너의 하나님 여호와의 이름을 망
령되이 일컫지 말라.
4 안식일을 기억하여 거룩히 지키라.
5 네 부모를 공경하라.
6 살인하지 말지니라.
7 간음하지 말지니라.
8 도적질하지 말지니라.
9 네 이웃에 대하여 거짓 증거하지 말지
니라.
10 네 이웃의 집을 탐내지 말지니라.
11 나 여호와가 존재함을 믿는 그 자체가
구원의 길에 들어서는 기본이요 근본
이며, 나의 법전을 가슴에 안고 정독
하는 자, 반석 위에 서서 하늘에 오르
는 찬란한 빛을 보게 되는 영광을 얻

게 됩이니라."
12 사랑하는 나의 아들아!
13 "네, 아버님! 말씀하옵소서."
14 이 세상의 모든 백성들이 내가 나의
아들 너를 통하여 내리는 새로운 성경
이요, 그를 가지고 그들이 깨우쳐 하
늘에 오르는 길을 볼 수 있음이니, 이
는 너를 통하지 아니하면 그 모두가
역사하지 못함이 아니더냐?
15 그러니 너를 따르는 제자들이요, 이를
읽고 깨우친 만백성, 너희들은 하늘로
는 나 여호와를 경배하며 내 뜻에 의
해 역사하며,
16 땅 아래로는 또한 나의 아들을 통하여
내림이니, 그가 전하는 나의 강론이
요, 내 뜻을 듣고 너희들이 바로 깨우
쳐 바로 사는 삶을 사는 데 최선을 다
하지 아니하면 아니 됨이니라.
17 이는 나 여호와가 나의 아들을 통하여
직접 너희들에게 깨우치며 내리니, 이
는 참진리니라.
18 그러기에 이를 듣는 너희들이 바로 깨
우쳐 바로 너희 것으로 만들어 곱게
쓰는 백성의 삶을 살지 아니하면 아니
됨이니라.
19 이것이 얼마나 소중하고 귀한 나의 가
르침이더냐?
20 그러니 그것을 너희들이 소홀히 생각
해서는 아니 된다는 것을 너희들은 다
시 한 번 마음속에 깊이 새겨야 될 것
이니라.
21 너희들은 나의 아들과 더불어 만백성
을 구하는 대명을 받은 자들이니, 너
희들이 나의 대명을 받은 백성으로서
살아감에 있어서 서로가 버팀목이 되
며, 서로 사랑하며 서로 깨우쳐 바로
가도록 그리해야 될 것이니라.
22 너희들이 반목이 있으며 시기하고 질
투함이 있어서는 아니 되는 것이니라.
23 오늘의 종교 집단이 사랑을 실천하며
사랑 속에 살아간다는 그 백성들이 과
연 어찌 살아가느냐?
24 서로 저희들끼리 분규가 생기며 파벌
이 생기며 서로 헐뜯고 송사하는 그와
같은 형국이 되어 있지 않더냐?
25 송사를 하지 말라 하였으며, 겉옷을
달라 하면 속옷을 주고, 속옷을 달라
하면 겉옷까지 주되, 너희들이 송사를
하지 말라 그리 가르치는 것을 듣고
배운 자들이,
26 저희들끼리 그를 배운 한 목자 앞에서
한 교회 안에서 한 종교 지도자 안에
서 자매요, 형제라고 하는 자들이 그
와 같은 짓을 하니, 그들이 남들과 그
와 같은 송사의 문제가 생겼을 때 어
떠하겠는가?
27 하이에나가 먹다 남은 것을 물고 늘어
지는 것보다도 더 너희들이 잔인한 자
요, 더 독한 자들이라 내가 말하면 과
연 너희들은 뭐라 하겠느냐?
28 한 교회라는 그 안에서 한 목자요, 한
선생 밑에서 참진리요, 하늘에 오르는
길이라 배운 자들이 너희들끼리 분규
가 생겨 서로 치고받고 물고 뜯고 싸
움을 하며 송사를 하는 추한 모습으로
살아가는 것이 오늘의 종교 집단의 지
도자들 너희들이니, 과연 너희들과 이
해관계 없는 백성을 어찌 보겠느냐?
29 그러니 믿음이라는 것, 저희들이 잘못
가 지옥으로 가는 그 믿음이라는 걸

가지고 저희들이 선택된 자요, 구원받
은 자요, 특혜받은 백성이라 하여 저
희 형제요, 저희 부모도 인간 취급을
하지 아니하며 인간 대우를 하지 않는
그와 같은 사악한 자들의 몰골이 바로
너희들의 모습이 아니더냐?
30 그러니 너희들이 남과 송사를 할 때
어떠하겠는가?
31 그리하여 너희들이 잘못되었다 하였
음이니라.
32 이제 나의 아들을 따르는 제자 너희들
은 내가 나의 아들을 통하여 내리는
새로운 성경에 기록된 내용이요, 거기
서 전하는 것을 너희 것으로 만들라
함은,
33 남들이 살아가는 것을 보고, 종교 집
단의 지도자들이 하는 행위를 보고,
내가 그들이 잘못되는 것을 나의 새로
운 성경에 기록하여 전하는 것은,
34 너희들을 바로 세우고 바로 깨우쳐 주
고, 인간 세상에 가장 소중한 것이 백
성들이 살아가는 것, 네 이웃이 살아
가는 모습을 보는 것이 가장 훌륭한
거울이라 하며 자신을 비춰 볼 수 있
다 하지 않았느냐?
35 그러니 너희들이 비춰 보지 못하며,
너희들이 견주어 보지 못하며, 너희들
자신의 모습을 거기서 찾지 못하기에
내가 그 방법을 가르쳐 줌이니,
36 너희들은 그들을 원망하고 탓하기 전
에, 그들의 잘못되는 것을 너희들이
반복하지 말며 그 전철을 밟지 말며,
그를 즉각 시정하여 그를 행하지 않는
거듭나는 백성으로서 역사하며, 나에
게 기쁨을 전하는 백성으로 거듭나라
함이니 그리 알라.

12,157 번째 하나님 말씀

2004년 7월 13일 12시 59분

1 사랑하는 나의 아들아!
2 "네, 아버님! 말씀하옵소서."
3 나의 선택된 백성, 나의 아들을 따르
는 제자들이요, 나의 새로운 성경을
읽고 이대로 살아가고자 이 길을 가는
백성, 너희들이 얼마나 소중하고 귀한
가를 알겠느냐?
4 그와 같은 길을 가는 백성 너희들이
사는 것은 너희들 것이 하나도 없으
며, 모두가 내가 주관하며 내가 관장
한다는 것을 알라, 사랑하는 나의 아
들딸들아!
5 그러니 너희들이 걸어가는 것, 앉아
있는 모습, 행동하는 것, 그 모두가 다
나를 대신하는 삶을 사는 자이기에 너
희들이 귀하고 소중한 자요, 정의로우
며 곧은 길을 가도록 하라 함이니라.
6 그러니 내가 너희들에게 전함이니, 너
희들이 살아가면서 누구와의 약속이
요, 언약이요, 그 모두는 다 나 여호와
와 언약하는 것이며 나와 약속하는 것
이라 그리하라, 사랑하는 나의 아들딸
들아!
7 너희들이 나 대신의 삶을 살기 때문이
니라.
8 지금의 모든 종교 집단에 속해 있는
다른 백성들이야 제가 약속한 것이며
제가 사는 것이라 그리하더라도,
9 너희들은 오늘 육을 가진 백성으로서
어떠한 구두의 약속이요, 문서의 약속

이요, 언약의 약속이요, 그 모두는 다
너희들이 하는 것이 아니요, 나 여호
와를 상대로 하는 것이라 그리 생각하
고 살도록 그리하라.
10 모든 사람들이 나 여호와라 생각하며
그들을 나와 너희들과 인간관계가 이
루어지는 것이라 그리 생각하며, 인간
과 인간의 관계가 아니라 나와 너희들
과 이루어지는 관계라는 의미를 가지
고 조심스럽게 두드려 보고 완벽한 삶
을 살아가도록 그리하라, 사랑하는 나
의 아들딸들아!
11 너희들이 나에게 하는 약속이니라.
12 그러니 함부로 하지 말며, 지키지 못
할 약속을 하지 말며,
13 약속을 하거든 반드시 지키는 그와 같
은 백성이 되도록 하라.
14 삶도 그러하니라.
15 너희들은 흐트러진 자세로 살지 말라.
16 흐트러지는 것은 너희들이 내 앞에서
그와 같은 짓을 하며 나에게 보라 하
는 것이 아니더냐?
17 다른 백성들이 살아가는 것은 인간과
인간의 거래요, 약속이니, 그들은 인
간으로서 이루어지는 것이니라.
18 그리고 저희들이 지키지 아니하고 무
너질 때 또한 사탄과 약속이요, 사탄
과 언약하는 것이 아니더냐?
19 무너지고 쓰러진 백성이요, 나와 반대
의 길을 가며 관계없는 길을 가는 그
백성들이 하는 것은 사탄과 사탄의 약
속이니, 그와 나와 관계없음이니라.
20 그러니 너희들은 나와 약속이라는 것
이요, 나와 행동하는 것이요, 나를 대
신하여 한다는 것을 절대 잊지 말라.
21 너희들의 삶은 나를 대신해서 사는 것
이요, 너희들과 대화하고 거래하는 그
모두는 다 나요, 나와 관계된 것으로
써 역사한다는 이 소중함을 알며,
22 너희들이 경건한 마음으로, 중심을 잡
는 마음으로, 흔들리지 않는 행동으로
써, 근엄한 자세로 행동을 하도록 그
리하라.
23 그리하여 모든 백성과 차별화되는 움
직임이요, 말이요, 그 모두를 이제는
보여 주고 나타낼 때가 되었음이니,
24 지금서부터 너희들이 그리 변하지 아
니하면 나의 아들을 따라 하늘에 오르
는 길을 밟을 자격을 잃게 됨이니라.

12,158 번째 하나님 말씀

2004년 7월 13일 13시 03분

1 사랑하는 나의 아들아!
2 "네, 아버님! 말씀하옵소서."
3 나의 피조물 만백성 너희들은 그 마음
에 두마음이 있으니, 하나는 선한 마
음이요, 또하나는 악한 마음이 있으
니, 그 선과 악의 싸움이 항상 너희들
몸속에서 이루어진다 하였느니라.
4 지금의 믿음의 길을 가는 백성 너희가
종교 생활을 하면서 왜 우월주의요,
선택받은 자요, 은혜 받은 자라 하느
냐?
5 인간 너희들의 마음속에는 다 선과 악
이 싸움이니, 너희들이 믿음의 길을
가는 길, 그리고 종교 집단에 가 배우
고 가는 자들, 그 선과 악의 싸움에서
너희들이 선을 선택하는 작은 용기를
가지고 너희 자신이 변화되는 삶을 보

고 너희들이 우월성을 가지고 있으며 그것으로써 구원을 받는다 그리 생각하느니라.

6 그러나 너희들은 들으라.

7 일반 나의 백성들이요, 너희들이 이단이라는 그 백성들도 너희처럼 그들의 가슴에 선과 악이 싸움을 하고 있으니,

8 그들도 너희처럼 악을 버리고 선을 선택하는 삶을 사는 것이거늘, 그것이 믿음으로써 크나큰 차별화가 되는 것, 큰 역사를 이루는 것같이 그리 생각하지 말라.

9 너희들보다도 믿지 않는 백성들이 선과 악이 싸워 선을 선택하는 위대한 백성들이 더 있음을 알라.

10 너희들은 누구나 선과 악의 두마음이 자리 잡고 있으니, 악한 마음을 뽑아 버리고 완전한 사람으로 거듭나는 것, 그것이 곧 나에게 오를 수 있는 길이요, 구원을 받을 수 있는 길이니라.

11 그러나 내가 너희들에게 뭐라 말하느냐?

12 나의 아들을 통하여 너희들은 완전한 사람이 되어 완전한 사람으로 거듭나지 아니하면 구원의 길에 들어설 수 없다 내가 그리 가르치며, 천국에 올 수 없다 내가 그리 말하느니라.

13 그러나 너희들은 뭐라 말하는가?

14 완전한 천사가 될 수 없으며, 그와 같은 삶을 살 용기가 없음이니라.

15 그러니 그와 같이 산 사람이 하늘에 오르는 길이라 하여 새로운 성경에 기록하여 전하니,

16 살 수 없는 자들이 그리 살아야 된다 부르짖는 나의 아들 나의 새로운 성경을 사탄이요, 마귀요, 그가 관장하는 것이요, 그들이 지금 지배하고자 하는 것이라 너희들이 그리 핍박하고 그들을 저주하는 그와 같은 행위를 하느니라.

17 그러나 너희들은 들으라.

18 모든 것이 노력하는 것만큼 그 결과가 있지 않으냐?

19 세계적으로 이름을 날리며 남으로부터 칭송을 받는 자, 그 뒤에는 피나는 노력이라는 것이 있음이니라.

20 그리고 인내라는 것이 있음이니라.

21 노력과 인내로 하여 너희들이 이룰 수 없는 것을 이루는 것처럼, 너희들이 선한 마음을 육성시키는 데 최선을 다한다면 선한 마음으로써 자리 잡으니,

22 선한 마음으로 성장하게 되어, 너희들이 악을 뿌리치며 선한 자로서 자리 잡으며 그와 같이 살아갈 수 있도록 변화되는 것이 인간 너희들이니라.

2 어떠한 환경이나 어떠한 여건에도 가장 적응을 잘하며, 거기서 스스로 판단하여 승자의 길을 선택하는 것이 나의 백성 너희들에게 준 위대한 특성이요, 그 재능이라는 것을 잊지 말도록 그리하라.

부 록

【하나님께서 가르쳐 주신 운동】

천재지변이 일어날 때, 동물이나 미물들은 미리 알고 대피하지만, 인간은 알지 못하고 큰 화를 당합니다. 하나님께서 인간에게 가장 높은 지혜를 주시고 완벽하게 창조해 주셨기에 동물들보다 더 잘 알 수 있지만, 욕심으로 마음이 혼탁해져서 한 치 앞을 보지 못하는 것입니다.

마찬가지로, 인간은 누구나 스스로 필요한 운동을 해서 건강을 지킬 수 있도록 하나님께서 만들어 주셨습니다. 우리의 머리에서 우리 몸에 필요한 동작을 해 달라고 끊임없이 신호를 보내지만, 인간이 혼탁하게 살아서 그 신호를 알아채지 못합니다. 그러니 자연스럽게 자기 몸이 원하는 그 신호를 따라서 운동하는 것이 하나님께서 가르쳐 주신 운동 방법입니다. 바로, 우리의 영이 육을 이끄는 운동입니다.

▶ 하나님 운동법

1. 눈을 감고, 발을 어깨너비로 벌리고 바르게 선다.
2. 몸에 힘을 풀고, 허리를 숙이면서 손과 머리를 아래로 내린다.
3. 허리를 펴고 싶을 때, 천천히 펴면서 하고 싶은 동작을 하면 운동이 시작된다. (사람마다 다르다.)
4. 멈추지 말고, 어떤 동작이든지 자기 몸의 느낌대로 계속 이어서 한다.

▶ 참고 사항

① 눈을 감은 상태로 아무 생각 하지 않고, 자기 몸의 느낌대로 움직입니다.

② 마음을 비우고, 욕심을 버리고, 지난날의 잘못을 반성하면서 몇 차례 시도하다 보면, 자기도 모르게 하고 싶은 동작이 끊임없이 생깁니다.

③ 운동 장소는 방 안이든 운동장이든 관계없으며, 걷거나 달리고 싶을 때는 눈을 떠도 됩니다.

④ 매일 40분 이상, 주 4회 이상, 3개월 이상 하면 음식 조절에 들어갑니다.
- 음식으로 생긴 병은 음식으로 치료하게 되며, 어떤 음식을 먹어야 하는지 스스로 알게 됩니다.
(자기 몸에 필요한 음식만 먹고 싶어집니다.)

⑤ 사랑하는 사람과 함께 운동하면 서로 치료해 주기도 합니다.

⑥ 운동을 하다가 몸의 어느 한 부분을 계속 손으로 자극한다면 그쪽에 이상이 있는 것이니, 의사에게 상담을 받고 적절한 치료를 받으면 됩니다.

⑦ 다이어트 및 기타 건강관리에 효과적입니다.

⑧ 꾸준히 운동하여 영이 맑아지면, 자신의 과거와 미래를 스스로 보게 됩니다.

누구나 스스로 하실 수 있습니다.

간행사

《새로운 성경》은:

· 새로운 성경은, 하나님께서 선량하고 선한 자를 선택하여 십계명을 암송하도록 하시고, 십계명을 암송한 다음에 음성으로써 들려주시는 말씀을 듣고 그대로 카세트테이프에 녹음해서 받아쓴 책입니다.

· 90분짜리 녹음테이프 700여 개에 달하는 말씀으로, 1999년 8월부터 2004년 7월까지 총 160권(권당 288쪽)을 완성하였으며, 그 이후에도 현재까지 계속 말씀을 내려 주고 계십니다.

· 새로운 성경은 "하늘을 두루마리 삼고 바닷물을 먹물 삼아 쓰고 써도 다 못 쓴다"는, 끝없이 방대한 하나님의 말씀이 두루마리로 직접 내려오는 것입니다. 이러한 새로운 성경은 구약과 신약을 폐하려는 것이 아니라 "인봉된 성서의 비유의 뜻"을 상세히 설명하여 완성하고자 하나님께서 직접 내려 주신 말씀입니다.

《새로운 성경》의 구성:

· 제 목: 2013년, 160권 모음집을 발간하면서, 본 도서의 제목을 "하나님! 말씀하옵소서"에서 《새로운 성경》 으로 명해 주셨습니다.

· 단행본: 각 권당 288쪽(신국판) 책이 160권까지 시리즈로 출판됩니다.
(모음집은 단행본을 16권씩 묶어서, 총 10부로 구성됩니다.)

《새로운 성경》의 성경적 근거:

· 신약 성경 [요한복음] 16장 13절에 "진리의 성령이 오시면 그가 너희를 모든 진리 가운데로 인도하시리니 그가 자의로 말하지 않고, 오직 듣는 것만을 말하며" 하신 말씀처럼 하나님의 음성을 들은 것만 기록하였으며,

· "장래 일을 너희에게 알리시리라" 하신 말씀과 같이 개인, 나라, 인류의 "장래"일을 하나님께서 알려 주시는 것만 기록하여 책으로 만들었습니다.

《새로운 성경》의 기록 방법:

· 1999년 8월부터 하나님께서 저에게 들려주시는 음성을 기록하였습니다. 처음에는 제가 들은 말씀을 불러 주면 저의 아내가 기록하여, 2000년 1월 29일에 1권 초판이 세상에 나왔습니다. 2000년 4월부터는 주시는 말씀을 받아 녹음기에 기록하기 시작하였습니다.

· 녹음을 시작하면서 하나님의 말씀을 받는 데 가속도가 붙었고, 2001년 5월 3일에 1부(1~16권까지)를 인쇄하여 출판하였으며, 2004년 7월까지 총 160권 분량의 말씀을 받아 기록하였습니다.

하나님께서 저에게 주신 것은:

· 첫째, 만백성을 상대로 내려 주시는 "기도", 둘째, 수시로 내려 주시는 "묵상", 셋째, 개인의 과거, 현재, 미래를 알려 주시는 "개인 기도", 넷째, 개인의 건강을 위해서 내려 주시는 "음식 처방", 다섯째, 하나님께서 가르쳐 주신 "운동"등이 있습니다. 이 중에 첫 번째, "기도"를 책으로 편찬하였습니다. 사람의 생사, 개인의 미래에 관한 천기는 수록하지 말라 하셨습니다.

강론 안내:

· 하나님께서는 지금도 매일 저에게 새로운 하늘의 비밀의 말씀을 내려 주고 계십니다. 수시로 내려 주시는 말씀을 정리해서 제자를 육성하라는 말씀에 따라 매주 강론을 하고 있습니다. 누구나 무료로 들으실 수 있습니다. (book160.com)

《새로운 성경》을 읽는 분들에게 드리는 선물:

· 개인 기도: 개인의 과거, 현재, 미래에 관하여 말씀을 내려 주십니다.

· 음식 처방: 사람은 음식을 먹고 살다가 건강을 잃으니, 음식과 운동으로 건강을 되찾는 방법을 알려 드립니다. 단, 하나님이 계심을 믿고, 십계명을 지키겠다고 진실로 서약하는 분들께 알려드립니다.

《새로운 성경》의 은혜와 기적:

· 새로운 성경 전160권은 16권씩 묶어서 총 10부의 모음집으로 구성됩니다. 모음집 한 부를 읽고 깨우치는 자에게 하나님께서 다음과 같은 기적이 있다고 하셨습니다.

· "첫째, 그가 죽어 하늘에 갔을 때 그의 죄를 묻지 아니하며, 구원을 받는 위대한 은혜가 있으며, 둘째, 그의 소원과 소망이 이루어지고, 셋째, 죽은 자(부모, 형제, 자식, 사랑하고 은혜 입은 분)의 이름으로 구입한 책을 읽고 누군가 한 사람이 깨우칠 때, 그 죽은 자가 지옥에서 천국으로 구원을 받게 되며, 넷째, 유산, 중절 수술 등으로 태어나지 못한 아이를 위하여 구입한 책을 보고 한 명이 깨우쳤을 때, 그 아이가 사람으로 다시 한 번 태어나는 은혜를 받는다."

· "새로운 성경"을 3회 이상 정성을 다해 정독하는 자, 성서의 비밀을 알게 되고, 세상의 이치를 알게 되며, 세상을 지배하고 통제할 수 있는 지혜를 다 얻게 된다고 하셨습니다. 이 책은 만백성이 정독하고 이웃에게 전하여, 평생 가슴에 묻은 슬픔과 고통의 짐을 벗고 미래를 위한 힘찬 삶을 살아가도록 하는 책입니다.

끝으로

· 하나님께서는 흰 눈이 세상을 덮듯이 새로운 성경을 온 세상에 전하라고 하셨습니다. 《새로운 성경》을 각국어로 번역해서 온 인류에게 구원의 길을 깨우쳐 주고, 그 수익으로 가난하고 어려운 백성을 구제하여, 만백성의 영과 육을 함께 구원하는 선지자의 임무를 수행하라고 저에게 명하셨습니다.

· 하늘에서 내려 주신 말씀의 보화를 만백성에게 나누어 주는 것이 선지자의 임무라고 하셨습니다. 새로운 성경을 통해서 얻는 재물을 사용할 곳도 하나님께서 일일이 명해 주십니다. 모든 재물은 저의 자의로 쓸 수 없고, 하나님께서 명하시는 대로만 쓰여집니다.

· 어떤 명분으로든 십일조나 각종 헌금을 거두어들이지 말라 하셨으며, 국내뿐 아니라 각국에 성전과 단독 서점을 운영하며, 한국의 많은 젊은이들을 전 세계에 지도자로 내보내라고 하셨습니다.

· 우리는 세계적으로 새로운 성경을 보급하며 어려운 이들을 돕는 역사를 해 나갈 것입니다. 지금까지 비록 몇 명 안 되는 제자들과 함께 이러한 일을 역사했지만, 앞으로도 계속 하나님께서 기뻐하시는 일들을 해 나갈 것입니다. 부족한 저희에게 여러분들의 지혜와 성원을 보내 주시기를 바랍니다. 많은 분들의 참여와 도움을 간절히 기다립니다. 감사합니다.

한국어로 내려온 《새로운 성경》 단행본을 출간하며
2016년 4월 10일

발행인 **김 용 철**

한국어로 내려온

새로운 **성 경** · 10부 · 제158권

지은이 하나님 말씀
대역자 김용철

초판인쇄 1쇄 2017년 2월 1일
2쇄 2017년 6월 21일

펴낸 곳 도서출판 하얀마음
등록번호 제 10-2107호 (2001년 2월 14일)
주소 서울시 노원구 덕릉로86길 5, 2층
전화번호 02) 313-1114
팩스 02) 393-5554
전자우편 book160@hanmail.net
편집위원 조나영 김미향 이석교
제작지원 김서영 이상빈

도서상담 1600-7527
ISBN 978-89-5875-258-5 (04230)
978-89-5875-100-7 (세 트)

값 10,000원
잘못된 책은 구입하신 곳에서 바꾸어 드립니다.

※이 책은 10부로 제작되며, 각 부 16권씩 총160권으로 구성됩니다.※

1부	2부	3부	4부	5부	6부	7부	8부	9부	**10부**
1권	17권	33권	49권	65권	81권	97권	113권	129권	145권
2권	18권	34권	50권	66권	82권	98권	114권	130권	146권
3권	19권	35권	51권	67권	83권	99권	115권	131권	147권
4권	20권	36권	52권	68권	84권	100권	116권	132권	148권
5권	21권	37권	53권	69권	85권	101권	117권	133권	149권
6권	22권	38권	54권	70권	86권	102권	118권	134권	150권
7권	23권	39권	55권	71권	87권	103권	119권	135권	151권
8권	24권	40권	56권	72권	88권	104권	120권	136권	152권
9권	25권	41권	57권	73권	89권	105권	121권	137권	153권
10권	26권	42권	58권	74권	90권	106권	122권	138권	154권
11권	27권	43권	59권	75권	91권	107권	123권	139권	155권
12권	28권	44권	60권	76권	92권	108권	124권	140권	156권
13권	29권	45권	61권	77권	93권	109권	125권	141권	157권
14권	30권	46권	62권	78권	94권	110권	126권	142권	158권
15권	31권	47권	63권	79권	95권	111권	127권	143권	159권
16권	32권	48권	64권	80권	96권	112권	128권	144권	160권